Bertram · Fußballheimat Brandenburg

Für Salto, Molli, Arne, Christian und Karsten
sowie Felix & Dominik!

Marco Bertram

Fußballheimat Brandenburg

100 Orte der Erinnerung

Arete Verlag Hildesheim

Der Autor
Marco Bertram ist Fotojournalist, Autor, Globetrotter und Redakteur beim Onlinemagazin www.turus.net.

Fotos (nach Kapiteln):
Marco Bertram: 1, 4, 8, 9, 10, 11, 12, 13, 15, 16, 17, 18, 19, 20, 21, 22, 23, 24, 25, 28, 29, 30, 31, 33, 34, 35, 40, 41, 42, 43, 44, 45, 46, 47, 49, 50, 53, 55, 56, 57, 58, 59, 62, 65, 66, 67, 68, 69, 70, 71, 72, 73, 76, 77, 78, 80, 84, 86, 87, 89, 90, 92, 93, 94, 95, 97, 100, 101
Michael Fritsche: 2, 3, 5, 6, 7, 27, 37, 38, 39, 52, 54, 74, 75, 79, 81, 83, 88, 96, 99
Chris Wode (harza.de): 14, 48, 82, 91
Ulf Lange: 61, 63,
Arne & Gustav Mill: 60
Los Misenas: 32
Bildagentur frontalvision.com: 26, 36, 85,
Clemensfranz/wikimedia: 51
Yoursmile/wikimedia: 64
Oberlausitzerin64/wikimedia: 98

Bibliografische Information der Deutschen Nationalbibliothek
Die Deutsche Bibliothek verzeichnet diese Publikation in der Deutschen Nationalbibliografie; detaillierte bibliografische Daten sind im Internet über http://dnb.ddb.de abrufbar.

www.arete-verlag.de

Layout, Satz und Umschlaggestaltung: Composizione Katrin Rampp, Kempten
Grafiken: Matthias Hunger
Druck und Verarbeitung: Westermann Druck Zwickau GmbH
ISBN: 978-3-96423-032-4

Inhaltsverzeichnis

			Seite
	Vorwort		9
1	**Ahrensfelde**	SV 1908 Grün Weiss Ahrensfelde *Kornähren vor den Toren Berlins*	10
2	**Altenhof**	Stadion am Werbellinsee *Länderspiel am Badesee*	12
3	**Altes Lager**	Stadion Altes Lager *Brandgefährlich bei Bombenwetter*	14
4	**Altlandsberg**	Sportplatz Bollensdorfer Weg *MTV 1860 Altlandsberg*	16
5	**Altlüdersdorf**	SV Altlüdersdorf *Herausforderung für Gästefans*	18
6	**Angermünde**	Michael Fritsche *Bote der deutsch-polnischen Freundschaft*	20
7	**Bad Freienwalde**	Jahn-Stadion *Skisprung trifft auf Fußball*	22
8	**Bernau**	FSV und Einheit *Hitzige Derbys in der Hussitenstadt*	24
9	**Borgsdorf**	FSV Forst Borgsdorf *Legendäre Erbsensuppe und nahes Briesetal*	26
10	**Brandenburg an der Havel**	Stadion am Quenz *Das Stahlfeuer lodert noch zaghaft*	28
11	**Brandenburg an der Havel**	Werner-Seelenbinder-Sportplatz *Auch Lutz Eigendorf spielte bei Motor Süd*	30
12	**Brandenburg an der Havel**	SG Einheit Brandenburg *Der „Platzmacher" für die BSG Stahl*	32
13	**Brieselang**	Fichte-Sportplatz *Alles für die Birke*	34
14	**Brieske/ Senftenberg**	Elsterkampfbahn Brieske *Grube Marga und der Fußball*	36
15	**Cottbus**	Stadion der Freundschaft *Auf und Ab von Energie Cottbus*	38
16	**Cottbus**	FT Cottbus 93 *Vizemeister ATSB-Fußballmeisterschaft 1932*	40
17	**Cottbus**	Max-Reimann-Stadion *Errichtet auf den Kriegstrümmern*	42
18	**Cottbus**	Stadion am Stadtring *BSV Cottbus-Ost*	44
19	**Cottbus**	Wacker Sportplatz *Fußball in der Wiesenlandschaft*	46
20	**Cottbus**	Stadion „8. Mai" *Wo einst Vorwärts Cottbus spielte*	48
21	**Cottbus**	Südstadion an der Lipezker Straße *Das Aus von Lok Cottbus*	50
22	**Cottbus**	Fußball-Landesverband Brandenburg *Mit dem Märkischen Fußball-Bund fing alles an*	52
23	**Cottbus**	Gedenkstätte Zuchthaus Cottbus *Wer einst politisch aneckte ...*	54
24	**Cottbus**	Altmarkt *Fanmärsche und Aufstiegsfeiern*	56
25	**Cottbus**	Kneipen an Stadtring und Bahndamm *Fachgespräche über Energie*	58

Seite

26	**Döbern**	BSG Chemie Döbern *Wo René Rydlewicz spielen lernte*	60
27	**Eberswalde**	Motor Eberswalde *Vom Aushängeschild zum politischen Opfer*	62
28	**Eggersdorf und Petershagen**	Waldsportplatz Petershagen *Wo die Wildschweine keine Chance haben …*	64
29	**Eisenhüttenstadt**	Sportanlagen Waldstraße/Stadion der Hüttenwerker *Galatasaray gab hier seine Visitenkarte ab*	66
30	**Eisenhüttenstadt**	Dynamo-Sportpark *Seit 1999 Fußball unter dem Dynamo-D*	68
31	**Eisenhüttenstadt**	Sportplatz Diehloer Straße *Sportgemeinschaft Aufbau Eisenhüttenstadt*	70
32	**Elsterwerda**	Holzhof Elsterwerda *Die Elster im Wappen*	72
33	**Erkner**	Erich-Ring-Stadion *FV Erkner 1920*	74
34	**Falkensee-Finkenkrug**	Sportplatz Leistikowstraße *Falkenseer Jungs 2013 sorgen für Support*	76
35	**Falkensee-Finkenkrug**	Sportpark Rosenstraße *Gerangel zwischen Eintracht und Blau-Gelb*	78
36	**Finkenheerd**	BSG Turbine Finkenheerd *Fußball am Kraftwerk*	80
37	**Finow**	Stadion am Wasserturm *Der Niedergang der Walzwerker*	82
38	**Finsterwalde**	Sängerstadt & SpVgg *Schmiede für Irrgang & Co.*	84
39	**Forst**	Stadion am Wasserturm *Arbeitersport und Viktoria Forst*	86
40	**Frankfurt/Oder**	Stadion der Freundschaft *Vorwärts Frankfurt/1. FC Frankfurt*	88
41	**Frankfurt/Oder**	Lok-Platz, Markendorfer Straße *Nostalgie pur im Zeichen der Lokomotive*	90
42	**Frankfurt/Oder**	Fritz-Lesch-Stadion & Post-Platz *Volle Ränge beim Halbleiterwerk*	92
43	**Frankfurt/Oder**	Königs Fritze *Stammtischgespräche seit anno dazumal*	94
44	**Fürstenwalde**	FSV Union Fürstenwalde *Als aus Dynamo der FSV Union wurde…*	96
45	**Großbeeren**	Denkmal und Stadion Auf dem Eichenhügel *Ort der großen Schlachten*	98
46	**Guben**	Wilhelm-Pieck-Stadt *BSG Chemie Guben*	100
47	**Hennigsdorf**	FFG Sportpark Fontanestraße *Motor & Stahl in der DDR-Liga*	102
48	**Hohenleipisch**	VfB-Sportgelände *VfB Hohenleipisch 1912*	104
49	**Hohen Neuendorf**	Sportplatz Niederheide *„Bienenstadt" im Speckgürtel*	106
50	**Jüterbog**	Sportplatz am Rohrteich *Happy machte alle happy*	108
51	**Kirchmöser**	Eisenbahnersportverein Kirchmöser *Heimatverein von Joachim Sigusch*	110

			Seite
52	**Klosterfelde**	Sportplatz an der Mühlenstraße *Feiern bis der Arzt kommt*	112
53	**Königs Wusterhausen**	Stadion der Freundschaft *Fußball unter dem Funkmast*	114
54	**Lübben**	Sportstätte Völkerfreundschaft *SV Grün-Weiß Lübben*	116
55	**Luckenwalde**	FSV 63 Luckenwalde *Unter Märkischen Kiefern*	118
56	**Ludwigsfelde**	Waldstadion *W50, L60 und „Harter Kern"*	120
57	**Märkische Schweiz**	FC Concordia Buckow/Waldsieversdorf 03 *Bierchen zischen mit „Blondcordia"*	122
58	**Miersdorf/Zeuthen**	Sportplatz am Wüstermarker Weg *Goldene Zeiten und neu gemischte Karten*	124
59	**Müncheberg**	SG Müncheberg *Fußball am Tor zur Märkischen Schweiz*	126
60	**Neuenhagen**	Jahnsportplatz *Zweimal Rot-Weiß in der Gemeinde*	128
61	**Neuruppin**	MSV 1919 Neuruppin *Als Bayern das miese Los wurde*	130
62	**Neustadt (Dosse)**	Sportplatz Neustadt *Das Erbe von Paul Sobania*	132
63	**Oranienburg**	OFC Eintracht 1901 & TuS 1896 Sachsenhausen *Derby-Fieber in der sechsten Liga*	134
64	**Perleberg**	SSV Einheit Perleberg *Mal Mecklenburg, mal Brandenburg*	136
65	**Potsdam**	Karl-Liebknecht-Stadion *SV Babelsberg 03*	138
66	**Potsdam**	Nordkurve des KarLi *Filmstadt Inferno '99*	140
67	**Potsdam**	Stern-Sportplatz *BSG Rotation Babelsberg/Fortuna Babelsberg*	142
68	**Potsdam**	Sportplatz Rudolf-Breitscheid-Straße *FSV Babelsberg 74*	144
69	**Potsdam**	Stadion Luftschiffhafen *Das Schmuckstück der Landeshauptstadt*	146
70	**Potsdam**	Sportplatz an der Sandscholle *Massive Bäume auf alten Rängen*	148
71	**Potsdam**	Turbine Potsdam *Aushängeschild des Frauenfußballs*	150
72	**Potsdam**	Lok-Platz an der Glienicker Brücke *Freundschaft mit dem TSV Uesen*	152
73	**Potsdam**	Ernst-Thälmann-Stadion *Ersatzloser Abriss im Jahre 1999*	154
74	**Premnitz**	Stadion der Chemiearbeiter *Bewahrung der Tradition*	156
75	**Prenzlau**	Uckerstadion *Kampf gegen Windmühlen*	158
76	**Rathenow**	FSV Optik Rathenow *Das Reich von Ingo Kahlisch*	160
77	**Rathenow**	BSC Rathenow 1994 *Wenn der Namensvetter ein Pokalheld wird …*	162

			Seite
78	**Sadenbeck (Pritzwalk)**	Prignitzer Kuckuck Kickers *Tiefer Fall der Samba-Kicker*	164
79	**Schlieben**	TSV 1878 Schlieben *Der Acker bebt*	166
80	**Schöneiche**	SV Germania 90 Schöneiche *Mit der DDR-Straßenbahn zum Jahn-Sportplatz*	168
81	**Schönow**	Schönower SV *Bundesligaluft an der Ostgrenze*	170
82	**Schwarzheide**	Sportanlage am SeeCampus *BRABAG und Chemie*	172
83	**Schwedt**	Stadion Heinrichslust *Als die Eisernen zu Gast waren*	174
84	**Seelow**	Victoria Seelow *Im Schatten der Seelower Höhen*	176
85	**Spremberg & Hoyerswerda**	BSG Aktivist Schwarze Pumpe *Drücken Pumpe, drücken ...*	178
86	**Stahnsdorf**	Sportplatz Heinrich-Zille-Straße *RSV Eintracht 1949*	180
87	**Strausberg**	FC Strausberg *Im Zeichen der NVA und des Straußes*	182
88	**Templin**	Stadion der Freundschaft *Erste Frauen-Meisterschaft 1979*	184
89	**Trebbin**	Sportplatz Am Kulturhaus/Ebelstraße *Auch der VfB hat seine Suptras*	186
90	**Velten**	Sportanlage Germendorfer Straße *BSG Chemie Velten*	188
91	**Vetschau**	SpVgg. Blau-Weiß 90 Vetschau *Der traurige Absturz*	190
92	**Waldesruh/ Hoppegarten**	FSV Blau-Weiß Mahlsdorf/Waldesruh *Fußball an der Stadtgrenze*	192
93	**Waltersdorf**	RSV Waltersdorf 09 *In Rotzis fing alles an*	194
94	**Werder**	Arno-Franz-Sportplatz *Geniale Lage auf der Insel*	196
95	**Wernsdorf**	Sportplatz Wernsdorf *Frankonia am Crossinsee*	198
96	**Wichmannsdorf**	Sportfreunde Kein Ort *The eye of the tiger*	200
97	**Wildau**	SG Phönix Wildau 95 *110 Stufen hoch zum Glück*	202
98	**Wittenberge**	FSV Veritas Wittenberge/Breese *Im Zeichen der Göttin der Wahrheit*	204
99	**Wittstock**	Stadion des Friedens *FK Hansa Wittstock 1919*	206
100	**Woltersdorf**	SV 1919 Woltersdorf *Mit der alten Tram zur Schleuse*	208

Vorwort

Jeder Baum hat Wurzeln, und in meinem Fall liegen diese in Brandenburg, knapp vor den Toren Berlins. Einst wuchs ich in den 1970ern und 1980ern in Waldesruh auf, und während die Schule in Berlin-Mahlsdorf lag, führten die wöchentlichen Ausflüge mit den Eltern ins weite Umland. Picknick im Grünen, Dörfer erkunden, Zelten am Stienitzsee.

Nach dem Fall der Mauer ging es in die weite Welt hinaus. Quer durch Brasilien, wandern in den kanadischen Rockys, mit der Transsib bis Wladiwostok, mit dem Segelboot gen Sydney ... In den vergangenen Jahren dann allerdings wieder back to the roots. Das angenehme Gefühl der Verwurzelung in der Heimat wurde immer stärker ¬– was sich auch auf den Fußball auswirkte. Lechzte ich vor geraumer Zeit noch nach brisanten Spielen in der Ferne, liebe ich zunehmend den Fußball in heimatlichen Gefilden.

Was gibt es Schöneres, als mit einem guten Freund oder den Söhnen einen Ausflug zu machen, Ortschaften zu entdecken und ein regionales Fußballspiel zu besuchen? Freitagabend bei einem Bierchen im idyllischen Altlandsberg, Derby in Bernau, ein Kreispokalfinale in Großbeeren, ein Stelldichein in Falkensee-Finkenkrug, ein feuchtfröhlicher Abend auf dem Sportplatz Waldsieversdorf, ein Heimspiel des 1. FC Frankfurt im altehrwürdigen Stadion der Freundschaft, und nicht zu vergessen die Fahrten zu Energie Cottbus und Babelsberg 03.

Aufstiegsemotionen und Melancholie – in Brandenburg liegt beides dicht beisammen. Mal schaut man mit Wehmut auf die verwaisten alten Ränge des Frankfurter Stadions, auf denen einst in den 1980ern die Zuschauer Europapokalspiele gesehen haben, und mal „brennt“ in Cottbus die Luft, wenn sich im DFB-Pokal eine heiße Schlacht geliefert oder ein Aufstieg gefeiert wird. Schäumender Sekt beim VfB Trebbin nach einem Pokalsieg, ein müdes Lächeln nach einer deutlichen Niederlage des MTV 1860 Altlandsberg. So ist der Fußball, der uns am Herzen liegt.

Zu würdigen sind auch die Schauplätze, die heute eher bedeutungslos wirken, aber in der Vergangenheit großen Fußball boten: von Forst und Guben bis Wittenberge und Brandenburg (Havel).

Viel Spaß beim Streifzug durch die Brandenburgischen Weiten!

Ahrensfelde 001

SV 1908 Grün Weiss Ahrensfelde

Kornähren vor den Toren Berlins

Wer Ahrensfelde hört, denkt meist an die Endstation der Berliner S-Bahnlinie 7 und die Plattenbauten in Marzahn-Nord. Allerdings ist Berlin-Ahrensfelde eine inoffizielle Bezeichnung des dortigen Ortsteils. Das eigentliche Ahrensfelde ist eine 13.000-Einwohner-Gemeinde vor den Toren der deutschen Hauptstadt im Brandenburgischen Landkreis Barnim. Dort beheimatet ist der SV 1908 Grün Weiss Ahrensfelde, der aktuell in der Landesliga Nord zu finden ist.

2012/13 spielten die Ahrensfelder noch in der Barnimliga und schauten am Ende der Saison etwas neidisch auf die TSG Einheit Bernau, die damals den Marsch nach oben startete. Inzwischen hatte auch Ahrensfelde Fahrt aufgenommen. Ungeschlagen durfte 2017/18 der Aufstieg in die Landesliga gefeiert werden. Beim letzten Heimspiel am 16. Juni 2018 gegen Blau-Weiß Gartz schauten 350 Zuschauer auf der schmucken Anlage vorbei. Und genau diese Anlage wird derzeit ausgebaut. Zum einen wird die Laufbahn des Rasenplatzes erneuert, zum anderen entsteht nebenan ein neuer Kunstrasenplatz mit Flutlichtmasten. Es dürfte also nur eine Frage der Zeit sein, bis Ahrensfelde den Sprung in die Brandenburgliga in Angriff nimmt.

Bereits 2013 bescheinigte ich dem Verein bzw. der Sportanlage in einem Spielbericht die Brandenburgligatauglichkeit. Und wer einen Blick auf die Rückseite der Eintrittskarte warf, konnte bereits damals erkennen, dass in Ahrensfelde geklotzt wurde. Eine Vielzahl an Sponsoren zierte das schmale Stück Papier, das für die Kreisliga ebenfalls bemerkenswert war. Im Laufe des Spiels gegen Bernau kam der Ahrensfelder Stadionsprecher in Fahrt. So las er die ewige Tabelle der Barnimliga vor, plauderte über etwaige Veranstaltungen und „gratulierte" einem Bernauer Spieler, der es tatsächlich schaffte, aus zwei Metern Entfernung über das verwaiste Tor zu ballern. Zudem hatte ein Ahrensfelder Spieler die Wette gewonnen, dass er mindestens 20 Tore schießen würde. Dieser durfte sich nun über eine Reise nach „Malle" freuen.

Ganz klar, damals vor sieben Jahren wurden die Grundsteine gelegt. Nun darf es weiter gehen vor den Toren Berlins in der Gemeinde, die fünf wachsende, zur Garbe gebundene goldenen Kornähren im Wappen hat.

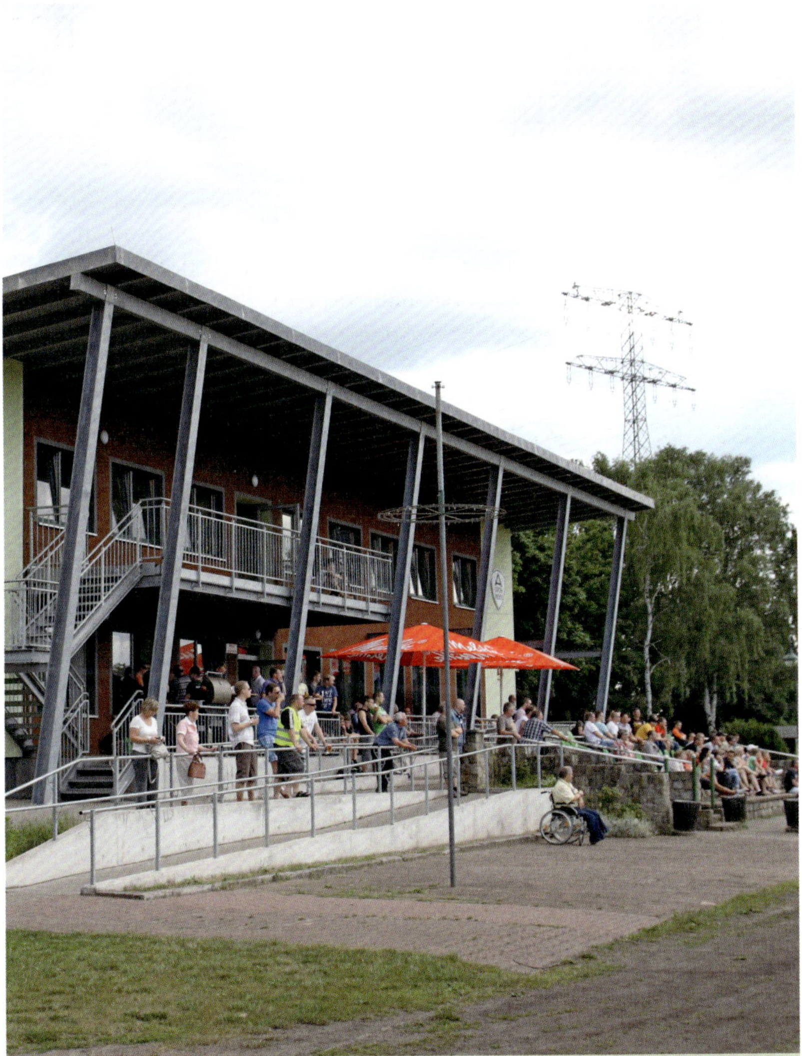

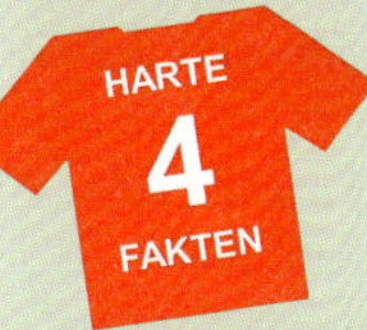

Namensgeber der Gemeinde: ein Berliner Bauherr

Anreise: S-Bahnlinie 7

Spielstätte: Jahnsportstätte

Aktuelle Spielklasse: Landesliga Nord

Altenhof 002

Stadion am Werbellinsee

Länderspiel am Badesee

In der malerischen Schorfheide mit ihren Seen und Wäldern befindet sich unweit von Eberswalde der Ort Altenhof, der bis heute als ein authentischer Zeuge des DDR-Personenkults herhalten kann. Am 16. Juli 1952 eröffnete Wilhelm Pieck „seine" Pionierrepublik „Wilhelm Pieck" am Werbellinsee. Pieck war der erste und einzige Präsident der DDR. Seine Pionierrepublik war ein riesiges Erholungsheim für Kinder und Jugendliche, dessen Träger damals die Jugendorganisation FDJ war. Heute erfüllt das Gelände eine ähnliche Funktion. Der Träger ist heute allerdings eine GmbH und das Gelände nennt sich „Europäische Jugenderholungs- und Begegnungsstätte". Viele Gebäude der Anlage stehen unter Denkmalschutz.

Zu den Freizeiteinrichtungen zählt hier auch ein Stadion. Durch die Lage und die vorherrschenden Bedingungen ist das Areal ein beliebtes Ziel für Fußballtrainingslager. Doch fragt man als neutraler Zuschauer dort nach einem Testspiel, dann erfährt der Interessierte im netten und freundlichen Ton, dass es aus datenschutzrechtlichen Gründen logischerweise keine Informationen gibt. Niemand lässt sich in der Sommerpause gerne in die Karten schauen. Hingegen werden traditionell im Sommer beliebte Jugendturniere in verschiedenen Altersklassen ausgetragen, für die auch öffentlich Werbung gemacht wird. Berliner Teams nehmen das Angebot gerne an.

Ein großes Publikum wie damals, als die Sowjetunion hier gegen die DDR-Olympia-Auswahl antrat, tummelt sich aber heute nicht mehr im weiten Rund. Ganz im Gegenteil. Mittlerweile wachsen auf den Rängen mehr Bäume als Zuschauer am Spielfeldrand stehen – Nadelbäume wie die Märkische Kiefer und viele andere Gewächse. Hinter dem modernen, aber primitiven Zaun türmen sich mächtige Stehstufen auf. Im mittleren Bereich wurde sogar eine Loge angelegt. Die Gegenseite und die Kurve an der Seeseite sind eben.

Für Freunde verfallender Sportstätten ist das hier ein Paradies. Obwohl das Stadion regelmäßig genutzt wird, ist es doch relativ unbekannt.

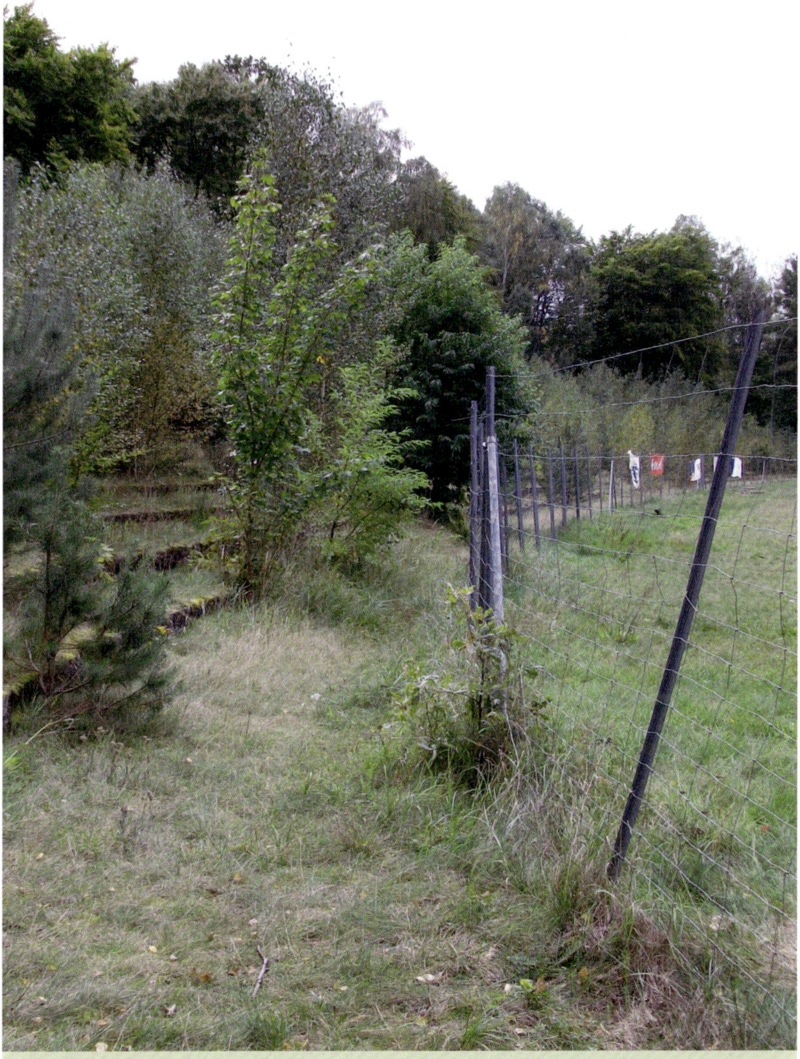

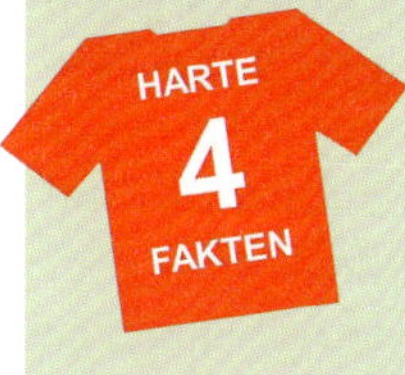

Einweihung der Pionierrepublik: 16. Juli 1952

Gesamtzahl der Besucher: 400.000

Nutzung des Stadions: Jugendturniere und ein Länderspiel

Heutige Nutzung: Europäische Jugenderholungs- und Begegnungsstätte

Altes Lager 003

Stadion Altes Lager

Brandgefährlich bei Bombenwetter

Knarzendes Parkett, abblätternde Wandfarbe und ein teilweise eingestürztes Dach. Sowjetische Propaganda an den Wänden, russische Zeitungen als Dämmung, Graffiti am Entmüdungsbecken und ein CSKA-Wappen hinter einem Basketballkorb. Das Unkraut wuchert, die Zeit ist unerbittlich. Der Zahn jener nagt an den Gebäuden der alten Militäranlagen im Ortsteil Altes Lager (Niedergörsdorf). Bereits 1870 wurden dort Barackenlager errichtet, zu DDR-Zeiten befand sich auf dem riesigen Gelände eine sowjetische Garnison.

Waren es einst Übungsgranaten, die Rauch verströmten, so waren es in jüngerer Vergangenheit blaue und weiße Rauchtöpfe auf dem dortigen Sportplatz, die für einen Blickfang sorgten. Der Kreisligist SG Blau-Weiß Altes Lager hat eine kleine aktive Fanszene, die sich „Blue Crew 47" nennt und immer wieder akustische und optische Akzente setzt. In der Regel kommen um die 30 Fußballfreunde zu den Heimspielen auf dem Sportplatz Altes Lager, der von den alten Gebäuden umrahmt ist.

Ende 2018 kam die frohe Botschaft: Das alte Militärstadion, das bei Groundhoppern häufig ganz oben im Ranking zu finden ist, sollte einen neuen Rasen erhalten. Da dieser jedoch erst einmal feste Wurzeln schlagen und mehrmals gemäht werden muss, gab es eine einjährige Zwangspause und der Verein musste auf den Sportplatz des FSV 1976 Niedergörsdorf ausweichen. Auf diesem brachen die Zuschauerzahlen deutlich ein, die Einheimischen und auch die Ortsfremden warten sehnsüchtig auf die Rückkehr auf den heimischen Platz, der auch eine Bewässerungsanlage und eine neue Elektrik für die Flutlichtanlage erhielt. Gilt zu hoffen, dass am dortigen Imbiss auch weiterhin das Bier und die Bockwurst jeweils nur 1,50 Euro kosten.

Und was die Fans betrifft: Diese bekamen im Februar 2017 einen Pokal von der Märkischen Allgemeinen Zeitung überreicht. Ende 2016 wurde eine Wahl der besten Fans Brandenburgs durchgeführt, und siehe da, mit 44 Prozent der User-Stimmen konnte die Gruppierung „Blue Crew 47" die Umfrage für sich entscheiden. Diese wurde 2015 ins Leben gerufen und hat rund 20 aktive Mitglieder.

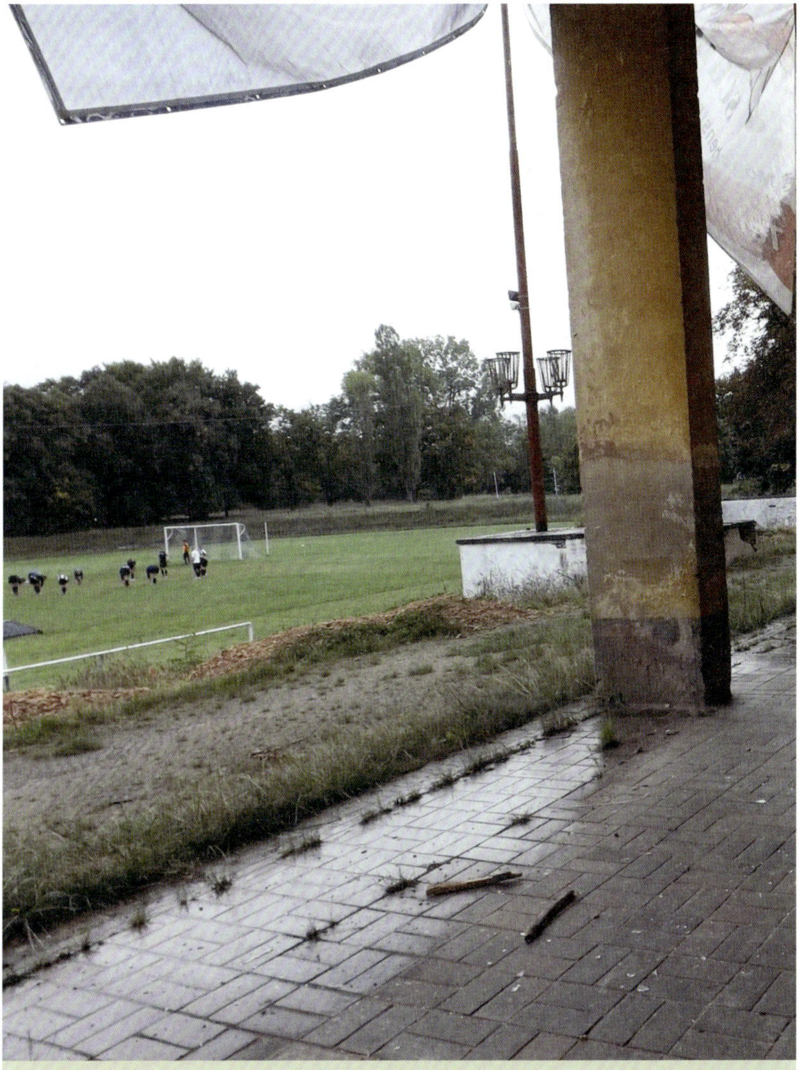

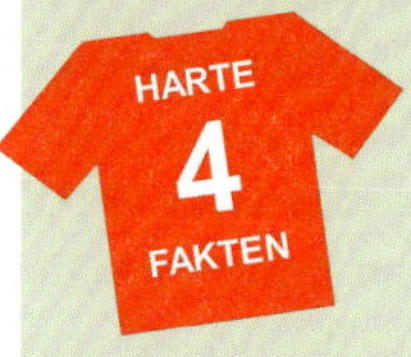

Lage: westlich von Jüterbog

Nutzung vom Militär: 1870 bis 1990

Fangruppierung: „Blue Crew 47"

Aktuelle Spielklasse: Kreisliga Nord

Altlandsberg 004

Sportplatz Bollensdorfer Weg

MTV 1860 Altlandsberg

Glück gehabt! Beim Freitagabendspiel gegen die zweite Vertretung des FC Eisenhüttenstadt wurde auf dem Nebenplatz gespielt – und dieser hat wirklich Charme. An Stehtischen wurde am lauen Sommerabend das Bierchen geschlürft, im Schneidersitz saßen Zuschauer auf der Wiese und schauten dem sportlichen Treiben zu. Für gestresste Großstädter ist diese Sportanlage ideal, um die Seele baumeln und den Gedanken freien Lauf zu lassen. Beim Blick auf die anliegenden Felder und Wiesen fühlt man sich nach Irland versetzt. Hinter den Pappeln ging langsam die Sonne unter, auf dem Rasen versuchten die Altlandsberger Spieler ihr Bestes, doch auch gegen „Hütte" II gab es nichts zu holen. Mit 0:8 ging die Partie verloren, nach Abpfiff zündeten die zwei Gästefans einen Blinker.

Niemand murrte. Mit minus sechs Punkten ging der MTV 1860 Altlandsberg in die Ostbrandenburgliga-Saison 2019/20. Die bisherige Bilanz: 13 teils deutliche Niederlagen. Raufhauen bringt nichts. Bei jeder halbwegs passablen Spielsituation spendeten die Zuschauer Applaus. Los weiter, Jungs!

Am 24. August 1860 wurde der Verein, der vor allem aufgrund des Handballs bekannt wurde, von Theodor Frühauf ins Leben gerufen. 1950 bekam der Verein den Namen BSG Traktor Altlandsberg – und dieser passte wie die Faust aufs Auge. Die alten Scheunen befinden sich in Sichtweite, die Felder gleich nebenan. In den 1950ern errang der männliche Nachwuchs im Handball große Erfolge, und dabei hatte der Verein nicht mal eine eigene Halle. Gespielt wurde auf der 1956 eingeweihten beleuchteten Kleinfeldanlage im „Grund". Ab 1965 gingen die Handball-Erfolge etwas zurück, die anderen Sektionen entwickelten sich.

Die neue Gründung der Sektion Fußball wurde am 26. Januar 1981 beschlossen und vier Wochen später umgesetzt. Große Verdienste hatten der Sportlehrer Gerold Dochow, Heinz Völker und der Bürgermeister Herr Klein, die sich für die Erneuerung der Sportstätte stark machten. Als MTV 1860 Altlandsberg gelang 2015 der Aufstieg in die Ostbrandenburgliga, in der seitdem das Glück versucht wird.

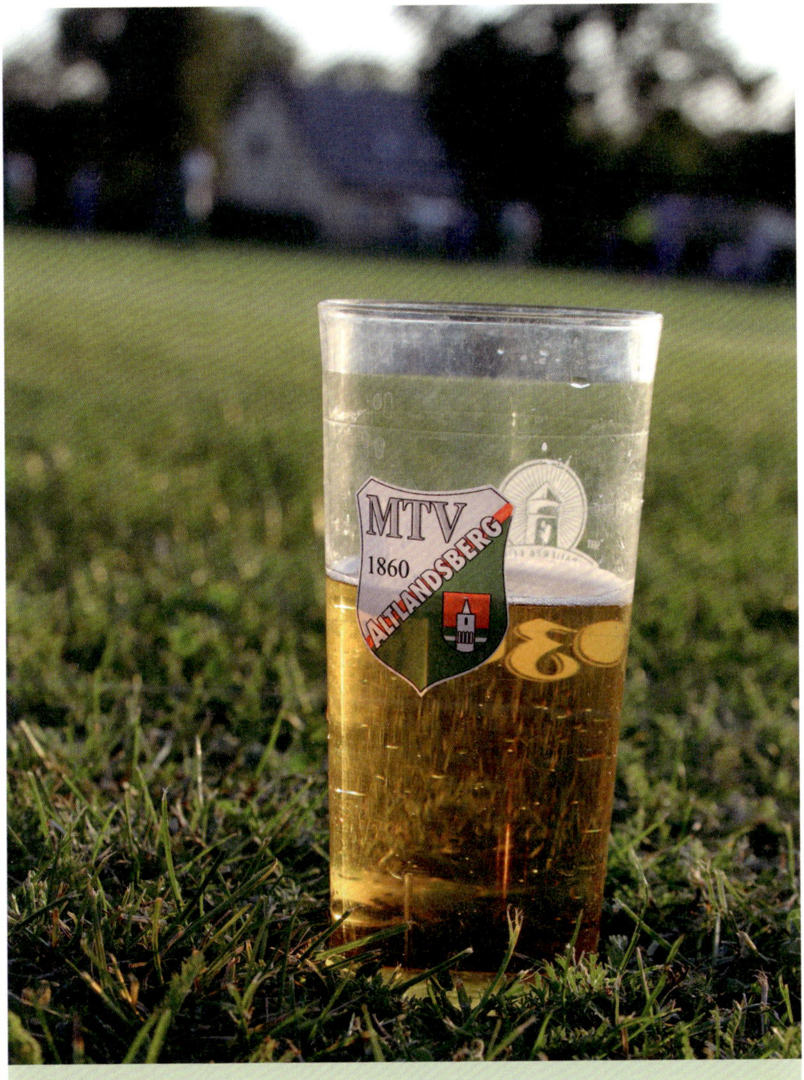

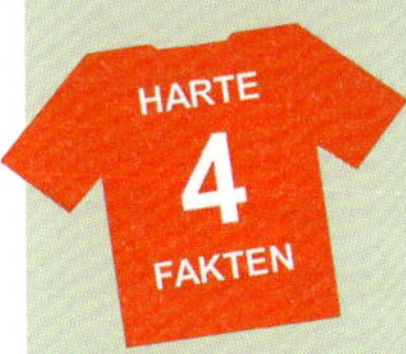

Assoziationen: an Irland

Gemütlichkeit im Sommer: volle Punktzahl

Anreise: mit dem Bus von Hoppegarten aus

Aktuelle Spielklasse: Ostbrandenburgliga

SV Altlüdersdorf

Herausforderung für Gästefans

Mit deutlichem Vorsprung auf den EFC Stahl feierte der SV Altlüdersdorf im Juni 2010 den Aufstieg in die NOFV-Oberliga – und plötzlich fragten sich zahlreiche Fans anderer Vereine: Altlüdersdorf? Wo liegt das denn? Ein Blick auf die Landkarte besagte: Altlüdersdorf gehört zu Gransee, doch zum dortigen Bahnhof sind es locker sieben Kilometer Fußweg. Für die Sause nach Altlüdersdorf müssen die Gästefans stets auf Bus und PKW zurückgreifen. Aber oha! Zum ersten Oberligaheimspiel gegen die Reinickendorfer Füchse kamen 566 Zuschauer auf den Rasenplatz des Sport- und Gemeindezentrums in der Gasse 17.

Wie ein kleines gallisches Dorf konnte sich der SV Altlüdersdorf in der Oberliga behaupten. Sportlich war auch 2018/19 alles paletti. Im letzten Heimspiel wurde der Torgelower SV Greif mit 3:2 bezwungen, mit Rang sieben wurde die Saison abgeschlossen. Aus finanziellen Gründen zog sich der Verein allerdings freiwillig aus der Oberliga zurück. In der Brandenburgliga soll ein Neustart gewagt werden. Das Ganze kam einem Paukenschlag gleich. Man wolle nicht mehr die immensen Kosten aufwenden, erklärte Vereinsvorsitzender Dieter Neumann Ende Mai 2019. Vielmehr soll das Geld in die eigene Jugendarbeit investiert werden. Zudem konnten zuletzt nicht mehr so viele Zuschauer begrüßt werden wie in den ersten Jahren in der Oberliga, und auch die neu installierte Flutlichtanlage brachte nicht wirklich mehr Zuschauer. Ganz so traurig müssen die treuen Fans allerdings nicht sein, schließlich winken in der Brandenburgliga wieder die Duelle mit den Nachbarn aus Oranienburg und Sachsenhausen. Und in der Tat wird auch die sechste Liga recht gut angenommen. Altlüdersdorf spielt oben mit, und zu den Heimspielen kommen locker 100 Zuschauer.

Apropos 100. Der 100. Geburtstag ist in Sichtweite, einst im Jahre 1926 wurde der SV Altlüdersdorf ins Leben gerufen. Von 1970 bis zum Mauerfall wurde unter dem klassischen ländlichen Namen BSG Traktor Altlüdersdorf der Ball rollen gelassen. Bemerkenswert: Altlüdersdorf hat gerade einmal rund 350 Einwohner.

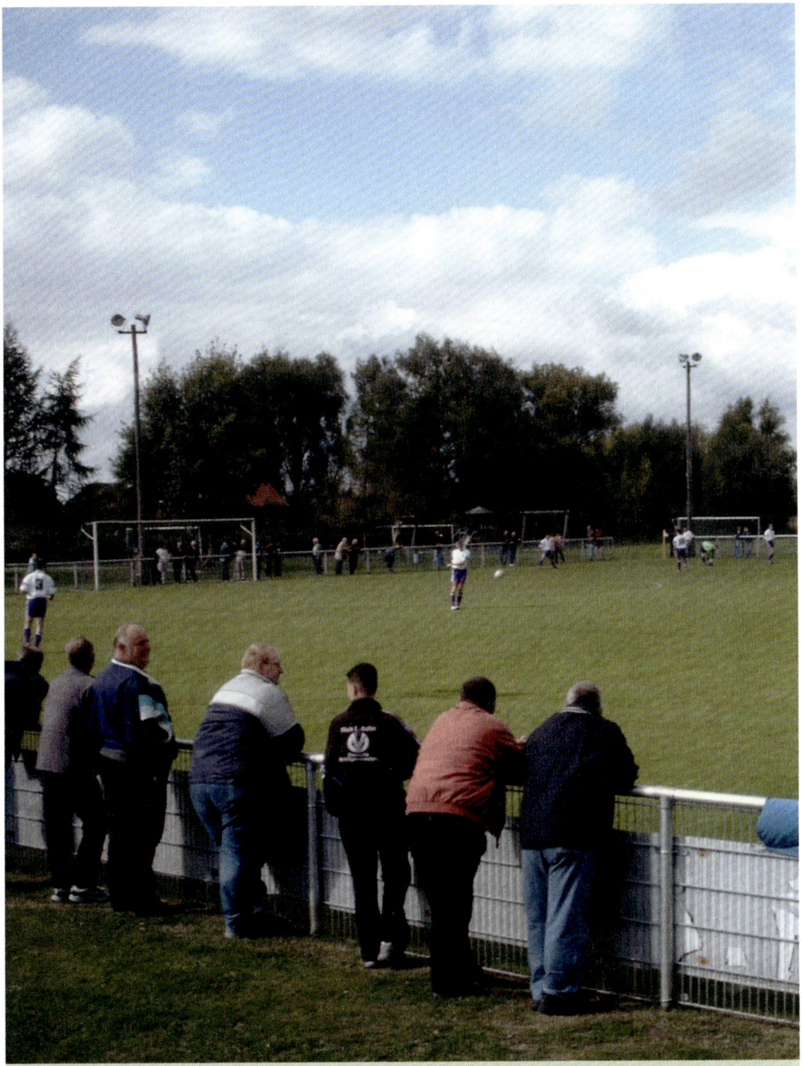

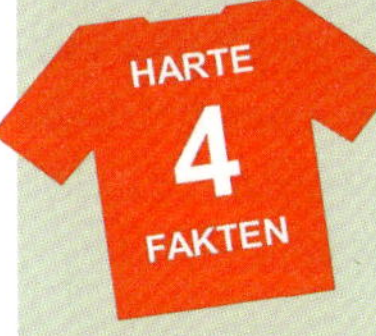

Gründung: 1926
Bekannt als: Gallisches Dorf
Standortnachteil: kein Bahnanschluss
Abstieg in die Brandenburgliga: freiwillig

Angermünde 006

Michael Fritsche

Bote der deutsch-polnischen Freundschaft

Angermünder Erfolge im Fußball sind äußerst rar. Der Volleyball-Nachwuchs und Handball holen hier die Lorbeeren, nicht der Fußball! Die lokalen Helden des satten Grüns des Jahnsportplatzes heißen Vörtmann, Böhnisch und Frey und sind über die Kreisgrenzen hinaus eher weniger bekannt. Die Anfänge des Angermünder Fußballs reichen dennoch bis in die 1920er-Jahre zurück.

Rasensport Angermünde ist heute den Angermündern nicht mehr so geläufig. Bekannter ist die TSG Angermünde. Aus dieser gliederte sich 1994 der Angermünder FC heraus. Die Landesligajahre 2017/18 und 2018/19 zählen zu den größten Erfolgen. Seit 2001 bewirtschaftet der AFC seinen Sportplatz in Eigenregie. Zu DDR-Zeiten zierte ein Fachwerksprecherturm die Mitte des Platzes. Dieser markante Teil wurde überraschend abgerissen, sodass zunächst nur die Loge bestehen blieb, die allerdings in den Zeiten von Rasensport schon existierte. Auch diese Loge gibt es bereits nicht mehr.

An den „DDR-Zustand" des Platzes mit seinem Sprecherturm und dem Imbisskiosk, an dem eine Wiener nur 50 Pfennige (West) kostete, kann sich Michael Fritsche noch erinnern, der hier ebenso viele Spiele als Zuschauer miterlebte. Michael ist als Fan (einst von Motor Eberswalde, nach dessen Löschung bzw. Fusion nun bei Blau Weiß 90 Berlin weiter aktiv) heute bekannter als die meisten Rasensportler. Er wuchs unweit des Jahnsportplatzes auf und war Mitglied in der TSG Angermünde (Schach). Für Motor bestritt er ein Spiel. Als Slawist beschäftigt er sich mit der osteuropäischen Fankultur und sorgte mit einem Artikel in der Opera Slavica für Aufsehen.

Er ist seit jeher in der deutsch-polnischen Kulturvermittlung engagiert und schrieb auch Artikel für mehrere deutsche und polnische Zeitungen und Magazine. Als Vermittler organisierte er freundschaftliche Vergleiche zwischen Mannschaften beider Länder, die teilweise zu unvergessenen Erlebnissen wurden. Nach seinem Aufenthalt und Studium in Greifswald zog es ihn nach Polen, wo er nun unentwegt in der Kulturvermittlung weiterarbeitet.

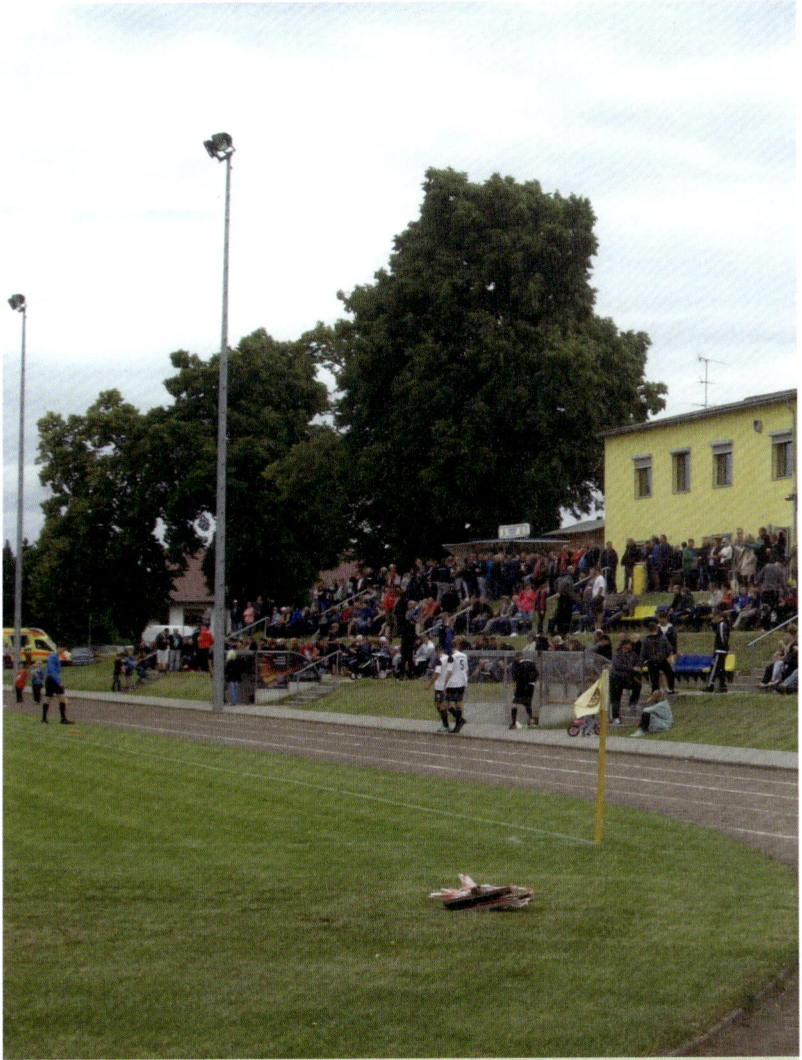

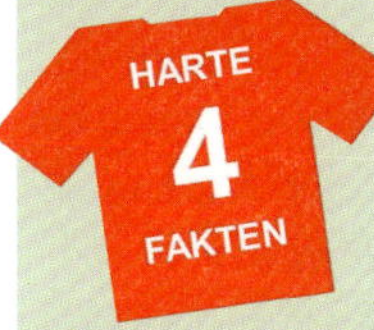

Angermünde bekannt für: Volleyball und Handball

Größter Fußballverein: Angermünder FC

Spielstätte: Jahnsportplatz

Aktueller Wohnort von Michael Fritsche: Poznan

Bad Freienwalde 007

Jahn-Stadion

Skisprung trifft auf Fußball

Südöstlich des Biosphärenreservats Schorfheide-Chorin liegt die Kurstadt Bad Freienwalde, die auch für das staatlich anerkannte Moorbad bekannt ist. Eine der größten Attraktionen sind die Skischanzen am Papengrund (Sparkassen Ski-Arena im Papengrund), bereits seit Ende der 1920er-Jahre ist Bad Freienwalde das nördlichste Skisprungzentrum. Der innerstädtische Höhenunterschied von 155 Metern bot sich einfach an, diesen für Sprungschanzen zu nutzen. Zum Vergleich: In Oberhof (Thüringen) sind es 125 Meter.

Die alten Schanzen verfielen jedoch ab den 1970er-Jahren, zu Beginn des neuen Jahrtausends gab es erste konkrete Pläne für ein neues Schanzenzentrum, am 23. August 2008 wurde die Schanze K 60 mit dem 38 m hohen Schanzenturm eingeweiht. Am 20. Mai 2017 hat der Wintersportverein seine Schanze im Beisein des Namensgebers in Kurstadtschanze „Helmut Recknagel" (als DDR-Skispringer gewann er viermal die Vierschanzentournee) umgetauft.

In Sichtweite befindet sich das Friedrich-Ludwig-Jahn-Stadion, in dem ein Verein seine Heimspiele austrägt, der ebenso das „Jahn" im Namen trägt. Große Sprünge macht der SV Jahn Bad Freienwalde jedoch nicht, aktuell wird nur in der Kreisklasse Nord gespielt. Viel tiefer geht es nicht. 2012/13 war es noch die Landesklasse Ost.

Einen Rekord stellt der SV Jahn Bad Freienwalde wohl mit seiner offiziellen Webseite auf. Weniger ist mehr, dachte man sich wohl. Eingebundene Facebook-Beiträge auf der Startseite – das war's. Allerdings muss betont werden, dass die Facebook-Seite regelmäßig betreut wird und der Nachwuchsfußball nicht zu kurz kommt. Und das zu recht! Sowohl die A-Junioren als auch die B-Junioren sind aktuell in der Landesklasse Ost aktiv, wenngleich es für die B-Junioren schwer ist, sportlich mitzuhalten.

Besser lief es für Jahn Bad Freienwalde vor 30 Jahren. Als die Mauer fiel, wurde in der Bezirksliga Frankfurt (Oder) gespielt. Bereits Anfang der 1980er-Jahre war Jahn Bad Freienwalde mit von der Partie in der Staffel 1 der Bezirksliga. Nach der Zusammenführung der beiden Staffeln am Ende der Saison 1982/83 fand man sich in der Bezirksklasse wieder.

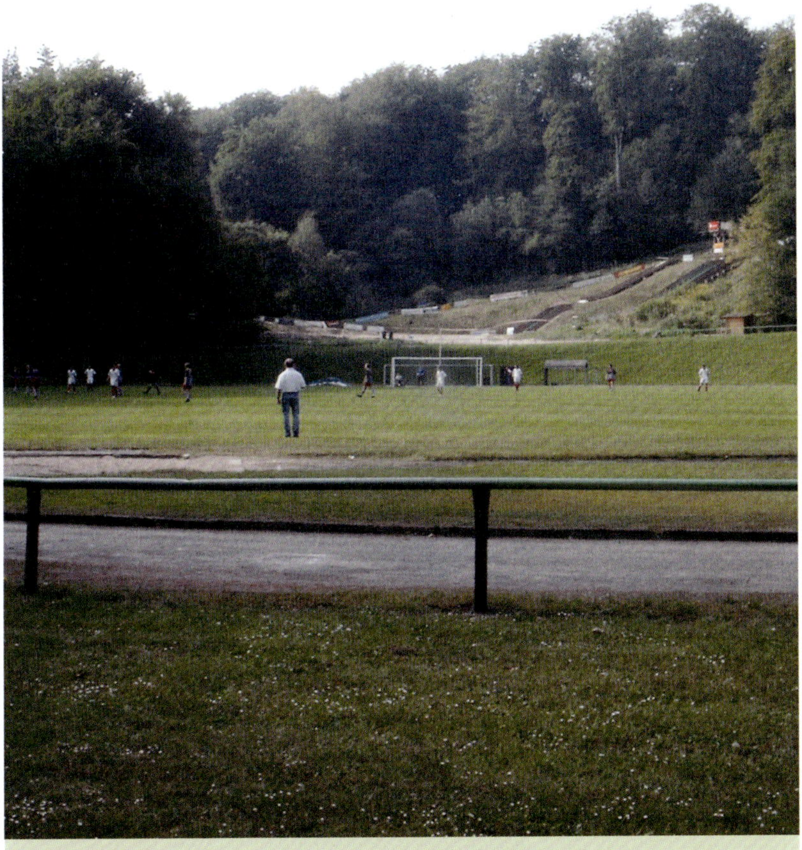

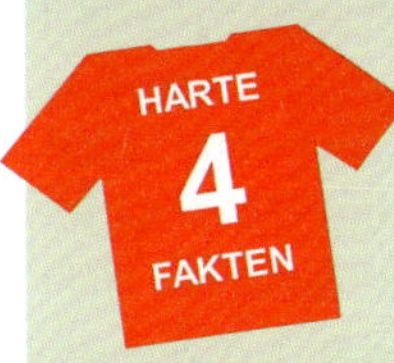

Innerstädtischer Höhenunterschied: 155 Meter

Skisprung seit: Ende 1920er-Jahre

Einweihung neue Schanze: 23. August 2008

Örtlicher Fußballverein: SV Jahn Bad Freienwalde

FSV und Einheit

Hitzige Derbys in der Hussitenstadt

„Erst wenn die Wolken schlafen geh'n … Wir haben Angst und sind allein, Gott weiß, ich will kein Engel sein …" Zum genialen Lied von Rammstein liefen am Abend des 22. September 2017 in Bernau-Rehberge die Mannschaften des FSV Bernau und der TSG Einheit Bernau auf. Es dämmerte – und an jenem Abend war wahrlich nicht jeder Anwesende ein Engel. Minutenlang schwebte in der ersten Halbzeit ein roter Schleier über dem Platz. Nachdem ein roter Rauchtopf auf Seiten der kleinen Haupttribüne gezündet wurde, bildete sich ein flacher Nebelteppich, der fast mystisch im Zeitlupentempo über den karg beleuchteten Platz zog. Nachdem in der zweiten Halbzeit wiederholt Böller gezündet wurden, schickte der Schiedsrichter die Spieler in die Kabinen, und es drohte der Spielabbruch. Als dann doch noch weiter gespielt wurde und der Einheit-Keeper in der 89. Minute einen Elfmeter halten konnte, brannte bei manch einem fast die Sicherung durch.

Wer ist die Nummer eins in der Hussitenstadt? Sowohl die TSG Einheit als auch der FSV hatten sich in jüngerer Vergangenheit Stück für Stück hochgearbeitet. 2016 stieg Einheit Bernau in die Brandenburgliga auf, im Jahr darauf konnte der FSV Bernau nachziehen. 2012/13 hatte der FSV noch in der Landesklasse gespielt, der Stadtrivale vom Wasserturm war 2011/12 sogar nur in der 1. Kreisklasse zu finden.

Trainiert wird die TSG Einheit Bernau seit 2012 von Nico Thomaschewski, der stets mit Mütze am Start ist und zu seiner Zeit als Torhüter beim BFC Dynamo von den Fans als „Katze" bezeichnet wurde. Während Einheit Bernau zu DDR-Zeiten bereits unter diesem Namen phasenweise in der Bezirksliga gespielt hatte, war der FSV Bernau als BSG SPW Bernau damals nur auf Kreisebene aktiv. Erst kurz vor dem Mauerbau gelang der Sprung in die Bezirksklasse.

Da im Winter 1990 Vorwärts Bernau aufgelöst wurde, durfte BSG SPW Bernau in die Bezirksliga aufrücken. Am 12. Juni 1990 erfolgte die Neugründung als FSV Bernau. Beim Stadtrivalen blieb eine Neugründung aus, angepasst werden mussten jedoch die Strukturen des Vereins.

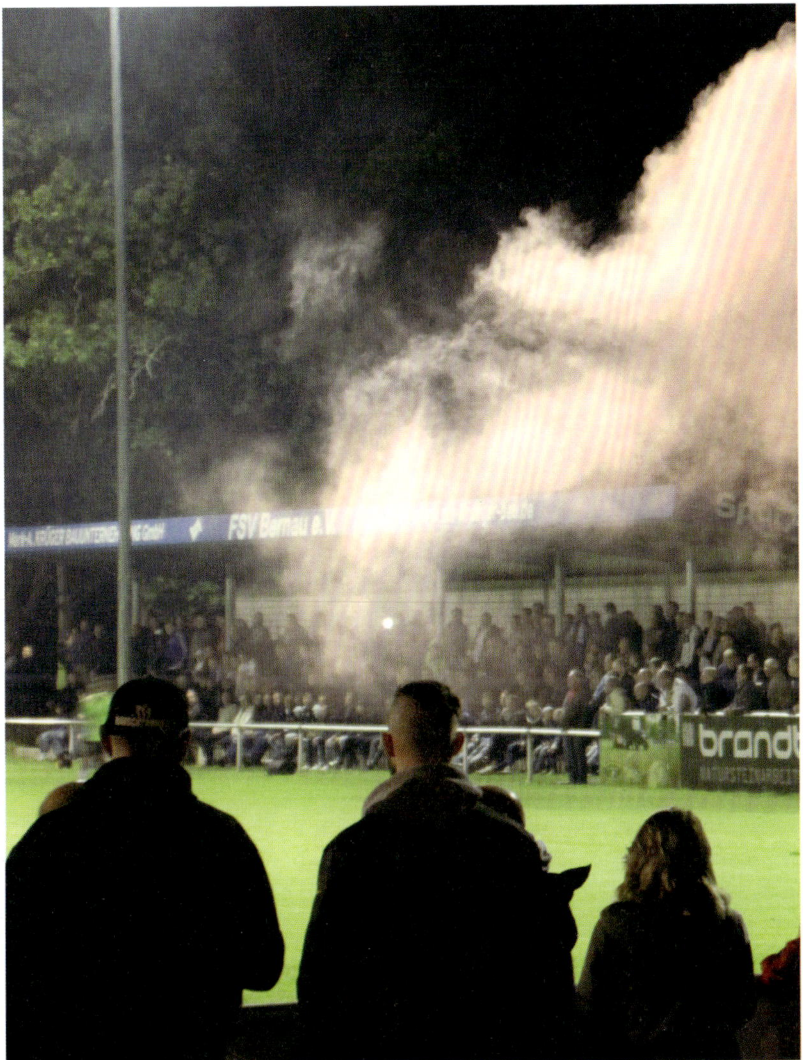

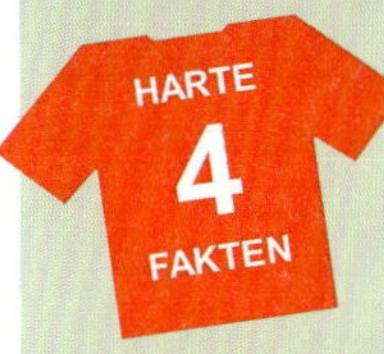

Siedlungsplatz seit: seit 9.000 Jahren
Attraktion der Stadt: jährliches Hussitenfest
Spielstätte FSV: Sportplatz Bernau-Rehberge
Spielstätte TSG Einheit: Sportplatz am Wasserturm

FSV Forst Borgsdorf

Legendäre Erbsensuppe und nahes Briesetal

Die Trommel war bereits in rund 500 Meter Entfernung zu hören. „Bum, bum, bum, Borgsdorf!" Wunderbar, da geht doch was! Eigentlich sollte es nur eine herbstliche Wanderung durch das gruselig-romantische Briesetal werden, doch dann wurde auf dem Sportplatz des FSV Forst Borgsdorf vorbeigeschaut. Gut so, denn somit durfte die leckere Erbsensuppe probiert und das beeindruckende Vereinsheim bestaunt werden.

Und was ist das? Beim Blick auf den großen Schrank mit den Pokalen fühlte man sich an das Real-Museum erinnert. Was sind das alles für Trophäen? „Alles Erinnerungsstücke. Besonders in den 1990ern war es ja üblich, dass man bei jedem möglichen Turnier ein Pokal erhielt. Und das hier ist nur ein Bruchteil. Rund dreiviertel der Pokale liegen noch verstaut in Kartons!", erklärte Vereinspräsident Manfred Hick.

Zu DDR-Zeiten ließ man als BSG Forst Borgsdorf den Ball rollen. Das Logo wurde nach der Wende nicht geändert, außer, dass oben das „FSV" und unten das „e.V." hinzugefügt wurden. Ins Leben gerufen wurde der Verein am 21. November 1954, den aktuellen Namen erhielt er am 05. Juli 1990. Zu DDR-Zeiten wurde zwischenzeitlich der Trägerbetrieb gewechselt. So wurde einige Jahre lang als BSG Traktor Borgsdorf gespielt. Und ja, auch als BSG Forst Berlin trat man eine gewisse Zeit in Ost-Berlin gegen den Ball. Die Zeiten, dass die Forstwirtschaft die Borgsdorfer finanziell unterstützt, seien längst vorbei, erklärte Manfred Hick. Das „Forst" wurde trotzdem behalten – und das ist durchaus erfreulich. Teilgenommen wird jedoch wieder am Brandenburger Spielbetrieb.

An jenem nebeligen Tag ging es in der Landesliga gegen den FSV Babelsberg 74 zur Sache. Grün-Schwarz und Schwarz-Grün. Die Mannschaften zu unterscheiden, war gar nicht so einfach. Hinter dem Banner „The Unity Borgsdorf" sangen sechs Fans mit Trommel ein fröhliches „Borgsdorf ist der geilste Club der Welt!" Aufgrund der schmackhaften Suppe und des molligen Vereinsheims ist Borgsdorf zumindest ein möglicher Kandidat für diesen Titel.

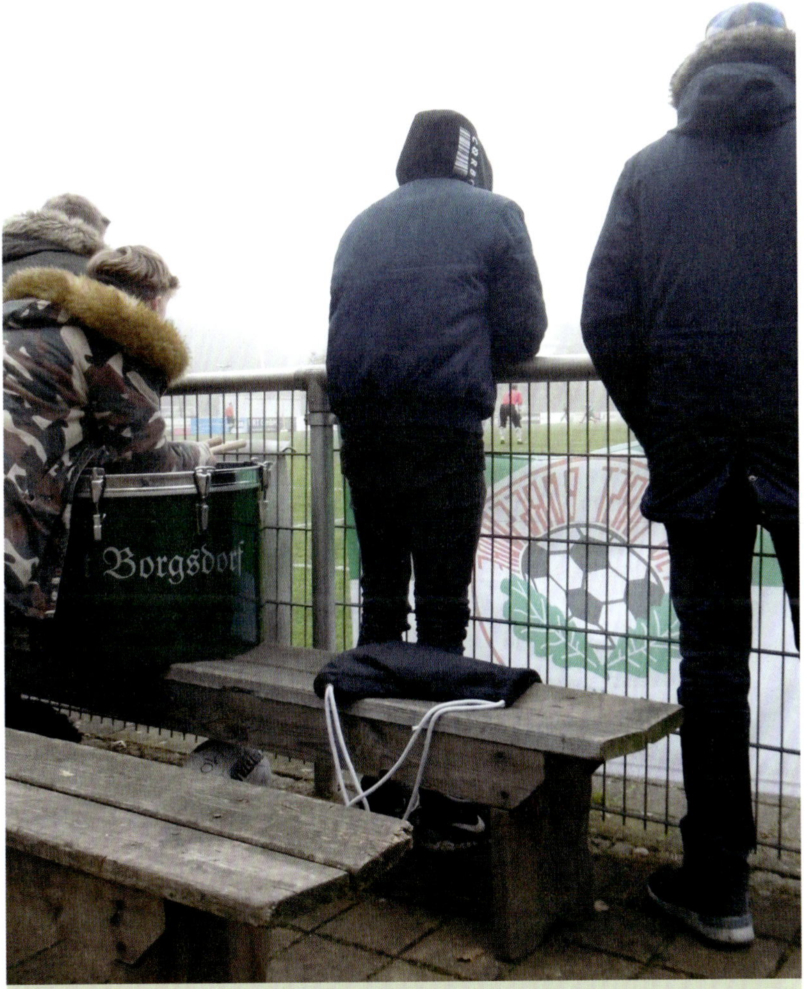

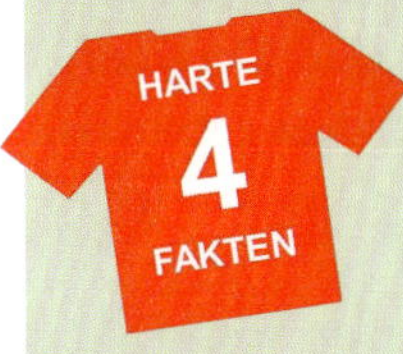

Hort der Gemütlichkeit: das Vereinsheim

„Lecker schmecker": Erbsensuppe mit Bocki

Fangruppierung: „The Unity Borgsdorf"

Nahes Ausflugsziel: Briesetal

Brandenburg an der Havel 010

Stadion am Quenz

Das Stahlfeuer lodert noch zaghaft

„Ob Dresden oder Rostock, Leipzig oder beim BFC, in jedem Stadion im Osten hat man unsere Fahnen gesehen. Ob Köln oder Hamburg, Göteborg oder Coleraine, überall brannte das Stahlfeuer. Wir werden weiterleben …", heißt es im Lied „Stahlfeuer" der Band Fauxpas.

Gänsehaut, als dieser Song im November 2015 im Stadion am Quenz abgespielt und auf der Gegenseite eine Choreo präsentiert wurde. Rund 500 Fans fanden sich ein und feierten den 65. Geburtstag der einstigen BSG Stahl Brandenburg. Vergessen waren an jenem Nachmittag all die Rückschläge seit dem Abstieg aus der 2. Bundesliga am Ende der Saison 1991/92. Erinnert wurde an die großen Auftritte gegen Coleraine FC und IFK Göteborg im Herbst 1986, als jeweils rund 20.000 Zuschauer für eine grandiose Atmosphäre gesorgt hatten. Was waren das für Zeiten!

Von 1984 bis 1990 wurde als BSG Stahl in der DDR-Oberliga gespielt, als BSV Stahl gelang 1990/91 die Qualifikation für die 2. Bundesliga. Hängen blieb aus jener ersten gesamtdeutschen Spielzeit vor allem das Skandalspiel gegen Bayer 05 Uerdingen, als die Stahl-Spieler reihenweise vom Platz geschickt wurden. Als Letzter ging es am Ende runter in die NOFV-Oberliga. 1994/95 spielte der BSV Stahl eine Saison in der Regionalliga Nordost, anschließend begann der traurige Absturz. 1998 musste Konkurs angemeldet werden, der Verein wurde aufgelöst. Als direkter Nachfolger wurde der FC Stahl Brandenburg ins Leben gerufen. Eine Fusion mit dem BSC Süd 05 kam aufgrund der Proteste nicht zustande. Stattdessen ackerte man lieber allein durch Brandenburgliga und Landesliga.

Bitter: Ende Juli 2017 wurden im 1955 eröffneten Stadion am Quenz (Stahl-Stadion) die markanten Flutlichtmasten abgerissen. Diese waren erst 1988/89 errichtet und 1996 in Betrieb genommen worden. Die Haupttribüne wurde 1984 nach dem Aufstieg in die DDR-Oberliga gebaut, die Gegengerade und der Sprecherturm stammen indes noch aus den frühen 1970ern.

Und heute? Das Stahlfeuer glimmt in der Landesliga, aber es ist noch nicht aus! „Wir werden weiterleben …"

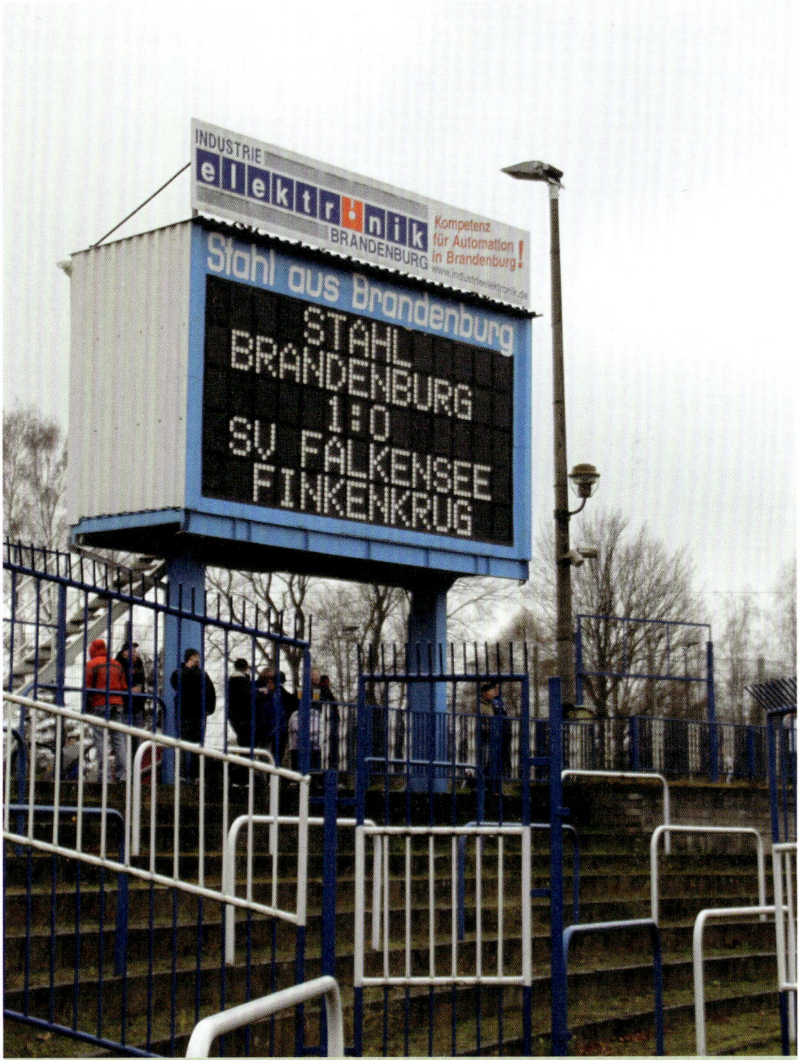

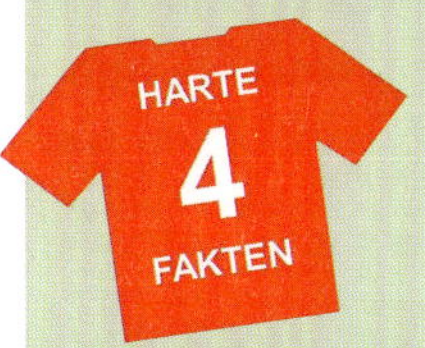

Gründung der BSG Stahl: 20. November 1950

UEFA-Cup-Teilnahme: 1986/87

Geniales Lied: „Stahlfeuer“ der Band Fauxpas

Abriss der Flutlichtmasten: 2017

Werner-Seelenbinder-Sportplatz

Auch Lutz Eigendorf spielte bei Motor Süd

Beim Namen Lutz Eigendorf denken wir meist an seinen tragischen Unfalltod in Braunschweig am 5. März 1983. Vor seiner Flucht in den Westen hatte er von 1970 bis 1979 beim BFC Dynamo gespielt, geboren wurde er jedoch im Juli 1956 in Brandenburg an der Havel. Das Fußballspielen begann er bei der BSG Motor Süd Brandenburg, die am 20. Februar 1951 ins Leben gerufen wurde. Wie jedoch der heutige Vereinsame Brandenburger SC Süd 05 vermuten lässt, gehen die Wurzeln des Vereins zurück ins Jahr 1905.

So wurden am 13. Oktober 1905 im „Weißen Schwan" die beiden Vereine Tasmania und Germania zusammengelegt. Als Brandenburger BC 05 konnte 1912 der erste regionale Titel gefeiert werden, später folgten fünf Spielzeiten in der Gauliga Berlin-Brandenburg.

Wie vielerorts wurden die Karten nach dem Zweiten Weltkrieg neu gemischt. Aus der SG Brandenburg-West wurde anfangs die BSG Traktorenwerke Brandenburg, ab 1951 spielte man weiter als BSG Motor Süd. Im Jahr darauf gelang als Brandenburgischer Meister der Sprung in die DDR-Liga. Nach drei Jahren DDR-Liga wurde von 1955 bis 1962 in der II. DDR-Liga gespielt. Viermal gelang noch der Sprung in die Zweitklassigkeit, doch folgte jeweils der direkte Abstieg.

In jüngerer Vergangenheit wurde der Brandenburger SC Süd 05 nach dem Aufstieg im Juni 2008 eine feste Größe in der NOFV-Oberliga, wenngleich oft haarscharf am Abstieg vorbei geschrammt wurde.

Gespielt wird seit eh und je auf dem Werner-Seelenbinder-Sportplatz, der als Sportkomplex bereits Anfang des 20. Jahrhunderts auf einem ehemaligen Exerzierplatz errichtet wurde. Kurzzeitig spielte auch die ZSG Werner Seelenbinder Brandenburg dort, die 1951 wieder aufgelöst wurde. Im Norden des Sportkomplexes gab es einst eine Radrennbahn mit einem Belag aus Beton. Im Stadion selbst wurde am 2. Oktober 1958 das Rugby-Union-Länderspiel DDR vs. Rumänien ausgetragen, das vor mehr als 3.000 Zuschauern 5:5 endete.

Die überdachte Haupttribüne, auf der häufig auch Gästefans ihre Plätze einnehmen dürfen, wurde jedoch erst in den 1990ern errichtet.

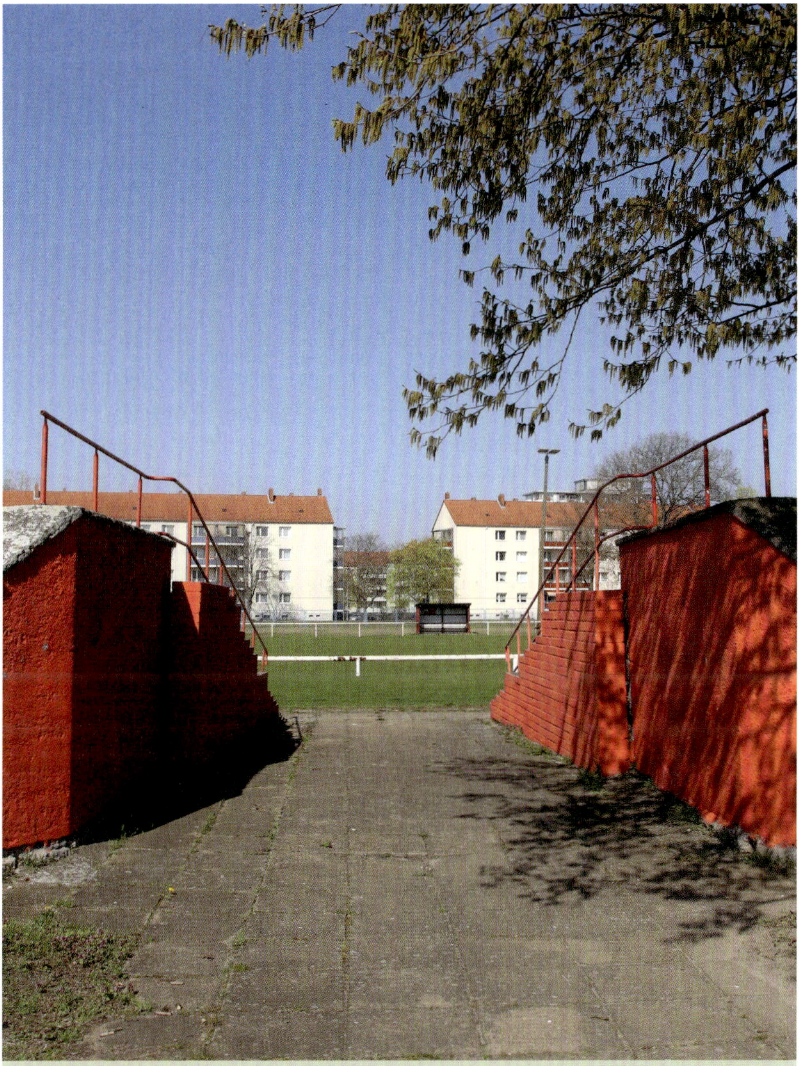

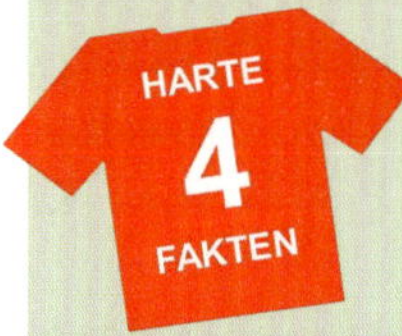

Gründung der BSG Motor Süd: 20. Februar 1951

Rugby-Länderspiel: 2. Oktober 1958

Skurril: eingezäunte Wiese vor dem Gästeblock

Standort der Fanszene: Meckerecke

SG Einheit Brandenburg

Der „Platzmacher" für die BSG Stahl

Die DDR-Liga-Saison 1945/55 wurde in drei Staffeln ausgespielt, und in der Staffel 1 kam es zu den Stadtduellen zwischen der BSG Motor Süd Brandenburg und der SG Einheit Brandenburg. Am 31. Oktober 1954 konnte Motor Süd bei Einheit mit 3:1 gewinnen, das Rückspiel entschied Motor Süd sogar mit 6:0 für sich. Für den Aufsteiger SG Einheit war die zweithöchste Spielklasse ganz klar eine Nummer zu groß.

Am 20. November 1950 – am gleichen Tag wie die BSG Stahl – wurde die SG Einheit Brandenburg ins Leben gerufen, indem die Zentrale Betriebssportgemeinschaft Werner Seelenbinder Brandenburg entflochten und einzelne Sportvereinigungen für die Gewerkschaftsbereiche gegründet wurden. Im Jahr zuvor wurde die 1945 gegründete SG Brandenburg West der ZSG angeschlossen.

Anfang der 1950er-Jahre prägte die SG Einheit gemeinsam mit der BSG Motor Süd das Fußballgeschehen in Brandenburg. Die BSG Stahl Brandenburg spielte zu jenem Zeitpunkt nur in der fünftklassigen Bezirksklasse.

Der große Sprung in die DDR-Liga gelang am Ende der Bezirksliga-Saison 1953/54, als die SG Einheit punktgleich vor der BSG Lokomotive Potsdam Meister wurde. Die Tordifferenz unterschied sich mit einem einzigen Törchen.

Der Absturz nach dem Abenteuer DDR-Liga war hart. Da 1955 die II. DDR-Liga zwischengeschoben wurde, fand sich Einheit Brandenburg als Tabellenvorletzter plötzlich in der vierthöchsten Spielklasse wieder. Noch im selben Jahr wurde die Fußballabteilung von Einheit Brandenburg aufgelöst, und die erste Mannschaft schloss sich der BSG Stahl Brandenburg an. 1956 konnte Stahl Brandenburg den Startplatz in der Bezirksliga Potsdam einnehmen, bereits im Jahr darauf gelang Stahl der Sprung in die II. DDR-Liga.

Spuren der SG Einheit gibt es nur wenige. Mit etwas Glück wird man fündig und kann eine Nadel vom Gesamtverein erwerben. Oben Blau, in der Mitte Weiß, unten Grün – in der Mitte ein großes „E". Ganz unten dazu ein goldener Ährenkranz. Die in der Nadel verwendeten Farben sind sogar heute noch zu finden, und zwar bei der Segelpport-Gemeinschaft Einheit.

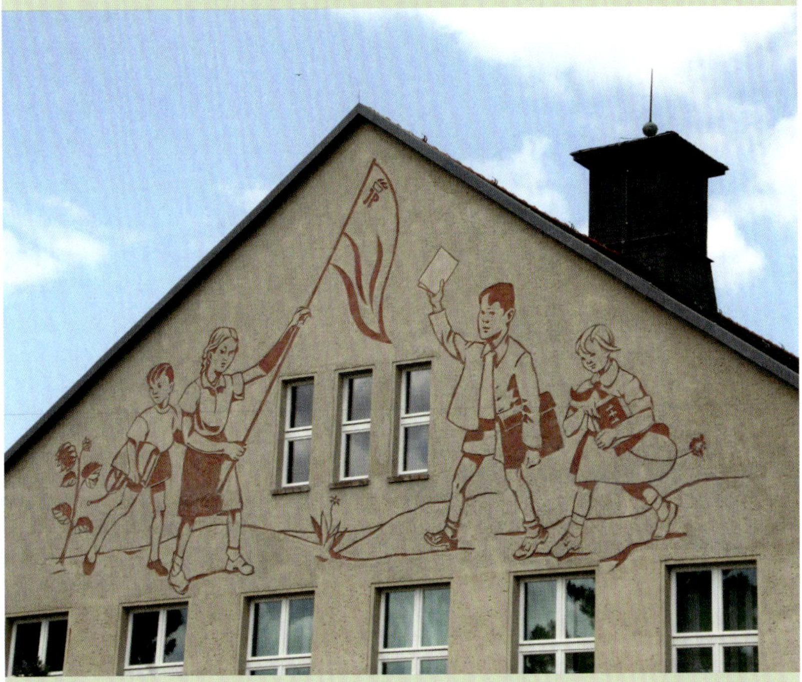

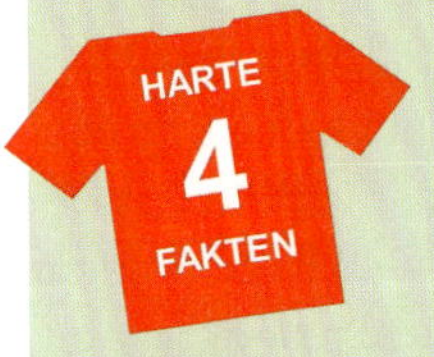

Gründung: 20. November 1950

Vereinsfarben: Rot-Weiß

DDR-Liga: 1954/55

Auflösung: 1955

Brieselang 013

Fichte-Sportplatz

Alles für die Birke

Alles für die Birke! Bei Heimspielen hängt auf dem Fichte-Sportplatz in der Regel ein grün-weißer Stoff am Geländer, und dahinter stehen ein paar Zuschauer, die die Mannschaft nach vorne treiben wollen. Im Juni 2016 stieg der SV Grün-Weiß Brieselang in die NOFV-Oberliga auf, zum letzten Heimspiel gegen Waltersdorf durften 240 Zuschauer begrüßt werden. Zum ersten Oberliga-Heimspiel gegen Mecklenburg Schwerin waren dann sogar knapp 300 Fußballfreunde auf dem Fichte-Sportplatz. Im benachbarten Falkensee-Finkenkrug schaute man mit Argwohn nach Brieselang. Der SV Grün-Weiß schien nicht zu stoppen zu sein. Mit dem Hauptsponsor Edison Energietechnik war der Verein gut gerüstet, und 2016 kamen weitere Sponsoren hinzu.

Gegründet wurde Grün-Weiß Brieslang im Oktober 1950 als SG Brieselang. Zwei Jahre später erhielt der Verein einen Trägerbetrieb und hieß fortan BSG Chemie Brieselang. In der Saison 1952/53 und im Zeitraum von 1960 bis 1967 spielte Chemie Brieselang in der Bezirksliga Potsdam.

Den heutigen Namen erhielt der Verein am 22. Juli 1997. Zwei Jahrzehnte später schien Brieselang auf einem goldenen Weg. Nachdem 2017 noch knapp die Klasse gehalten werden konnte, wurde die erste Mannschaft 2017/18 in der Staffel Nord der NOFV-Oberliga mit nur fünf Siegen Tabellenletzter. Ein Ausrutscher? Eher nicht. Der Verein kam nicht zurück in die Spur. Auch 2018/19 wurde der Grün-Weiß Brieselang nur Tabellenletzter – dieses Mal jedoch in der Brandenburgliga. Am letzten Spieltag war Aufstiegskandidat MSV 1919 Neuruppin zu Gast. Ein Heimsieg – und es hätte was werden können mit dem Klassenerhalt. Vor knapp 100 Zuschauern wurde jedoch klar und deutlich mit 1:5 verloren.

Der Absturz ging weiter, derzeit wird nur noch in der Landesliga Nord gespielt. Und auch in dieser Spielklasse hat die erste Mannschaft allergrößte Mühe. Keine Frage, die Fans hinter dem Banner „Alles für die Birke!“ mussten in den letzten zwei, drei Jahren eine Menge ertragen. Nach Regen kommt aber immer Sonne. Auch auf dem Fichte-Sportplatz. Alles nur eine Frage der Zeit.

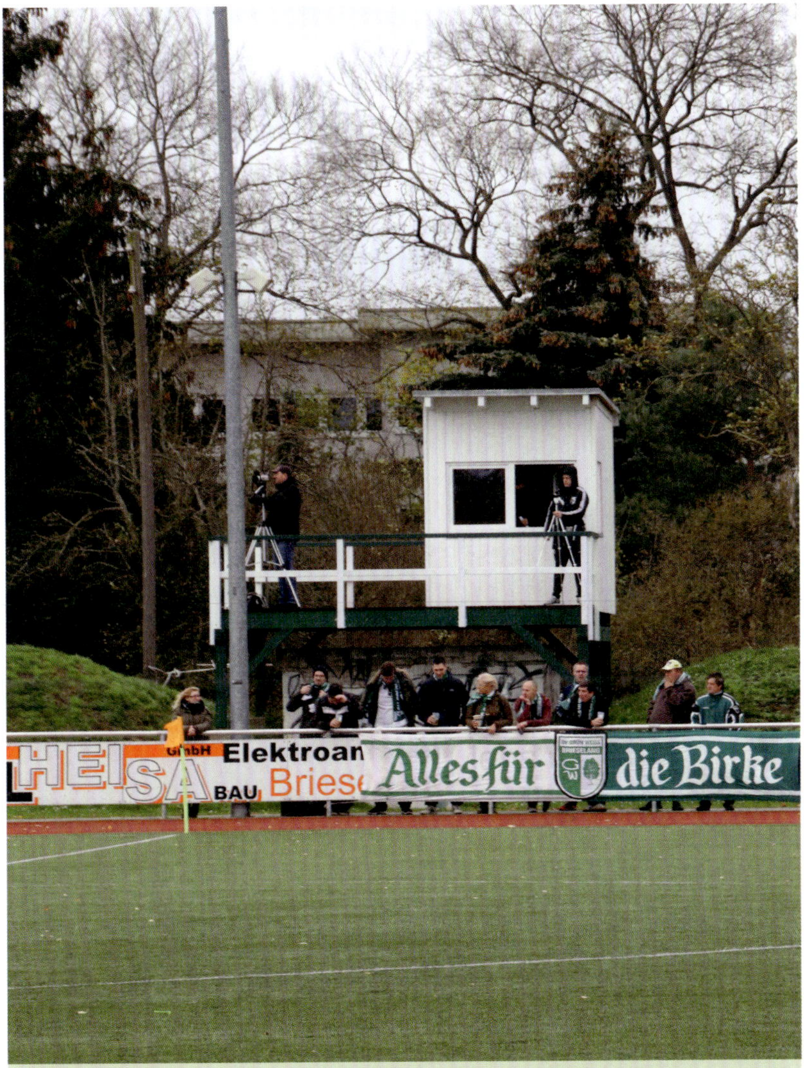

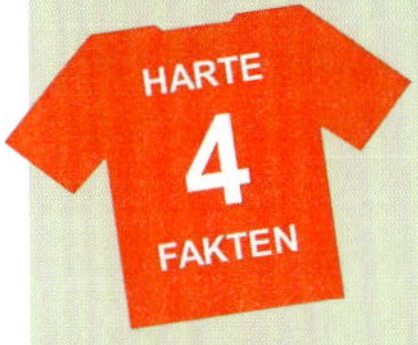

Name zu DDR-Zeiten: BSG Chemie Brieselang

Erzrivale: SV Falkensee-Finkenkrug

NOFV-Oberliga: 2016/17, 2017/18

Bekannte Spieler: Uwe Schulz, Christopher Lemke

Brieske/Senftenberg 014

Elsterkampfbahn Brieske

Grube Marga und der Fußball

Bindestrich oder Querstrich lautet die erste Frage. Laut Vereinsregister gehört zwischen „Brieske“ und „Senftenberg“ ein Querstrich. Somit wäre das geklärt. Was das „Brieske“ sei? Ein Ortsteil der brandenburgischen Stadt Senftenberg, die in der Niederlausitz liegt und die schräggekreuzten Schlägel und Hammer im Wappen hat. Senftenberg hat eine lange Historie als Bergbaustadt, und auch zu DDR-Zeiten war den POS-Schülern diese Stadt ein Begriff, da im Geographieunterricht recht oft von der „Energiezentrale“ die Rede war.

Aus heutiger Sicht erstaunlich: Brieske/Senftenberg war als BSG Franz Mehring Marga einer der Gründungsmitglieder der DDR-Oberliga, die 1949/50 noch DS-Liga hieß. Damals sah das Teilnehmerfeld völlig anders aus. Mit dabei waren SG Dresden-Friedrichstadt, BSG Eintracht Hans Wendler Stendal, ZSG Industrie Leipzig, BSG Vorwärts Schwerin und SG Einheit Meerane.

Die Geschichte des heutigen FSV „Glückauf“ Brieske/Senftenberg geht sogar noch weiter zurück. Am 19. Januar 1919 wurde der FV Grube Marga ins Leben gerufen, fünf Jahre später erfolgte die Umbenennung in SV Sturm Grube Marga. Namensgeber war der Braunkohlentagebau „Grube Marga“. 1950 wurde das „Marga“ abgelegt, stattdessen ging es als BSG Aktivist Brieske-Ost weiter. Wenig später wurde die Fußballabteilung zum neu gegründeten SC Aktivist Brieske-Senftenberg delegiert, jener spielte in den 1950er-Jahren eine gute Rolle. So wurde man beispielsweise 1958 Tabellendritter hinter dem ASK Vorwärts Berlin und dem SC Motor Jena. 1962/63 erfolgte der Abstieg in die DDR-Liga, und prompt wurde der Spielbetrieb eingestellt.

Weiter ging es zunächst als BSG Aktivist Brieske-Ost und ab 1972 als BSG Aktivist Brieske-Senftenberg. Der Sprung nach ganz oben gelang nicht mehr, das geförderte Leistungszentrum war nun die Bezirkshauptstadt Cottbus.

Am 20. Juli 1990 wurde der FSV „Glückauf“ Brieske/Senftenberg ins Leben gerufen. Von 1991 bis 1996 wurde in der Oberliga, in der Folgezeit in unteren Gefilden gespielt. Derzeit ist der Verein in der Landesliga Süd zu finden, die Saison 2018/19 wurde mit Rang drei abgeschlossen.

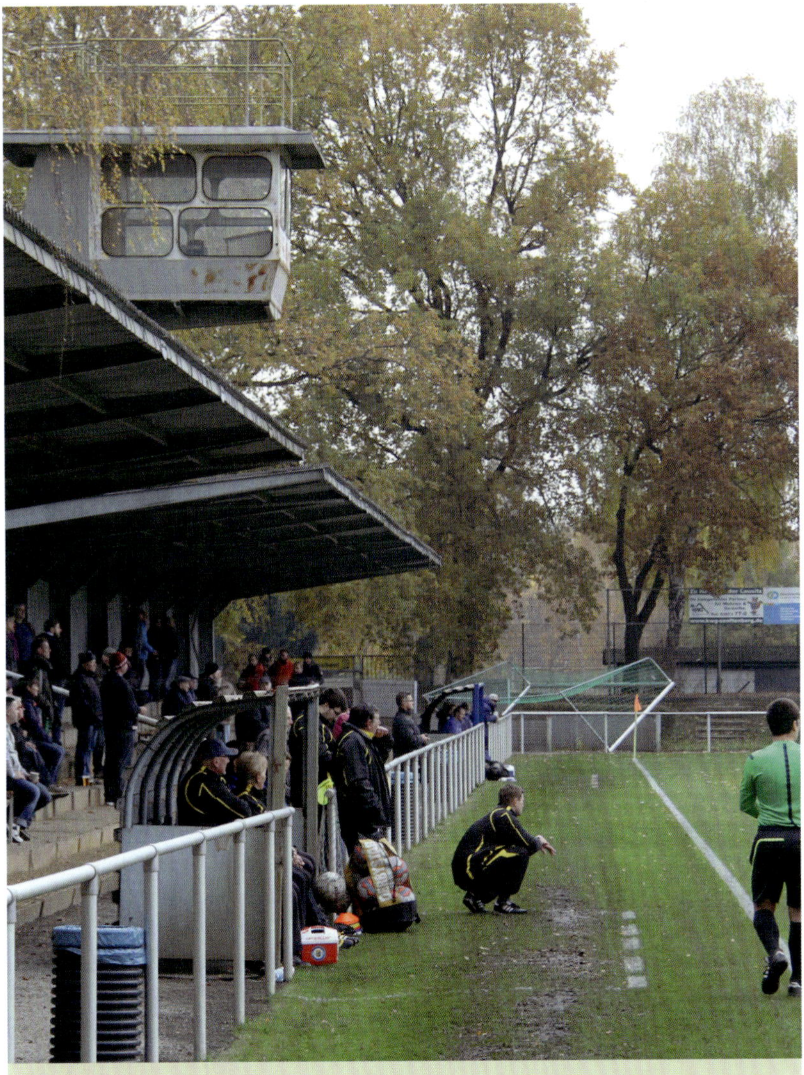

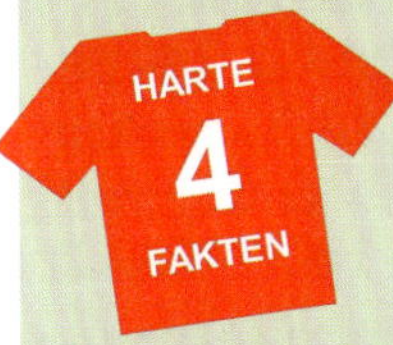

Gründung: 19. Januar 1919 als FV Grube Marga

Namensgeber: örtlicher Braunkohlentagebau

Zuschauerrekord: 35.000 gegen Torpedo Moskau (4.11.1953)

Aktuelle Spielklasse: Landesliga Süd

Stadion der Freundschaft

Auf und Ab von Energie Cottbus

Gänsehaut beim Anschauen der TV-Aufnahmen vom 5. Juni 1997. Nach einem 0:0 im Hinspiel der Aufstiegsrunde zur 2. Bundesliga schoss der FC Energie Cottbus sich mit einem 3:1-Sieg gegen Hannover 96 ins Glück. Was für ein Jubel auf den damals noch flachen Traversen des Stadions der Freundschaft, als Detlef Irrgang in der 72. Minute unbedrängt das 2:1 erzielte. Kurz vor Schluss machte Irrgang mit dem 3:1 den Sack zu! Absoluter Wahnsinn! Damit nicht genug, zogen die Lausitzer in jener Saison ins DFB-Pokalfinale ein. Wolfsburg, St. Pauli, Duisburg und der KSC wurden aus dem Weg geräumt, im Finale unterlag man dem VfB Stuttgart mit 0:2.

Zu DDR-Zeiten war die 1966 aus dem SC Cottbus herausgelöste BSG Energie Cottbus eher eine graue Maus. 21 Jahre wurde in der DDR-Liga gespielt, für sechs Jahre war man in der DDR-Oberliga mit von der Partie. 1990/91 wurde die Qualifikation für den gesamtdeutschen Profifußball verpasst, der imposante Aufstieg erfolgte ab 1996/97. War die 2. Bundesliga im bereits 1930 eröffneten und seit Ende der 1960er von Energie genutzten Stadion der Freundschaft eine Sensation, so wurde unter Trainer „Ede“ Geyer noch ein weiteres Krönchen draufgesetzt! Von 2000 bis 2003 sowie von 2006 bis 2009 spielte Energie in der 1. Bundesliga. Die ganz großen Zeiten sind jedoch längst passé. Seit 2014 pendeln die Cottbuser zwischen 3. Liga und Regionalliga Nordost.

Bei lukrativen Ligaspielen und vor allem bei den Auftritten im DFB-Pokal ist jedoch noch immer der Geist von einst zu spüren. Die Anspannung und das Knistern auf der 1988 eingeweihten Haupttribüne, das Beben, wenn ein Treffer fällt. Melancholie und Euphorie liegen in der Lausitz dicht beisammen. Ein Fußballausflug ist das Stadion der Freundschaft in jedem Fall wert. Anders als der Ruf vielleicht vermuten lässt, sind Energie-Fans sehr gastfreundlich. Kommt man in freundlicher Absicht, entwickeln sich schnell ausführliche Gespräche bei einem Bierchen. Gilt zu hoffen, dass der Weg wieder nach oben führt. Nachdem Claus-Dieter Wollitz in der Hinrunde 2019/20 das junge Team geformt hatte, liegt es nun am neuen Trainer Sebastian Abt, etwas draus zu machen.

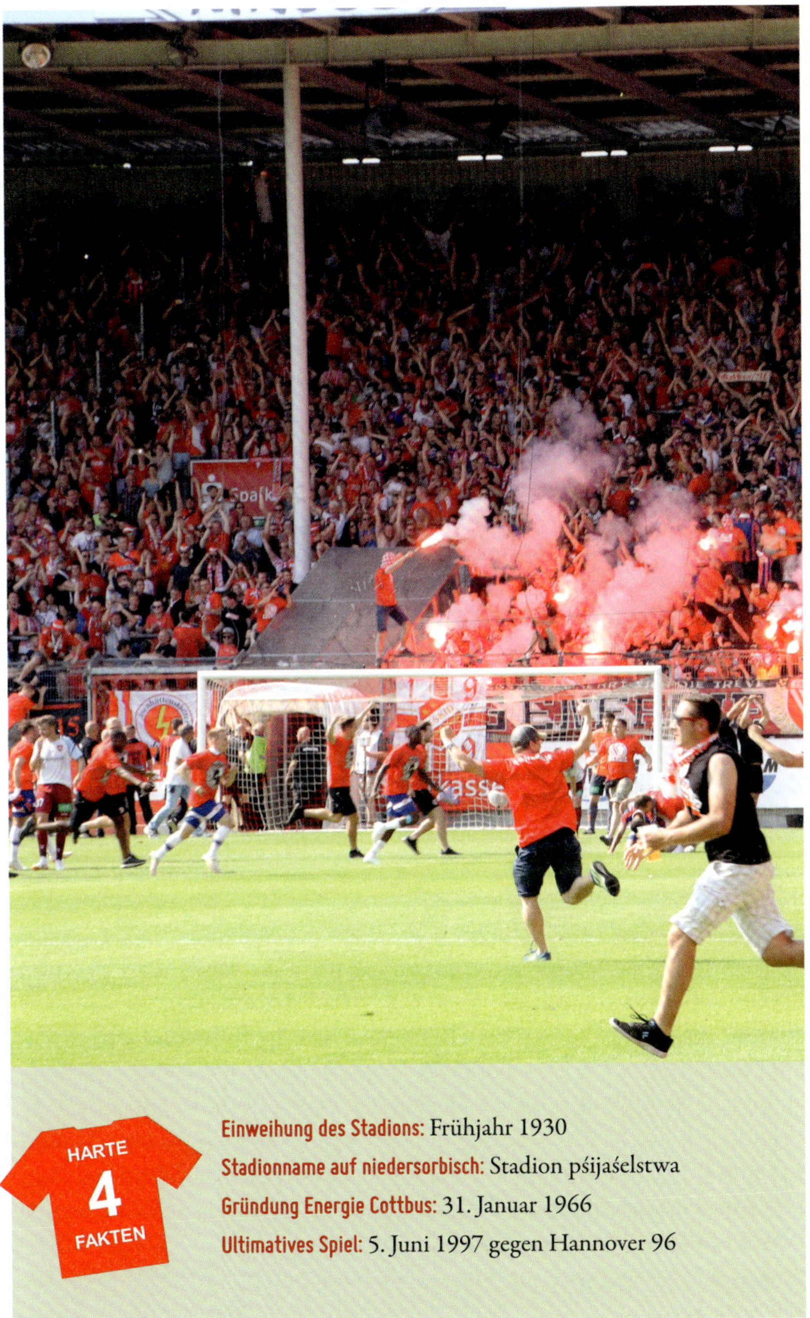

HARTE 4 FAKTEN

Einweihung des Stadions: Frühjahr 1930
Stadionname auf niedersorbisch: Stadion pśijaśelstwa
Gründung Energie Cottbus: 31. Januar 1966
Ultimatives Spiel: 5. Juni 1997 gegen Hannover 96

FT Cottbus 93

Vizemeister ATSB-Fußballmeisterschaft 1932

Erste Pläne vom geplanten Städtischen Stadion gab es im Mai 1926 im Cottbuser Anzeiger zu sehen. Geplant waren Spiel- und Turnplätze, ein Mädchenspielplatz und ein Spielfeld mit Aschebahn und Zuschauerböschungen. Vier Jahre später erfolgte die Einweihung des Städtischen Stadions, das 1950 durch die Cottbuser Stadtverordnetenversammlung in Stadion der Freundschaft umbenannt wurde.

Zwei große Spiele gab es im Städtischen Stadion im März 1932 zu sehen. In der Ostdeutschen Verbandsmeisterschaft des Arbeiter-Turn- und Sportbunds (ATSB) traf die Freie Turnerschaft Cottbus 93 in der Vorrunde auf die FFVgg Ponarth Königsberg, vor 3.500 Zuschauern behielten die Lausitzer Arbeiter-Fußballer mit 5:2 die Oberhand. Vor sogar 3.800 Zuschauern wurde im Finale Eintracht Reinickendorf-West mit 4:3 geschlagen. Die Fußballer der Freien Turnerschaft Cottbus 1893 waren auf dem Weg zum größten Vereinserfolg. Nachdem man 1928 im Finale um die Kreismeisterschaft, die die Qualifikation für die deutsche Meisterschaft bedeutet hätte, in Weißwasser sich der TuS Süden Forst mit 3:8 geschlagen geben musste, gelang nun der große Sprung.

In der Vorrunde der Endrunde um die Bundesmeisterschaft des ATSB 1931/32 wurde vor rund 5.000 Zuschauern im Städtischen Stadion der VfK Leipzig Südwest 92 mit 4:3 bezwungen. Am 21. Mai 1932 stieg im Städtischen Stadion in Nürnberg das große Finale. Gegner war der TSV Nürnberg-Ost, der bereits zwei Jahre zuvor gegen den Bahrenfelder SV den Meistertitel einfahren konnte. Vor 7.420 Zuschauern unterlag Cottbus den Nürnbergern mit 1:4.

Im Jahr darauf wurde die FT Cottbus 93 wieder Bezirksmeister, doch der Spielbetrieb des ATSB kam nach der Machtergreifung der Nationalsozialisten zum Erliegen. Vielerorts wurden die Plätze der Arbeitersportler polizeilich gesperrt, rasch wurden die Arbeitersport-Vereine zwangsaufgelöst. 40 Jahre nach der Gründung der Freien Turnerschaft Cottbus 93 war das Ende besiegelt. Die Endrunde um die ATSB-Bundesmeisterschaft 1933 musste abgesagt werden.

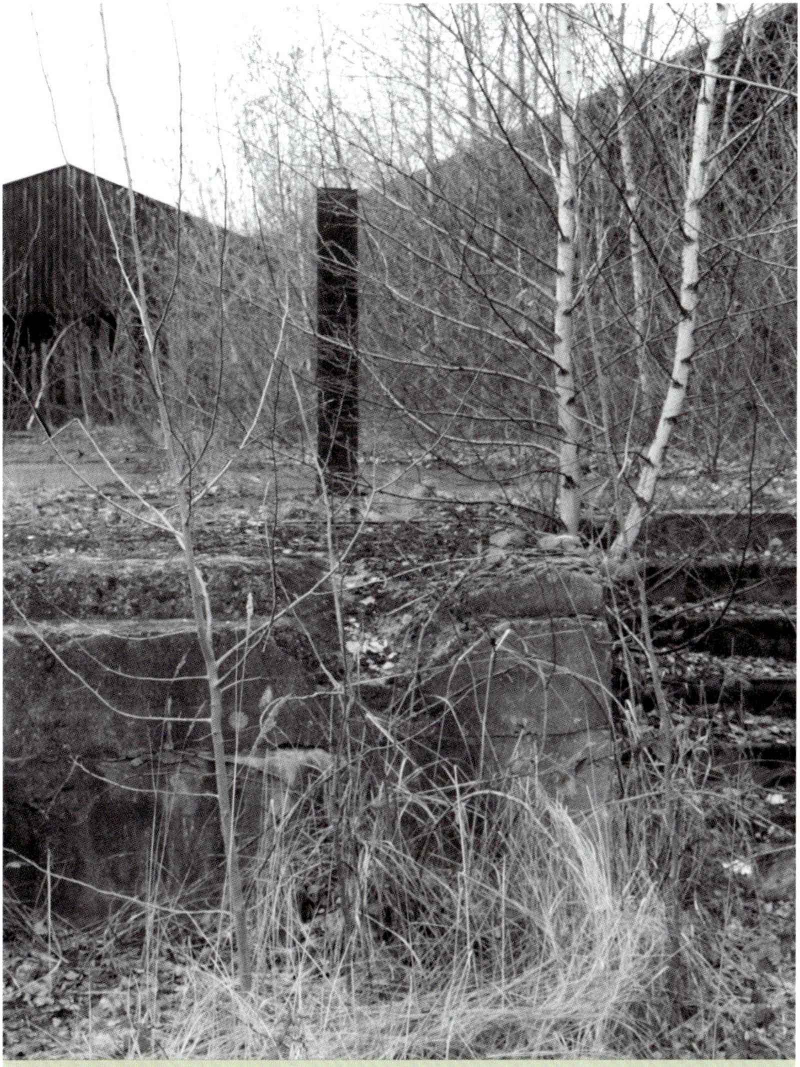

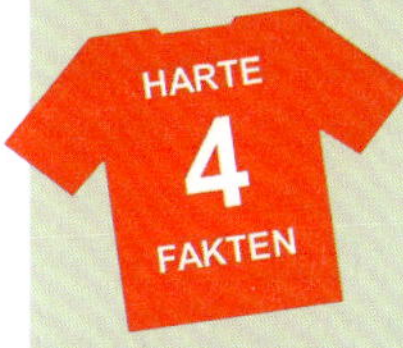

Gründung des FT Cottbus 93: 1883

Auflösung: 1933

Größter Rivale: TuS Süden Forst

Größter Erfolg: ATSB-Vizemeister 1932

Max-Reimann-Stadion

Errichtet auf den Kriegstrümmern

Zwar wurde im Max-Reimann-Stadion eher selten Fußball gespielt, doch da es sich hierbei um eine der wichtigsten Sportstätten der Region handelt, sei der Blick auf die Historie dieses Stadions erlaubt.

Nach Ende des Zweiten Weltkrieges wurde der Beschluss gefasst, die ehemaligen, im Krieg zerstörten Sportanlagen des MTV 1861 wieder instandzusetzen. Hunderte Arbeiter der Cottbuser Bau-Union und freiwillige Helfer griffen zu Hacke und Spaten, bereits vom 15. bis 17. August 1952 konnte das Max-Reimann-Stadion vor rund 20.000 Zuschauern eingeweiht werden. Benannt wurde das Stadion nach dem damaligen Vorsitzenden der KPD (Kommunistische Partei Deutschlands) in der Bundesrepublik Deutschland.

Zum Stadion gehörten eine 400 Meter lange ovale Betonpiste als Radrennbahn, die bereits ab Oktober 1951 genutzt werden konnte, Sanitär- und Umkleideräume sowie ein Sprecherturm. Jener Turm ist denkmalgeschützt und heute noch zu besichtigen.

Genutzt wurde die Sportanlage in der Folgezeit von den Leichtathleten, den Radsportlern, den Handballern und Boxern. Fußballspiele wurden auf dem Rasen des Max-Reimann-Stadions auch ausgetragen, so wurde dieses von 1955 bis 1957 von Vorwärts Cottbus bespielt.

Nachdem 1987 das neue Cottbuser Radstadion fertiggestellt wurde, erfolgten am Max-Reimann-Stadion die ersten Abrissarbeiten. Erhalten blieben das Eingangstor und der besagte Wettkampfturm. Im Zuge der Umbauarbeiten musste auf dem Gelände auch die einstige Eishalle dem Neubau weichen. Zu finden ist dort in der Gegenwart der Rasenplatz des Fußball-Landesverbandes-Brandenburg.

Das gesamte Sportgelände, auf dem sich auch die Leichtathletikhalle und die Lausitz-Arena befinden, ist bekannt als Sportzentrum Cottbus. Demzufolge trägt auch die dortige Straßenbahnhaltestelle in der Dresdener Straße diesen Namen. Um den Bogen zum Fußball zu spannen: In der Lausitz-Arena werden im Winter stets Hallenturniere ausgetragen. Die Arena wurde 2002 eröffnet und hat rund 1.750 Plätze. Beliebt ist Mitte Januar das Hallenturnier der SG Groß Gaglow, bei dem häufig über 1.000 Fußballfreunde erwartet werden.

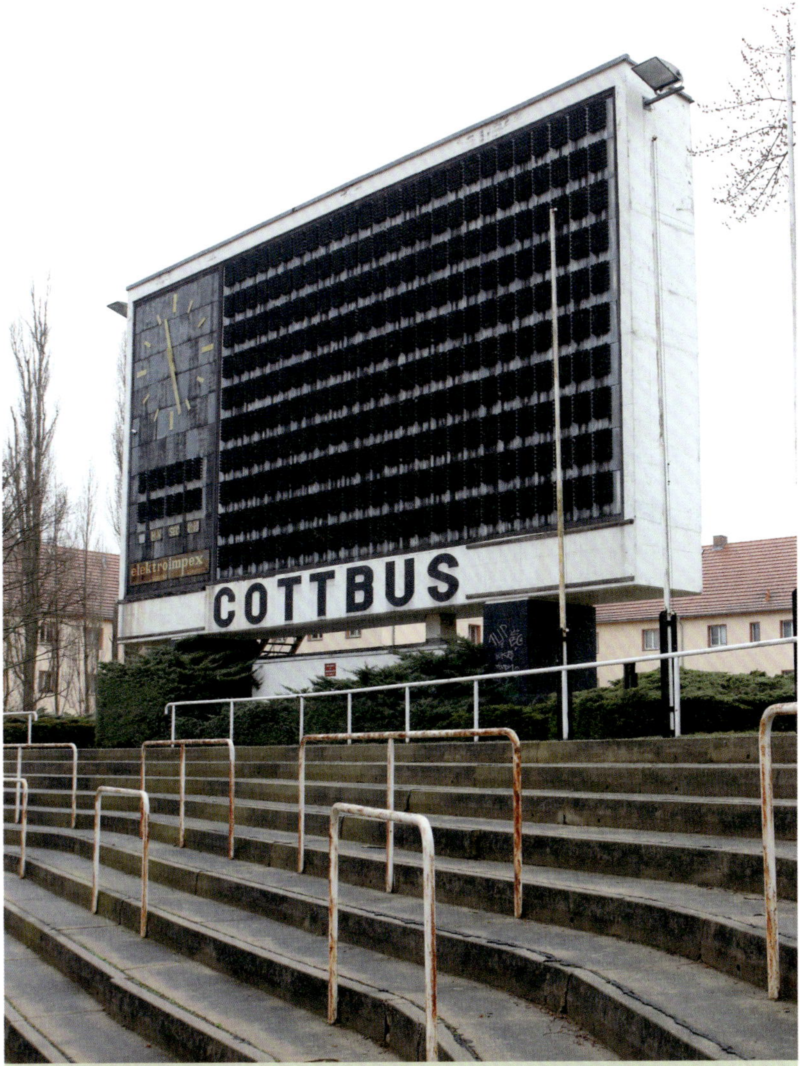

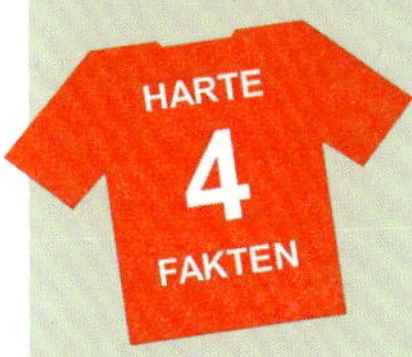

Eröffnung des Stadions: 15. bis 17. August 1952
Teilabriss: ab 1987
Eröffnung neues Radstadion: 1987
Eröffnung Lausitz Arena: 2002

Cottbus 018

Stadion am Stadtring

BSV Cottbus-Ost

Am nordöstlich gelegenen Käthe-Kollwitz-Park gibt es gleich zwei bedeutende Fußballplätze. Während die Sportanlage Schlachthofstraße (Vorwärts Cottbus/VfB Cottbus '97) am westlichen Rand des Parks liegt, ist das Stadion am Stadtring auf der östlichen Seite zu finden. Dort trägt der BSV Cottbus-Ost seine Heimspiele in der 1. Kreisklasse aus. Oha, tiefer geht es wohl kaum, mag man sich denken. Wohl wahr! Und dabei feierte der Verein in der Vergangenheit große Erfolge!

Als FV Brandenburg 1899 Cottbus wurde man 1906, 1908, 1927 und 1928 Niederlausitzer Fußballmeister. Nach dem Zweiten Weltkrieg feierte der Verein als SG Cottbus-Ost sowohl 1947, als auch 1948 den Brandenburgischen Fußballmeistertitel. Unvergessen: Am 13. Juli 1947 wurde im Finale im Städtischen Stadion Sandow (Stadion am Stadtring) vor 10.000 Zuschauern die SG Forst-Mitte mit 3:2 bezwungen. Mit dabei war Johannes „Hans" Schöne, der 1951 im Trikot von Rotation Babelsberg mit 38 Treffern Torschützenkönig der DDR-Oberliga wurde. Das Finale am 6. Juni 1948 zwischen SG Cottbus-Ost und der SG Babelsberg wollten im Stadion am Wasserturm in Forst sage und schreibe 14.000 Zuschauer sehen!

Als ZSG Textil Cottbus wurde 1950/51 DDR-Liga gespielt, in der Folgesaison war man als BSG Fortschritt Cottbus mit dabei in der zweithöchsten Spielklasse. Recht knapp stieg Fortschritt Cottbus gemeinsam mit Einheit Schwerin und Lichtenberg 47 ab in die Bezirksliga. Während in der Folgezeit Vorwärts Cottbus, Lokomotive Cottbus und später Energie Cottbus größere Sprünge machen konnten, blieb die BSG Fortschritt Cottbus aufgrund fehlender finanzieller Mittel in der Dritt- und Viertklassigkeit hängen.

Nachdem nach der Wende der Verein in BSV Cottbus-Ost umbenannt wurde, konnte einige Jahre in der Landesliga Süd gespielt werden. Mit einer desolaten Bilanz (1 Sieg, 28 Niederlagen, 13:129 Tore) erfolgte 2006 der Abstieg in die Landesklasse. Der Absturz war nicht mehr aufzuhalten, 2007 ging es runter in die Kreisliga. Und selbst in dieser konnte sich Cottbus-Ost nicht mehr halten. Was bleibt? Die Erinnerungen an den Glanz der alten Tage ...

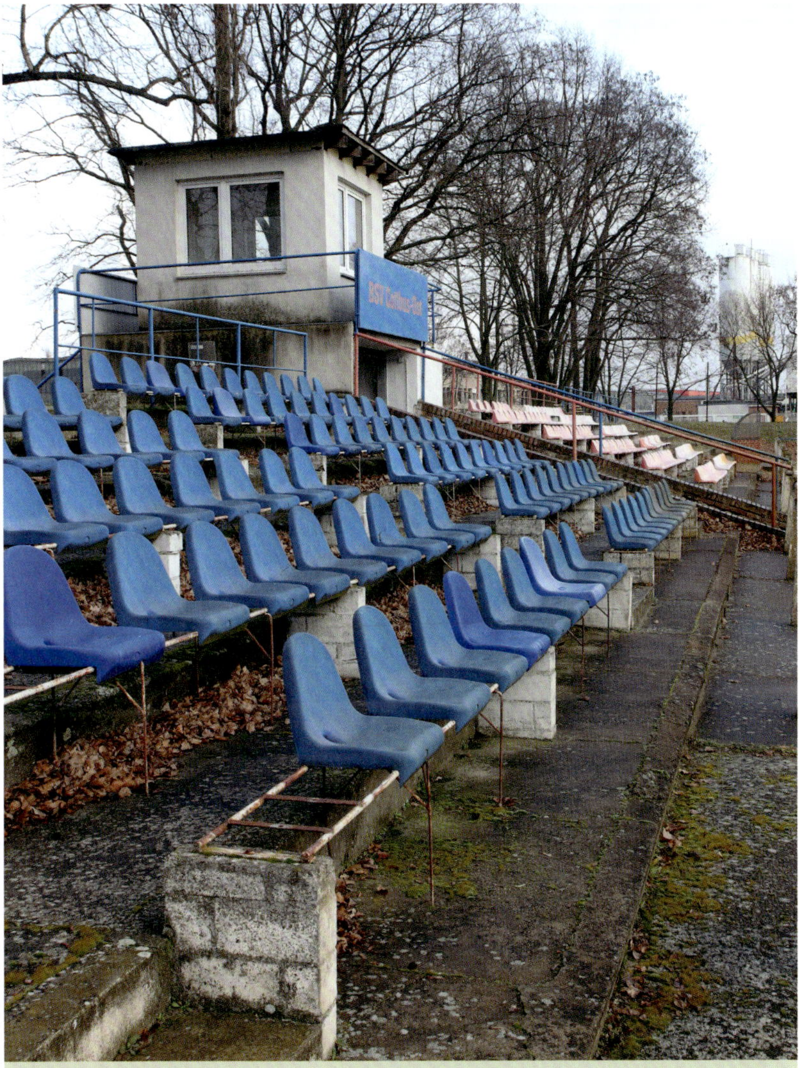

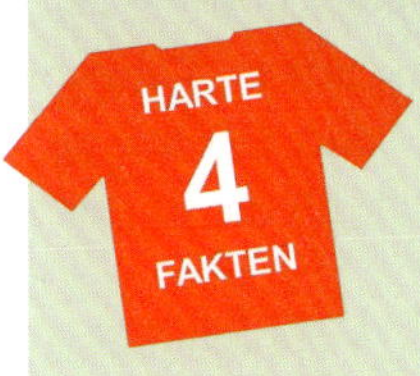

Kultfaktor des Stadions: Volle Punktzahl

Rekordkulisse: 10.000 Zuschauer (1947)

DDR-Liga: 1950/51, 1951/52

Aktuelle Spielklasse: 1. Kreisklasse

Wacker Sportplatz

Fußball in der Wiesenlandschaft

Tief im Westen von Cottbus, wo die Sonne untergeht und zahlreiche Gräben die Wiesenlandschaft Ströbitz/Kolkwitz durchziehen, wird seit Menschengedenken auf dem Wacker Sportplatz das Leder rollen gelassen. Max Butzner und 15 weitere Männer gründeten am 27. November 1909 in der Dorfschenke (später auch als „Sportpalast" bekannt) den Sport Club Wacker 09. 15 Jahre später wurde mit Hilfe der örtlichen Bauern der traditionelle Wacker Sportplatz angelegt, das Sportlerheim wurde 1962 eingeweiht.

Sportlich spielte Wacker in den 1920er und 1930er eine gute Rolle, so wurde der Nachwuchs 1937 Gebietsmeister der Westlausitz. Zu DDR-Zeiten wurde der Verein im Zeitraum 1966 bis 1990 zu einer Betriebssportgemeinschaft. Trägerbetrieb war das Reichsbahnausbesserungswerk (RAW). Als RAW Cottbus/Lok RAW Cottbus erfolgte 1984 die Rückkehr in die Bezirksliga Cottbus, in der sich bis zum Fall des Eisernen Vorhangs gehalten werden konnte. Das damalige Vereinswappen war dem heutigen ein wenig ähnlich, die Vereinsfarben Schwarz und Grün waren die gleichen. Bekannt sein dürfte die BSG Lokomotive RAW Cottbus auch vom Handball, da Mitte der 1980er-Jahre in der DDR-Oberliga gespielt wurde.

Anfang der 1990er-Jahre wurde wieder das „Wacker" in den Vereinsamen aufgenommen. Initiator war Horst „PEO" Pöschk, der Gründungspräsident hieß Jürgen Heinrich. Meilensteine in der jüngeren Geschichte waren 2005 die Grundsteinlegung des neuen Mehrzweckgebäudes und der Aufstieg in die Landesliga Süd, der am Ende der Saison 2010/11 in trockene Tücher gebracht werden konnte. Nur eine einzige Niederlage musste hingenommen werden, von 30 Spielen wurden 23 gewonnen. Seitdem hielt sich Wacker wacker in der Landesliga.

In der Vereinsgaststätte „Auf Wacker" wird jedoch nicht nur im Rahmen von Fußballspielen ein Bierchen gezischt, so treffen sich dort jährlich zur Fastnacht die Fastnachtpaare, bevor es dann als Umzug durch die dörflich geprägten Ströbitzer Straßen geht.

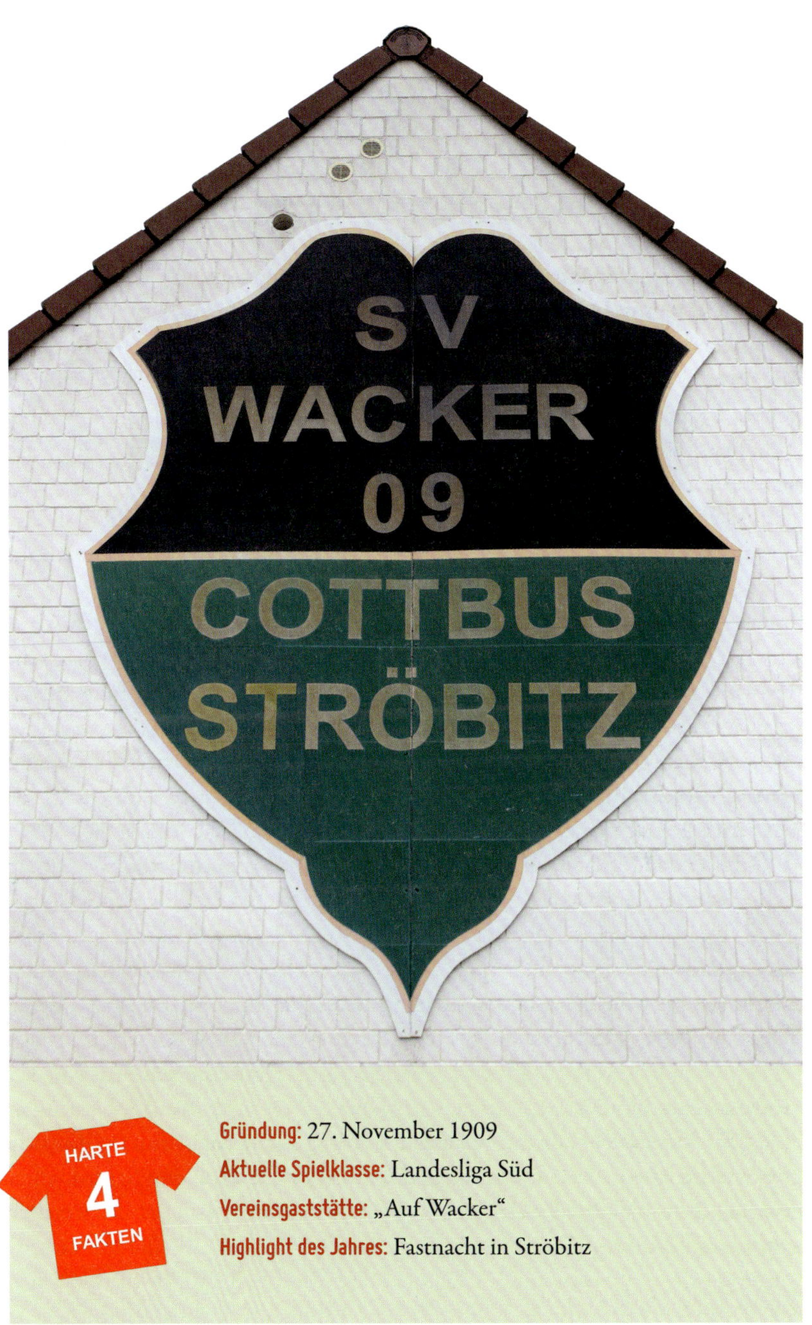

Gründung: 27. November 1909

Aktuelle Spielklasse: Landesliga Süd

Vereinsgaststätte: „Auf Wacker“

Highlight des Jahres: Fastnacht in Ströbitz

Stadion „8. Mai"

Wo einst Vorwärts Cottbus spielte

Nicht wirklich viel deutet in der Gegenwart darauf hin, dass dort einst ein großes Fußballstadion gestanden hatte. Auf der sanften Erhöhung bietet sich das sehenswerte Informations-, Kommunikations und Medienzentrums der Universität Cottbus-Senftenberg als Fotomotiv an, auf der Wiese wurden Segmente der einstigen Berliner Mauer aufgestellt.

Bereits 1994 wurde der Beschluss gefasst, auf dem Gelände des Universitätsstadions (zuvor Stadion „8. Mai") den futuristischen Neubau zu errichten. Allerdings musste der Baubeginn mehrmals verschoben werden, sodass der erste Spatenstich am 17. Dezember 2001 erfolgte. Nach drei Jahren Bauzeit wurde das IKMZ fertiggestellt.

Drei Jahrzehnte zuvor endete an jener Stelle die Geschichte der Armeesportgemeinschaft Vorwärts Cottbus, die im August 1955 ins Leben gerufen und nach der Saison 1973/74 nach Kamenz verlegt wurde. Gebildet wurde Vorwärts Cottbus aus der ersten Mannschaft des SC Vorwärts Leipzig, die nach Cottbus delegiert wurde.

Alte Programmhefte aus den ersten Jahren zeigen es an: Anfangs wurde noch im Max-Reimann-Stadion gespielt, später wurde für die Heimspiele das Stadion „8. Mai" genutzt. Immerhin 2.500 Zuschauer wollten am 28. August 1955 das erste Heimspiel in der II. DDR-Liga gegen die SG Dynamo Schwerin sehen. Zu Beginn der Saison 1957 wurde ins Stadion „8. Mai" umgezogen, das erste Heimspiel gegen Einheit Greifswald sahen 1.000 Fußballfreunde.

Interessant wurde es ab 1960 in der DDR-Liga. So kamen gegen Dynamo Dresden 3.500 und gegen Motor Karl-Marx-Stadt 3.000 Zuschauer. Richtig Schwung kam rein, als es am 17.10.1965 zum Kräftemessen mit dem SC Cottbus kam. Vor 10.000 Zuschauern konnte Vorwärts mit 3:1 gewinnen. Auch das Rückspiel konnte Vorwärts – nun gegen Energie – mit 2:1 für sich entscheiden. Zwar ließ in den Folgejahren das Interesse an den Stadtduellen etwas nach, doch gute Zahlen konnten auch weiterhin verzeichnet werden. Die letzte Partie von Vorwärts Cottbus war das 5:2 gegen Dynamo Fürstenwalde am 27.4.1974 vor nur 300 Zuschauern. Was blieb, war die dritte Mannschaft von Vorwärts, die noch bis 1978 das Fähnchen hochhalten durfte.

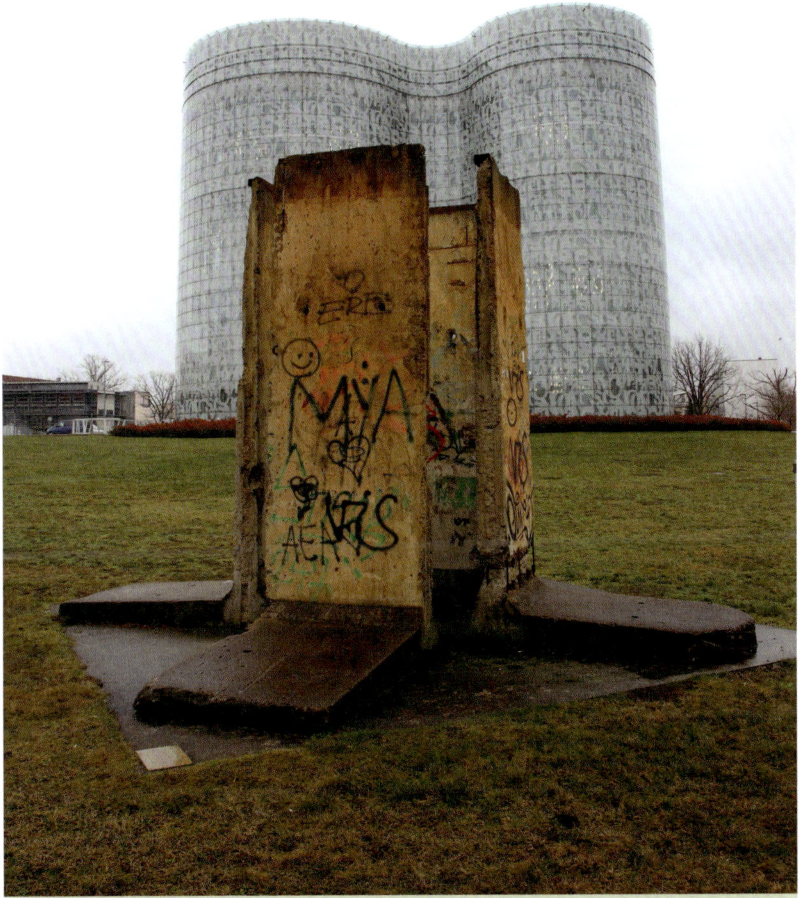

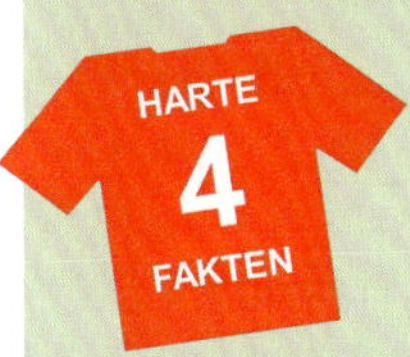

Stadionkapazität: 10.000
Genutzt von Vorwärts Cottbus: 1957 bis 1974
Heute noch erhalten: das „Haus der Armee“
Anstelle des Stadions: IKMZ der Uni Cottbus-Senftenberg

Südstadion an der Lipezker Straße

Das Aus von Lok Cottbus

Auch Cottbus hatte seine „Loksche". Während bei der BSG Lok RAW Cottbus das Reichsbahnausbesserungswerk der Trägerbetrieb war, stand bei der BSG Lokomotive Cottbus die Reichsbahn als solches in dieser Position bereit. Die Wurzeln des Vereins gehen weit zurück. Im Zuge zweier Fusionen führen die Wege zurück zu den einstigen Vereinen TV Friesen 1893 Cottbus, Cottbuser SC 1896 und Cottbuser FV 1898. Letztgenannter wurde 1898 als TuFC Britannia Cottbus ins Leben gerufen.

Als CSC/Friesen Cottbus wurde bis 1945 insgesamt drei Jahre in der Gauliga Berlin-Brandenburg gespielt, nach dem Weltkrieg wurde der Verein als BSG Reichsbahn Cottbus neu gegründet, 1950 wurde aus der „Reichsbahn" die „Lokomotive". 1955, 1956 und 1958 bis 1960 wurde in der II. DDR-Liga gespielt, 1950/51, 1951/52, 1974/75 sowie 1982/83 war Lok Cottbus in der DDR-Liga mit von der Partie. Die Heimspiele wurden ausgetragen im Stadion der Eisenbahner (Lok-Stadion Lipezker Straße), das in der Gegenwart von der U19 des FC Energie Cottbus genutzt wird. Zwischenzeitlich gab es dort die NOFV-Oberligaspiele von Energie Cottbus II zu sehen.

Eingeweiht wurde das Stadion der Eisenbahner im Jahre 1957 mit einem Fußballspiel, das wie die Faust aufs Auge passte. Die BSG Lok Cottbus empfing den Sportclub Lokomotive Leipzig (nicht zu verwechseln mit dem 1. FC Lok Leipzig).

Interessant: Als Lok Cottbus 1982/83 noch einmal in der DDR-Liga gespielt hatte, wurde der Verein in eine andere Staffel gepackt als die BSG Energie Cottbus. Den möglichen Derbys ging der Verband somit aus dem Wege. Immerhin 870 Zuschauer fanden im Schnitt den Weg zu den Heimspielen, bei Energie waren es in jener Saison 3.560.

1990 wurde der Verein in ESV Lok Cottbus umbenannt, nach dem Landespokalsieg 1991 trat Lok Cottbus im DFB-Pokal an. Am 27. Juli 1991 war der VfB Oldenburg zu Gast, 800 Zuschauer bekamen ein 0:3 zu sehen.

Und Lok Cottbus? 1998 spalteten sich schließlich die Fußballer als FSV Cottbus 99 ab, zwei Jahre später erfolgte die Auflösung des Vereins.

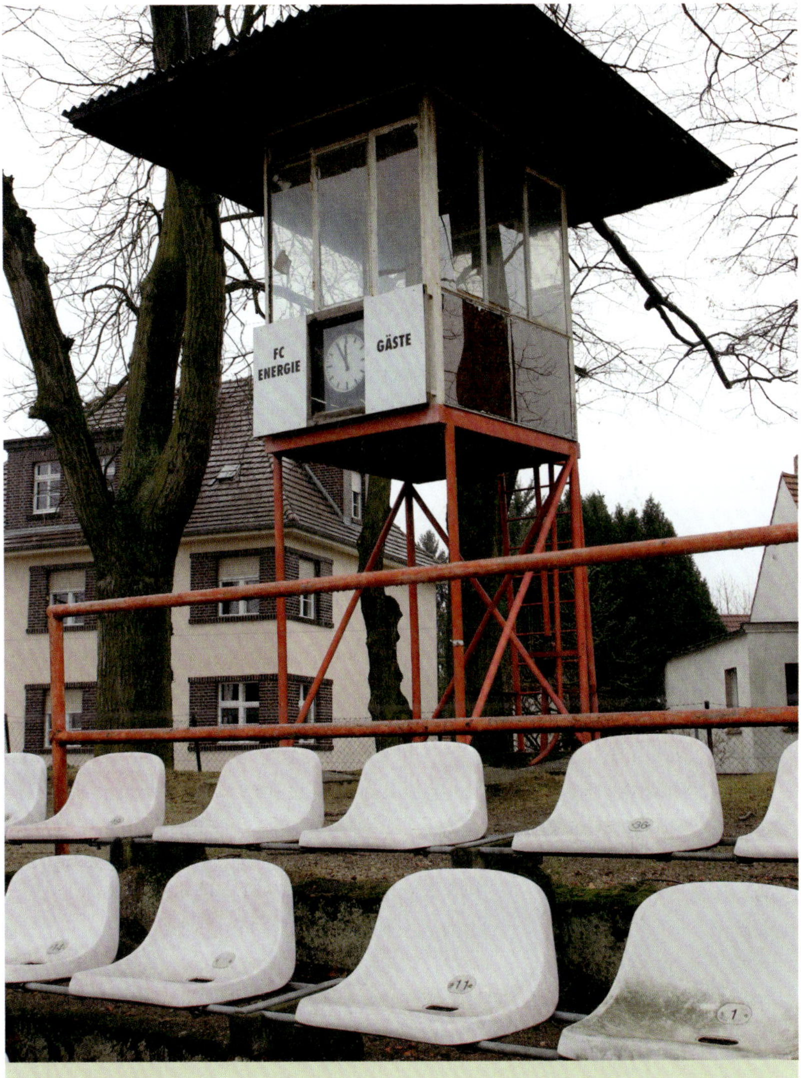

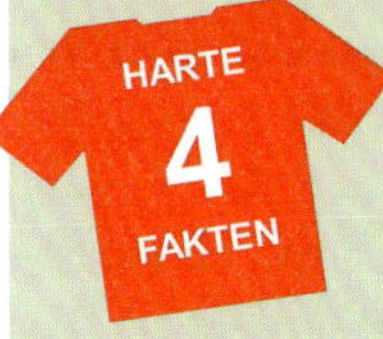

Einweihung Stadion der Eisenbahner: 1957
Lok Cottbus im DFB-Pokal: 1991/92
DDR-Liga: 1950/51, 1951/52, 1974/75, 1982/83
Derzeitige Nutzung: U19 von Energie Cottbus

Fußball-Landesverband Brandenburg

Mit dem Märkischen Fußball-Bund fing alles an

Mit der am 24. August 1901 gegründeten Freien Berliner Fußballvereinigung fing alles an, im Jahr darauf erhielt diese den Namen Märkischer Fußball-Bund. 1911 schloss sich dieser mit dem Verband Berliner Ballspielvereine und dem Verband Berliner Athletik-Vereine zum Verband Brandenburgischer Ballspielvereine zusammen.

Im Jahr 1933 wurden der DFB und alle regionalen Fußballverbände aufgelöst, stattdessen übernahmen das (Reichs-)Fachamt Fußball und die Fußballgaue die Aufgaben. Zu jener Zeit dominierten ganz klar die Berliner Vereine die Gauliga Berlin-Brandenburg.

In der DDR wurden 1952 die Länder aufgelöst, stattdessen gab es fortan die Bezirke, in denen auch der regionale Fußballbetrieb organisiert wurde. In Brandenburg waren es die Bezirke Potsdam, Cottbus und Frankfurt (Oder). Die Bezirksliga war jeweils die höchste Spielklasse im jeweiligen Bezirk. Überregional gab es die DDR-Oberliga und die DDR-Liga und zudem im Zeitraum 1955 bis 1963 die II. Liga.

Am 3. Oktober 1990 wurden die ehemaligen Bezirke im neuen Bundesland Brandenburg wieder zusammengefasst. Bereits am 28. Juli 1990 wurde in Potsdam der Fußball-Landesverband Brandenburg als Dachorganisation geschaffen. 54 Delegierte der Bezirksfachverbände (BFA) Cottbus, Frankfurt/Oder und Potsdam wählten den ehemaligen Schiedsrichter Siegfried Kirschen zum ersten Präsidenten. Als Sitz des FLB wurde Cottbus bestimmt. Ganze 28 Jahre lang blieb Kirschen der FLB-Präsident, als Nachfolger wurde im September 2018 Jens Kader gewählt, der zuvor Vorsitzender des Verbandsgerichtes war.

Der FLB hat knapp 100.000 Mitglieder. Ein großer Schritt war zur Saison 2014/15 die weiterreichende Strukturreform, bei der die Fußballkreise von bisher 17 auf acht reduziert wurden. Bestehen blieb jedoch die Struktur der Landesliga (zwei Staffeln) und Brandenburgliga (eine Staffel). Die jetzigen Fußballkreise: Dahme/Fläming, Havelland, Niederlausitz, Ostbrandenburg, Oberhavel-Barnim, Prignitz/Ruppin, Südbrandenburg und Uckermark. Die meisten Vereine (115) gibt es im Fußballkreis Havelland.

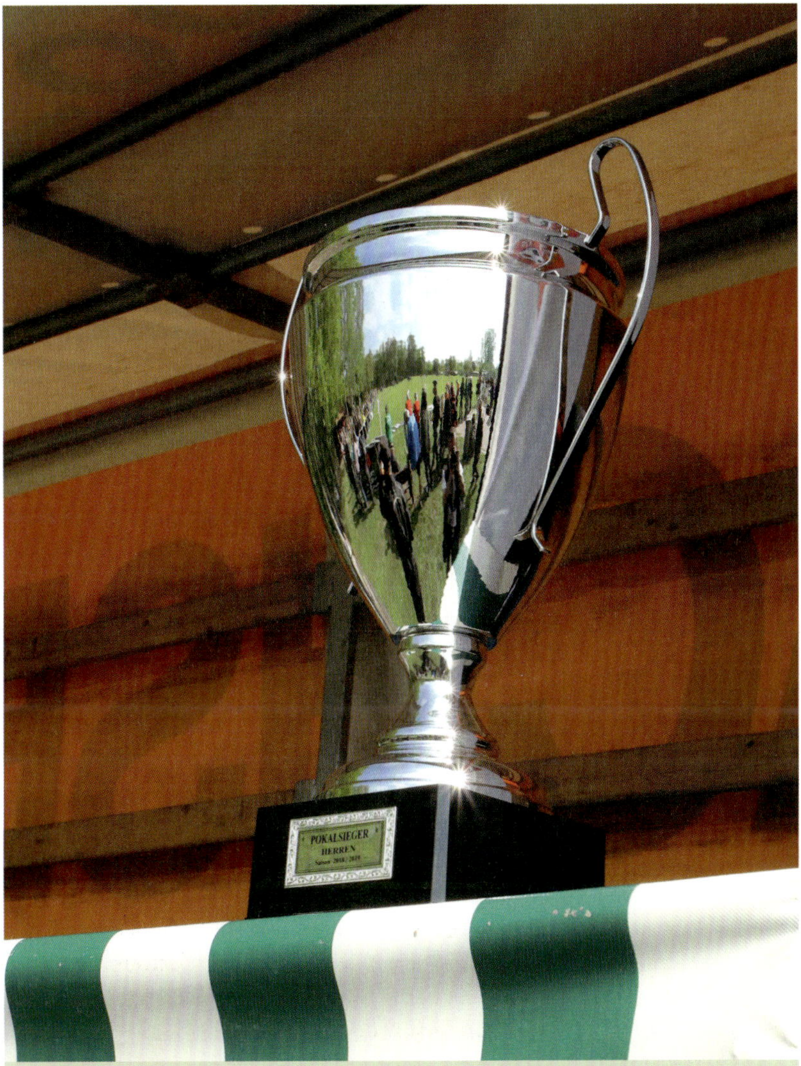

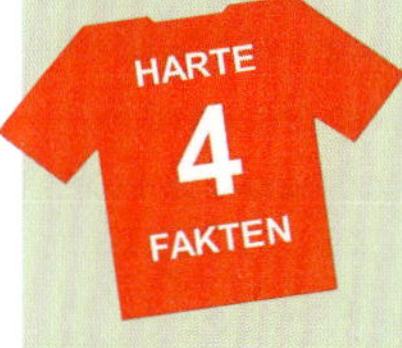

Gründung Freie Berliner Fußballvereinigung: 24.08.1901
Gründung des FLB: 28. Juli 1990
Sitz: Dresdener Straße 18, Cottbus
Aktueller Präsident: Jens Kader

Gedenkstätte Zuchthaus Cottbus

Wer einst politisch aneckte ...

„Cottbus heißt die öde Stätte mit der roten Haftanstalt ...“ Der Mund wurde trocken. Die Augen hafteten wie gebannt an den Zeilen des Gedichtes, das seitlich am Eingang angebracht ist. „... Das ist das Zuchthaus Cottbus, Symbol des Sozialismus – in Aktion, in Aktion!“ Der Zufall hatte mich in die Bautzener Straße geführt. Vor dem DFB-Pokalspiel des FC Energie Cottbus gegen den VfB Stuttgart drehte ich noch eine Runde durch die Stadt, um dann in Stadionnähe noch am „Eckchen“ einzukehren.

In der Bautzener Straße dann der Aha-Effekt. Hier also war das berühmt berüchtigte Zuchthaus, welches zu NS- und DDR-Zeiten für Angst und Schrecken gesorgt hatte. Manch einer, der ausreisewillig war, wurde hier vor 1990 eingekerkert. Und sicherlich war auch der eine oder andere aufmüpfige Fußballfan dabei, der dort im Barkas durch die Stacheldraht-Schleuse eingefahren wurde.

Die Gebäude und Mauern sind noch fast im Originalzustand, und es gibt nur wenige deutsche Gedenkstätten, die einem den Schrecken so nahe bringen können. Das Skurrile in jenem Moment: In der Ferne hörte man die Energie-Fans, die einen Marsch organisiert hatten und nun in Richtung Stadion der Freundschaft zogen.

Das Zuchthaus, das heute eine Gedenkstätte ist, wurde 1860 nach dreijähriger Bauzeit als Cottbuser Zentralgefängnis eröffnet. Zur NS-Zeit war es ein Jugendgefängnis und ein Frauenzuchthaus, zu DDR-Zeiten wurde es zum Strafvollzug des Ministeriums des Innern genutzt. Wer in der dortigen Region politisch angeeckt war, fand sich schnell in dieser Einrichtung wieder.

Nach der Wende wurde es noch bis 2002 als Gefängnis genutzt, im Dezember 2007 wurde die Haftanstalt an einen privaten Investor versteigert. Ein Teil der einstigen Gefängnisbauten wird in der Gegenwart als Gedenkstätte genutzt, die jährlich von mehr als 8.000 Menschen besucht wird.

Die Cottbuser Haftanstalt war zu DDR-Zeiten nach Bautzen das zweitgrößte Gefängnis für politisch Inhaftierte. Im Gefängnishof hatte sich 1978 ein 26-jähriger Häftling das Leben genommen, indem er sich mit einer Verdünnung übergoss und anschließend in Brand steckte.

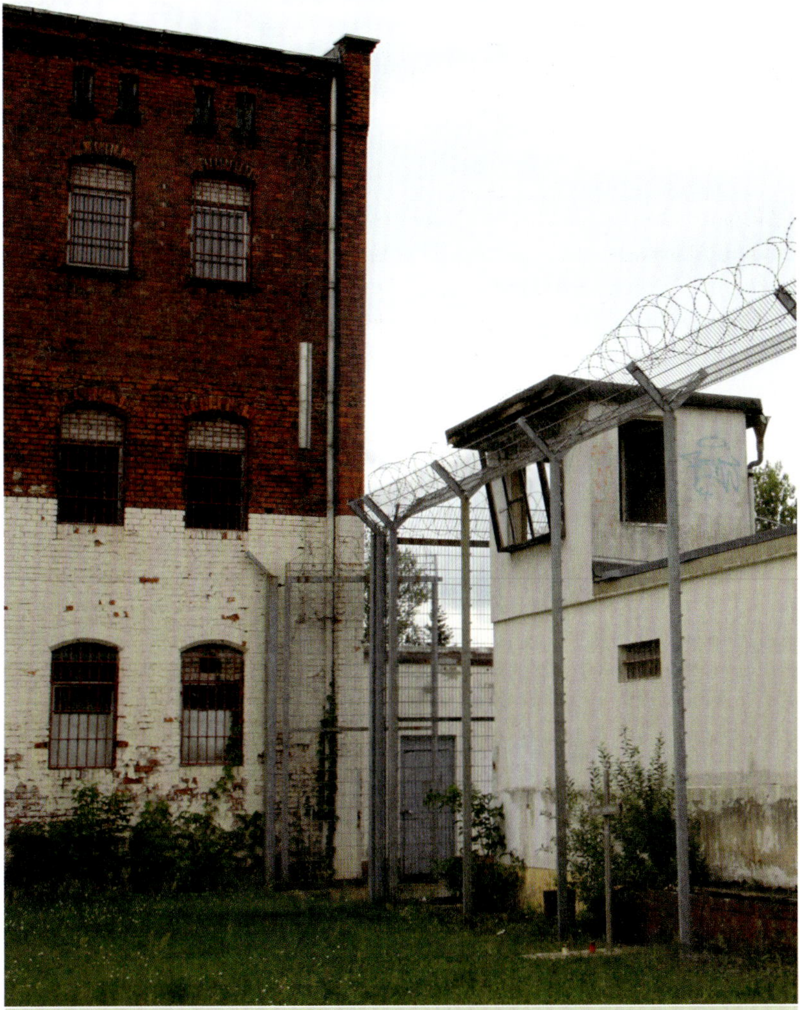

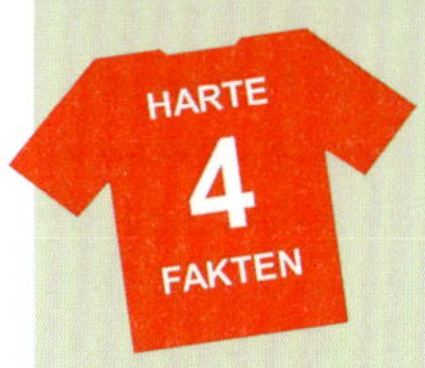

Eröffnung: 1860

Häftlingsrevolte: 17. Juni 1953

Schließung: 2002

Heutige Nutzung: Gedenkstätte

Altmarkt

Fanmärsche und Aufstiegsfeiern

Spätestens als eine Truppe Fans von Beskid Andrychów über den Altmarkt lief, fühlte man sich ein wenig nach Polen versetzt: Ein Markplatz wie er auch in Poznan, Wrocław oder Jelenia Góra zu finden ist. Unter den großen Schirmen sitzen Fußballfans beim Bier, und es herrscht eine erstaunliche Gelassenheit. Wenn man nicht gleich mit einem Dynamo-Schal vorbei spazieren geht, wird es so schnell keinen Stress für neutrale Beobachter geben.

Am 27. Mai 2018 trafen sich die Energie-Fans auf dem Altmarkt, um anschließend als Fanmarsch gemeinsam zum Stadion der Freundschaft zu marschieren. Nach zwei Jahren in der Regionalliga Nordost sollte es nun zurück in die 3. Liga gehen. Gegen Weiche Flensburg sollte der Aufstieg in trockene Tücher gebracht werden.

Als an der Kreuzung Franz-Mehring-Straße/Willy-Brandt-Straße ein Trabbi-Cabriolet gesichtet wurde, wurde der Fahrer des schmucken Gefährts von den Fans gebeten, vorneweg zu fahren. Kein Problem, und so ergab sich an der Unterführung ein schöner Anblick. Nun gut, die Farbe des Fahrzeugs passte nicht ganz, aber das sollte egal sein. Einmal das markante Signalhorn des Trabbis tätigen, im Anschluss legten die Fans unter der Bahnlinie noch einmal richtig los.

Drei, vier Stunden später durfte der Aufstieg gefeiert werden – im Stadion selbst und auf dem Altmarkt. Es war der fünfte Aufstieg seit 1991. Unter Eduard Geyer ging es in den 1990ern hoch bis in die 1. Bundesliga, mit Trainer Petrik Sander gelang eine Rückkehr ins Fußballoberhaus, und mit Claus-Dieter Wollitz an der Außenlinie wurde der Aufstieg von der Regionalliga in die 3. Liga gepackt.

Gefeiert wurden in der Vergangenheit auch die kleineren Erfolge. 1995, 1996, 1997, 1998 (U23), 2000 (mit der U23), 2015, 2017, 2018 und 2019 wurde der Brandenburgische Landespokal geholt. Dank diesem waren zu Regionalliga- und Drittligazeiten mal wieder große Vereine wie der Hamburger SV, der VfB Stuttgart und sogar der FC Bayern München zu Gast im Stadion der Freundschaft. Und ja, es wird mal wieder Zeit für eine farbenfrohe Feier auf dem Altmarkt …

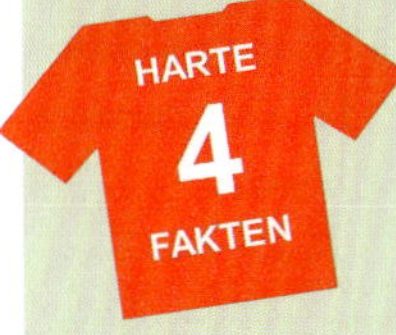

Entstehung des Altmarktes: um 1300
Altmarkt auf Niedersorbisch: Stare wiki
Ab 1766: Straßenbeleuchtung auf Holzpfählen
Startpunkt: für Fanmärsche der Energie-Fans

Kneipen an Stadtring und Bahndamm

Fachgespräche über Energie

Ein großes gezapftes Pils für 2,30 Euro? Unschlagbar. Zuerst dauerte es eine Ewigkeit, bis das garstig schäumende Getränk endlich die Humpen füllte, doch nachdem es endlich vernünftig aus dem Hahn floss, hellte sich auch das Gesicht des Kneipenbesitzers auf. Am und im Kneipchen trafen mal wieder Generationen zusammen. Kinder in roten Trikots übten schon mal die Körpersprache der Großen, die Alten trugen mitunter ein Trikot mit dem Aufdruck „Energie seit 1973“ auf dem Rücken. In der Kneipe „Billy's Eckchen“ (Parzellenstraße 8) lässt es sich vor einem Heimspiel des FC Energie Cottbus prima plaudern, ein beliebter Treffpunkt ist auch „Die rote Karte“ in der Stromstraße 6.

Für Gästefans erscheint Cottbus meist eher öde, weil sie von der Polizei den Stadtring entlanggeführt werden, jedoch hat die Stadt zwischen Hauptbahnhof und Eliaspark einige nette Einkehrmöglichkeiten zu bieten. In diesen wird man schnell ins Gespräch kommen, oder man lauscht einfach nur beim Bierchen den Fachgesprächen.

Wer war wohl der beste bzw. beliebteste Energie-Trainer? Sowohl Eduard Geyer (1994 bis 2004), als auch Claus-Dieter Wollitz (2009 bis 2011 und 2016 bis 2019) haben bei den meisten Energie-Fans ein Stein im Brett. „Ede“ führte Energie sensationell von der Regionalliga hoch bis in die 1. Bundesliga und ins DFB-Pokalfinale, „Pelé“ schaffte es in jüngerer Vergangenheit den sportlichen Absturz zu bremsen und Energie für ein Jahr in die 3. Liga zurückzuführen.

Au ja, was hat Energie für bewegte Zeiten mitgemacht. Unvergessen auch die DDR-Oberliga-Saison 1988/89, als die Lausitzer unter Trainer Fritz Bohla zum ersten Mal den Klassenerhalt schafften. Bemerkenswert zudem: In jener Spielzeit hatte Energie Cottbus hinter Dynamo Dresden und Hansa Rostock mit 13.092 den dritthöchsten Zuschauerschnitt der DDR-Oberliga. Bei den vier Aufstiegen zuvor folgte stets der direkte Wiederabstieg.

„Energie, wir sind da wie noch nie. Energie, keiner kämpft und spielt wie sie ...“, heißt es im bekannten Lied. Energie wird wiederkommen. Irgendwie, irgendwann! Darauf noch ein Pils!

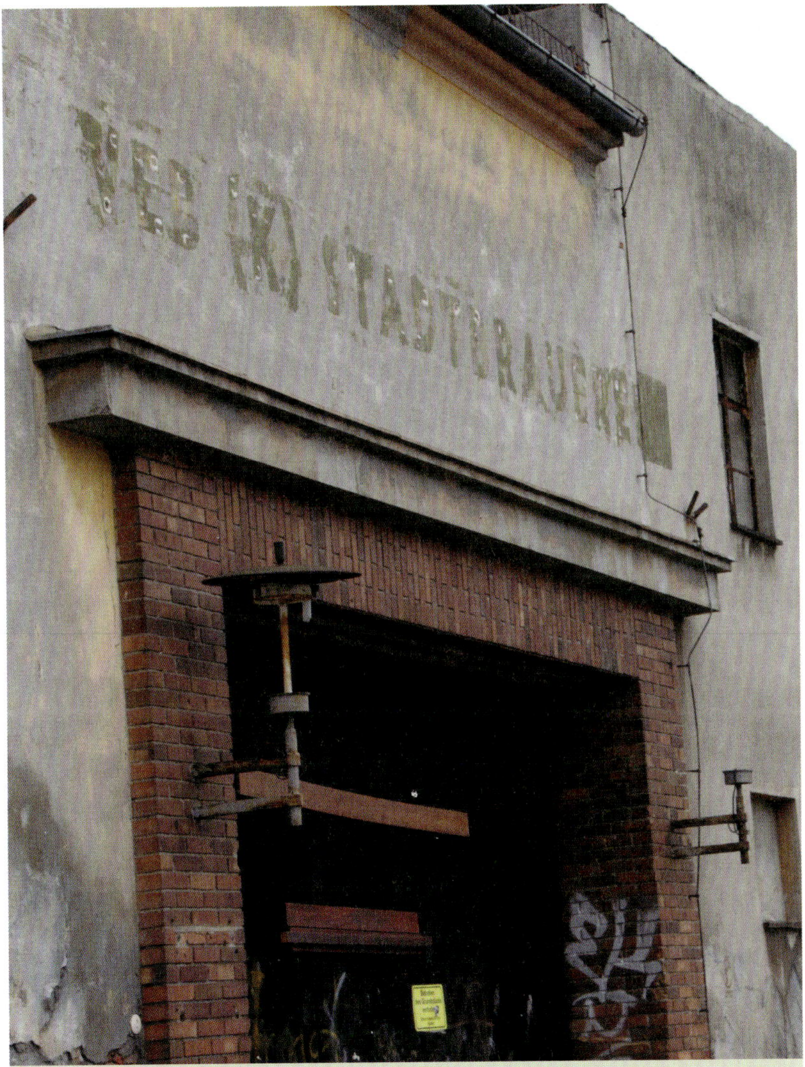

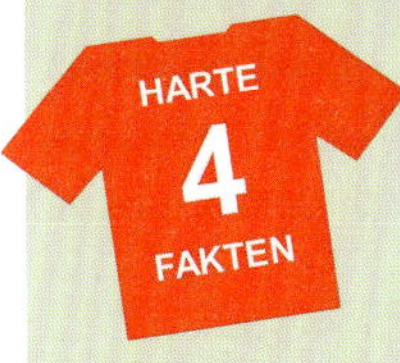

Prima Preis-Leistung: „Billy's Eckchen"
Beliebter Treffpunkt: „Die rote Karte"
Gepflegte Gastfreundschaft: Top!
Zuletzt vergossene Tränen: Unzählbar

BSG Chemie Döbern

Wo René Rydlewicz spielen lernte

Er war der allerjüngste Spieler in der DDR-Oberliga. Im Alter von 16 Jahren durfte René Rydlewicz dank einer Sondergenehmigung des DFV beim Duell BFC Dynamo vs. Energie Cottbus auflaufen. Bevor er zu Energie ging, hatte der 1973 in Forst geborene Rydlewicz das Fußballspielen bei der BSG Chemie Döbern erlernt. Neben Rydlewicz war wohl Bernd Mudra der bekannteste Fußballspieler, der einst das Trikot von Chemie Döbern trug. Allerdings geschah dies bei Mudra eher zum Ende der Laufbahn hin. Nach seinen Jahren bei Energie Cottbus und Vorwärts Frankfurt ließ Mudra bei Chemie Döbern (1983/84) und Fortschritt Cottbus (1984 bis 1986) seine Karriere ausklingen.

Was die BSG Chemie Döbern betrifft, so wurde diese überregional bekannt, als 1983 das einjährige Fußballabenteuer DDR-Liga startete. Chemie Döbern wurde in die Staffel D gepackt, wo die BSG Sachsenring Zwickau nach ihrem Abstieg eine Runde drehen musste. 1.033 Zuschauer sahen im Schnitt die Heimspiele von Chemie Döbern, doch war die Liga ganz klar eine Nummer zu groß. Ein einziger Sieg gelang in 22 Saisonspielen, dabei handelte es sich um das 1:0 gegen die BSG Empor Tabak Dresden. Und auch auswärts konnte in Dresden immerhin ein Pünktchen (0:0) eingefahren werden. Dazu muss jedoch betont werden, dass dem Trainer Hans-Jürgen Nünchert damals nur ein Kader mit 18 Spielern zur Verfügung stand. Bernd Mudra war zudem der einzige Spieler, der bereits höherklassige Erfahrung hatte.

Nach dem Abstieg spielte Chemie Döbern bis zum Mauerfall in der Bezirksliga Cottbus, 1990 wurde aus der BSG der SV Chemie Döbern. Leider wurde das „Chemie“ sechs Jahre später abgelegt. Ebenso nicht erfreulich: Zwischenzeitlich war Döbern bis in die neuntklassige Kreisliga abgestürzt, in der Gegenwart wird in der Landesklasse Süd gespielt. Die Rückkehr in diese gelang am Ende der Spielzeit 2014/15. Im Juni 2019 hätte Döbern sogar in die Landesliga aufsteigen können, doch verzichtete der Verein auf den Sprung nach oben. Grund war der zu kleine Kader. Man hatte sich wohl an 1983 erinnert …

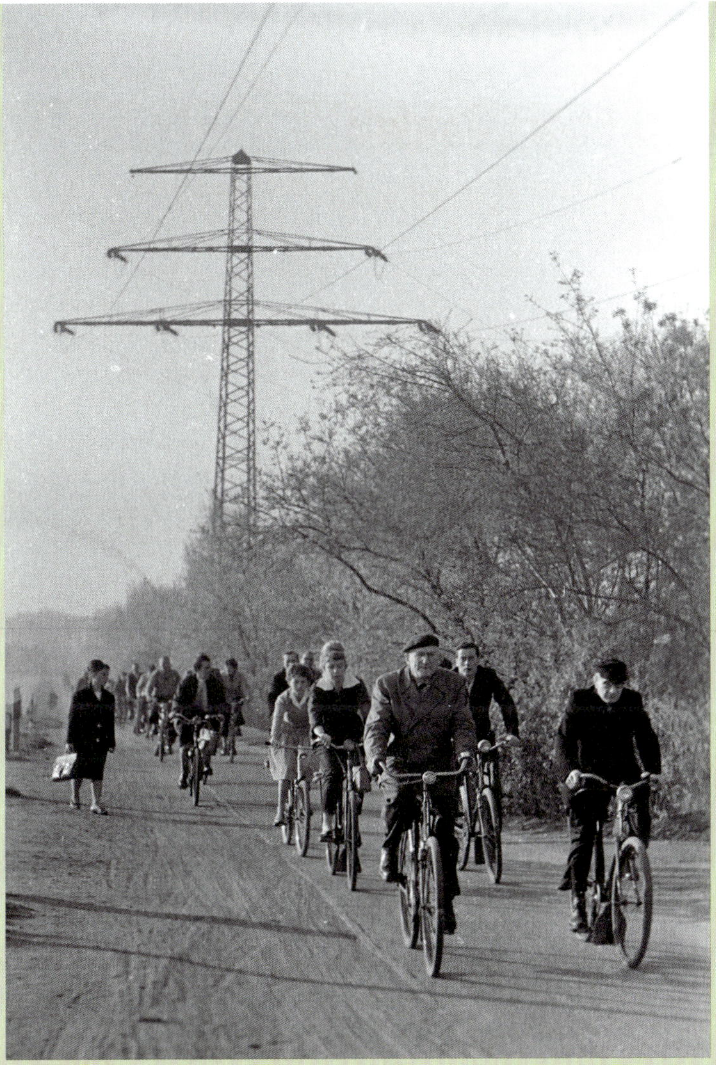

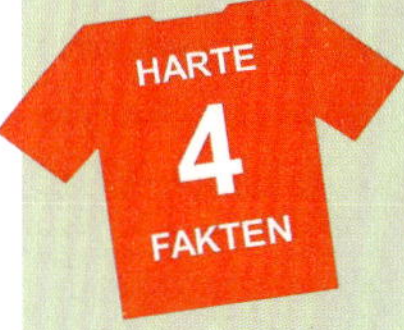

Erfolg vor 1945: Kreismeister Forst 1934

Gründung der BSG Chemie Döbern: 1952

DDR-Liga: 1983/84

Bekannte Spieler: René Rydlewicz, Bernd Mudra, Wolfgang Honko

Motor Eberswalde

Vom Aushängeschild zum politischen Opfer

Selten musste ein fußballerisches Aushängeschild einer Stadt ein solch tragisches Ende finden wie der FV Motor in Eberswalde. Nach einer Findungsphase mit zwei Umbenennungen nach dem Zweiten Weltkrieg ging seit dem Beginn der 1950er-Jahre die BSG Motor Eberswalde für die Kranbaustadt an den Start. Die DDR-Oberliga war stets ein unerreichtes Ziel, doch die DDR-Liga konnte einige Jahre gehalten werden. Die erfolgreichste Zeit waren die 1970er-Jahre. Die Erfolge der 1980er-Jahre waren nicht der Rede wert.

Nach dem Zerfall der DDR gelang überraschend die Qualifikation für die NOFV-Oberliga. In der Saison 1991/92 traf man neben alten Bekannten auch auf traditionsreiche West-Berliner Klubs wie Tennis Borussia und die beiden großen Spandauer Teams. Die Klasse konnte nicht gehalten werden, doch der direkte Wiederaufstieg folgte sogleich. Danach sind 13 Jahre Oberliga zu verzeichnen, in denen sich der FV Motor 1995 aus dem SV Motor Eberswalde herauslöste. Kein anderer Verein erreichte eine solche Konstanz.

Die größten Erfolge waren in dieser Zeit das erreichte Pokalfinale gegen Energie Cottbus (1995) und das 2:2 beim 1. FC Union Berlin in letzter Minute vor großer Kulisse. Auch die Nachwuchsabteilung konnte sich sehen lassen. Die Eberswalder Jugend wurde daher zu größeren internationalen Turnieren eingeladen.

Die wirtschaftliche Krise des Ostens traf auch die Geldgeber des FV Motor. Der Abstieg in die Verbandsliga war die unvermeidbare Konsequenz. Ideen zur Kräftebündelung im Kreis und Interessen von Lokalpolitikern ließen dann die Chancen und Hoffnung auf eine Rückkehr des FV Motors auf die überregionale Bildfläche komplett verschwinden. Aus unbekannten Gründen wurde dann am 10. Juni 2010 die „Blut-Linie“ von Motor durch eine Verschmelzung mit dem künstlichen Gebilde FC Freya Marienwerder ausgelöscht. Die Vereinsbosse beschlossen die Reaktivierung des ersten Vereins der Stadt, Preußen Eberswalde. Der FV Preussen konnte in keiner Weise an die Erfolge und Konstanz von Motor anknüpfen.

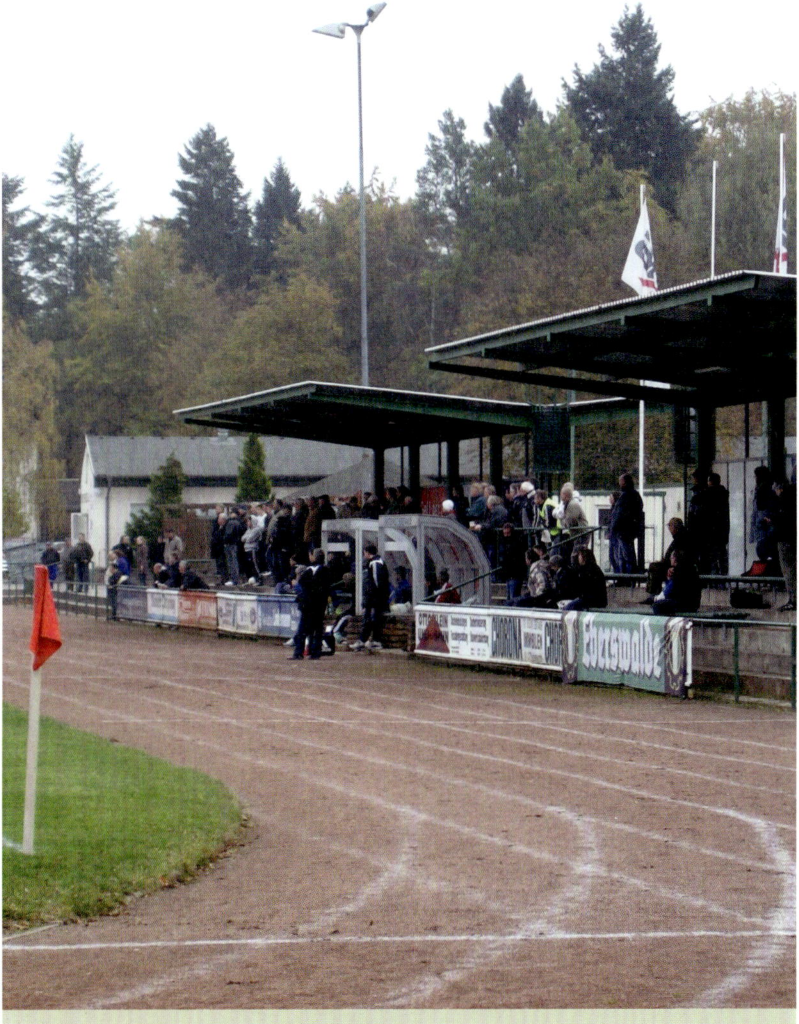

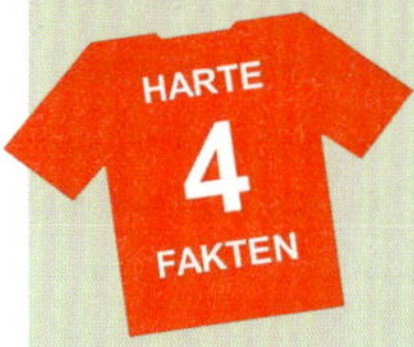

Gründung: 1. Juli 1909

Spielstätte: Westendstadion

Auslöschen von „Motor“: 10. Juni 2010

Fanfreundschaft: Motor Eberswalde & Blau-Weiß 90 Berlin

Eggersdorf und Petershagen 028

Waldsportplatz Petershagen

Wo die Wildschweine keine Chance haben ...

Kein Durchkommen für märkische Wildschweine! Ebenso kein Durchkommen für zweijährige Bambule-Kinder, die mit den Worten „Ich auch Fußball machen!“ mitten im Spiel auf den Rasen stürmen wollen. Im August 2012 hatte ich erstmals auf dem Waldsportplatz in Petershagen vorbeigeschaut, und dem eigenen Nachwuchs blieb nichts anderes übrig, als im Buggy stehend über die unüberwindbare, Mitte der 1980er errichtete Blechwand zu schauen.

Sieben Jahre später folgte ein nächstes Heimspiel des SV Blau-Weiß Petershagen-Eggersdorf auf der idyllischen Sportanlage. Nun konnte sich der große Bruder um den kleinen Bruder kümmern und eine Runde drehen. Ambiente und Wetter waren ähnlich wie beim Heimspiel im August 2012. Der auf der Gegenseite abgestellte alte rote englische Linienbus wurde inzwischen komplett verkleidet und dient somit als Halterung für Werbefläche und Anzeigetafel.

Prima aushalten lässt es sich vor dem Funktionsgebäude, wo es sich bei schönem Wetter hübsch tummelt. Der SV Blau-Weiß Petershagen-Eggersdorf ist inzwischen eine feste Größe in der Brandenburgliga, nachdem zuvor etliche Jahre in der Landesliga gespielt wurde. Der Sprung von der Landesklasse in die Landesliga erfolgte am 12. Juni 2010, als gegen Ahrensfelde ein abschließender 4:0-Sieg eingefahren wurde. Der Aufstieg von der Kreisliga MOL in die Landesklasse wurde vier Jahre zuvor gefeiert.

Am 4. August 2007 wurde zudem im Rahmen der Einweihung des Funktionsgebäudes das 80-jährige Jubiläum der allerersten Begegnung zwischen den Fußballvereinen aus Eggersdorf und Petershagen gefeiert. Diese wurde einst am 1. August 1927 ausgetragen. Der Zusammenschluss der Eggersdorfer und Petershagener Fußballmannschaften zum SV Blau-Weiß Petershagen-Eggersdorf e.V. erfolgte im Juli 1995.

Wie alles begann? 1926 wurde Stern Eggersdorf gegründet, im Jahr darauf folgte die Gründung von Victoria Petershagen. Abwechslungsreich wurde es zu DDR-Zeiten. Als Lokomotive Strausberg, BSG Aufbau Zentrum, BSG Blau-Weiß Eggersdorf und Petershagen WBK Berlin rollte einst der Ball ...

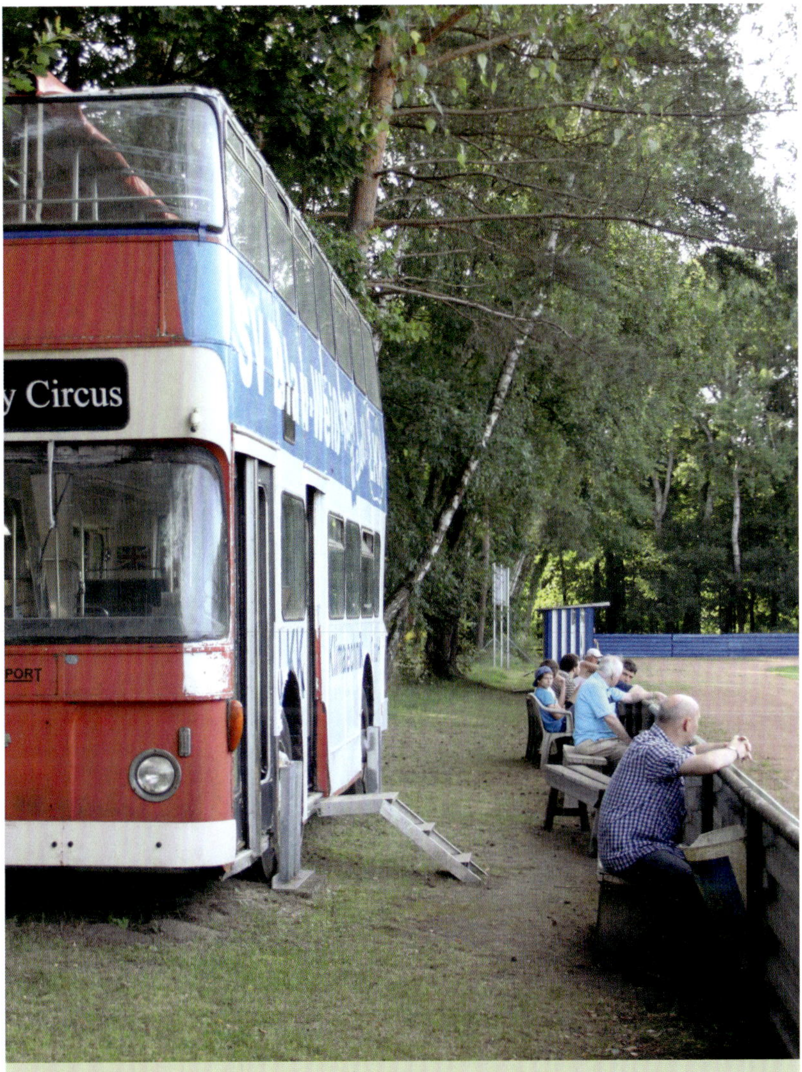

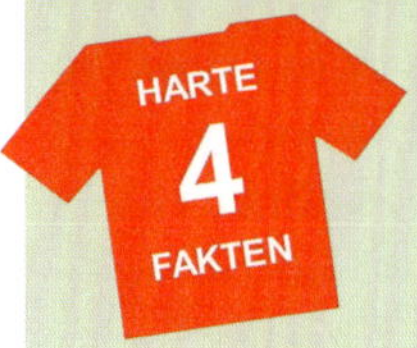

Gründung Stern Eggersdorf: 1926

Erstes Duell zwischen Eggersdorf und Petershagen: 1927

Zusammenschluss zum SV Blau-Weiß: Juli 1995

Besonderheit: Blechwand als Wildschweinschutz

Sportanlagen Waldstraße/ Stadion der Hüttenwerker

Galatasaray gab hier seine Visitenkarte ab

Das war echt ein Ding! Ich kann mich noch genau an den 18. September 1991 erinnern. Ich war gerade drei Wochen in meiner neuen Wahlheimat Leverkusen, als ich im Gemeinschaftsraum mit den anderen Auszubildenden das Duell Eisenhüttenstädter FC Stahl vs. Galatasaray Istanbul schaute. Als FDGB-Pokal-Finalist (0:1 gegen Hansa Rostock) durfte der EFC Stahl im Europapokal der Pokalsieger antreten. 3.420 Zuschauer fanden sich auf den Rängen des Stadions der Hüttenwerker ein, und Bartz brachte den EFC Stahl sogar in Führung. Am Ende musste man sich mit 1:2 geschlagen geben, das Rückspiel ging am Bosporus 0:3 aus. Egal! Dies waren Auftritte für die Ewigkeit.

Im DDR-Fußball war der EFC Stahl eher eine graue Maus. Nur 1969/70 und von 1989 bis 1991 konnte in der DDR-Oberliga gespielt werden. 1970 wurde der Verein wegen Statutenverstoß sogar in die Bezirksliga zurückgestuft. Als den „Stahlstädtern" 1989 der Sprung ins Fußball-Oberhaus gelang, strömten im Schnitt 5.292 Zuschauer ins Stadion, das bereits 1928 für die Sportgemeinschaft Schönfließ errichtet wurde. In die heutige Form gebracht wurde das Stadion im Jahre 1950 von den Arbeitern des Stahlwerks Fürstenberg, erweitert wurde es 1969. Noch heute darf sich als Besucher an dem einen oder anderen schwarzen Zaunelement aus jener Zeit erfreut werden. Allerdings ist das mit dem Fußball so seine Sache. 2016 ging der EFC Stahl nach der Fusion im FC Eisenhüttenstadt auf, doch der sportliche Erfolg bleibt aus. Abstiegskampf in der Brandenburgliga. Ein ähnliches Trauerspiel wie beim ebenso in den Niederungen verschwundenen FC Stahl Brandenburg. Das schmerzt! Was bleibt, sind die Erinnerungen an alte Zeiten. Von 1994 bis 2000 wurde immerhin in der Regionalliga Nordost gespielt.

Der Stand der Dinge: Wieder einmal Abstiegskampf in der Brandenburgliga. Wer auf der heutigen Sportanlage Waldstraße mal als Außenstehender ein Spiel mit etwas größerer Kulisse sehen möchte, muss ganz einfach auf ein gutes Los im Landespokal hoffen.

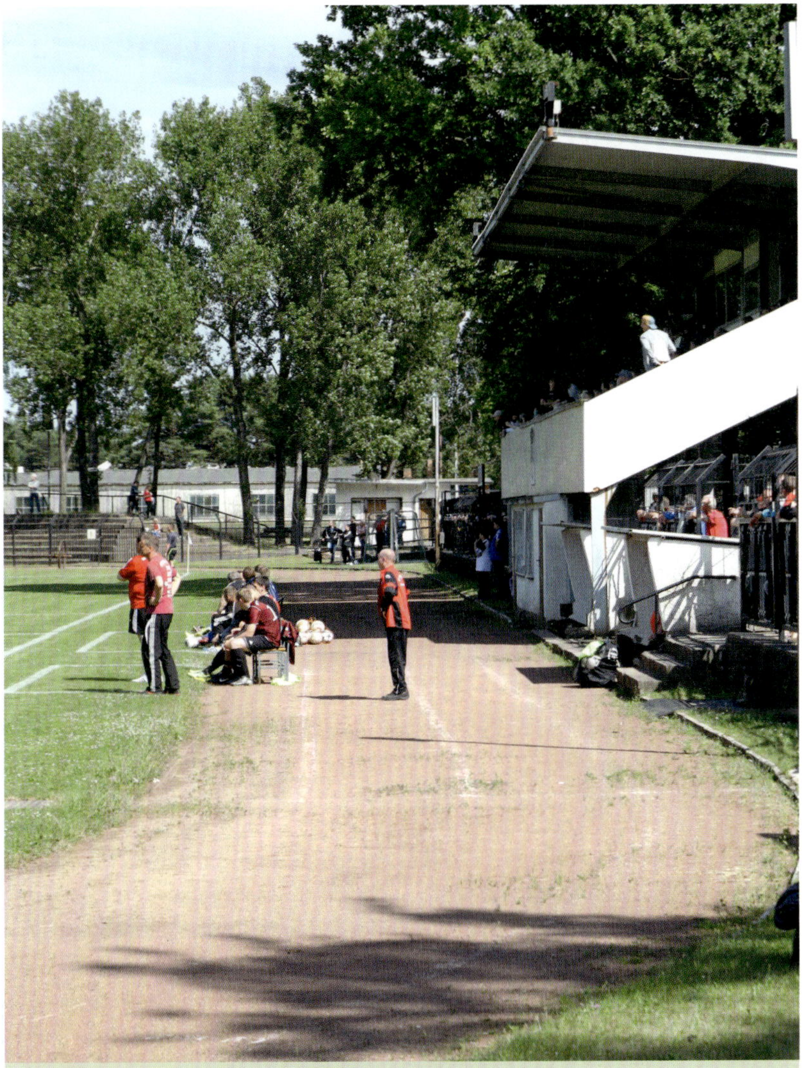

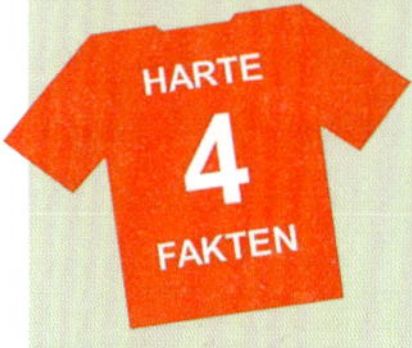

Gründung des FC Eisenhüttenstadt: 1. Juli 2016

Spielstätte: Sportanlagen Waldstraße

EFC Stahl im DFB-Supercup: 1991

EFC Stahl im UEFA-Pokal: 1991

Eisenhüttenstadt 030

Dynamo-Sportpark

Seit 1999 Fußball unter dem Dynamo-D

Manches durfte in all den Jahren bestaunt werden, doch dass ein Fußballfan einen gegnerischen Schal direkt neben der Zapfsäule einer Tankstelle abfackelte, bekam ich nur beim Derby FSV Dynamo Eisenhüttenstadt vs. Eisenhüttenstädter FC Stahl zu sehen. Den EFC Stahl hatte es in die Landesliga Süd verschlagen, und somit traf dieser erstmals auf den Emporkömmling, der im Dynamo-Sportpark am Platz der Jugend beheimatet ist. Das Spiel lockte damals im Dezember 2013 rund 300 Zuschauer an, beim Einlaufen wurde die Hymne von Dinamo Zagreb abgespielt, und eine Portion Pyrotechnik kam auf beiden Seiten zum Einsatz. Sportlich behielt indes der EFC Stahl die Oberhand.

Anders als man wahrscheinlich vermuten würde, gab es Dynamo Eisenhüttenstadt zu DDR-Zeiten noch nicht, der Verein wurde erst im Jahre 1999 nach der Loslösung vom damaligen PSV Eisenhüttenstadt neu gegründet. Von ganz unten kletterte der FSV Dynamo stetig nach oben und spielt seit der Saison 2006/07 im Dynamo-Sportpark.

Zuvor wurde bereits viel Herzblut in den Sportplatz im V. Wohnkomplex gesteckt. Der Dynamo-Sportpark wurde komplett neu hergerichtet und mit dem ersten Punktspiel der Kreisliga-Saison 2006/2007 der ersten Mannschaft des FSV Dynamo gegen Astoria Rießen eingeweiht. Der Auftakt verlief bestens, am 19. August 2006 durfte ein 5:0-Sieg gefeiert werden. Am Ende jener Saison belegte der FSV Dynamo Eisenhüttenstadt Rang zwei hinter Eintracht Frankfurt (Oder). Und was den Dynamo-Sportpark betrifft: Ein Besuch lohnt sich in jedem Fall. Die Liebe steckt im Detail. Das Dynamo-D findet sich an den verschiedensten Objekten. Von der bemalten Wand des Funktionsgebäudes bis hin zur besprayten Tonne und der kleinen Anzeigetafel.

Aktuell kämpft Dynamo Eisenhüttenstadt in der Landesliga Süd gegen den drohenden Abstieg. Gegen Cottbus-Ströbitz fanden immerhin 85 Zuschauer den Weg in den Sportpark. Und was ein erneutes Derby (nun gegen den FC Eisenhüttenstadt) betrifft, so hoffen wir mal eines Tages auf das passende Pokallos!

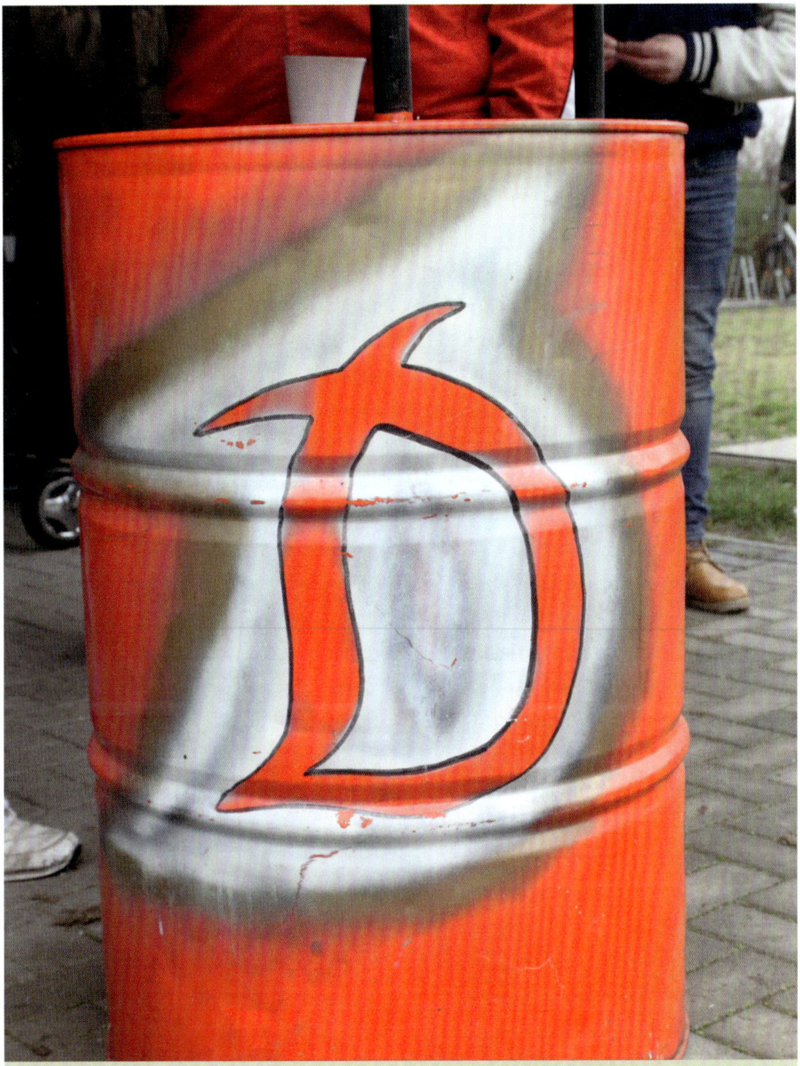

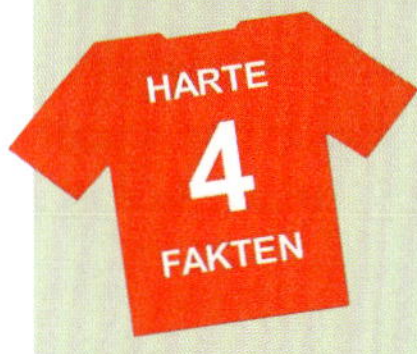

Neugründung als FSV Dynamo: 29. Januar 1999
Vorgängerverein: PSV Eisenhüttenstadt
Spielstätte: Dynamo-Sportpark
Ohrenschmaus: abgespielte Hymne von Dinamo Zagreb

Eisenhüttenstadt 031

Sportplatz Diehloer Straße

Sportgemeinschaft Aufbau Eisenhüttenstadt

Klein, aber fein. So wurde die Fanszene von Aufbau Eisenhüttenstadt bezeichnet. Demzufolge waren nicht wenige Fußballfreunde enttäuscht, als bekannt wurde, dass Ende Juni 2016 die Fußballabteilung dem neu gegründeten Fußballverein FC Eisenhüttenstadt beitreten würde. Stahl und Aufbau waren nun Geschichte.

Bereits am 20. November 1951 wurde die BSG Aufbau Fürstenberg ins Leben gerufen. Trägerbetrieb war der VEB Bau-Union Fürstenberg, der am Bau des neuen Eisenhüttenkombinats (EHK) Ost beteiligt war. Von 1953 bis 1961 trug der Verein den Namen BSG Aufbau Stalinstadt. Nachdem im Zuge der Entstalinisierung aus Stalinstadt im November 1961 Eisenhüttenstadt wurde, erhielt auch der Verein diesen Namen.

In den 1960er-Jahren spielte die BSG Aufbau Eisenhüttenstadt im oberen Bereich der Bezirksliga Frankfurt/Oder mit, zweimal wurde als Vizemeister der mögliche Aufstieg in die DDR-Liga knapp verpasst. Nachdem 1973/74 der Bezirkspokal geholt wurde, trat Aufbau 1974/75 in der ersten Runde des FDGB-Pokals an. Der BSG Motor Eberswalde musste man sich denkbar knapp mit 0:1 n.V. geschlagen geben.

Ende der Saison 1982/83 musste nach 16 Jahren der Abstieg in die Bezirksklasse verschmerzt werden, die Rückkehr gelang im Frühjahr 1987.

Am 1. Juli 1990 wurde aus der BSG eine Sportgemeinschaft (SG), nach der Saison 1994/95 kam es zu einer Spaltung des Vereins. Nachdem von 1995 bis 2000 als VfB Eisenhüttenstadt gespielt wurde, ging es in der Folge wieder als SG Aufbau weiter. Landesliga und Landesklasse waren der Stand der Dinge, bis leider das Ganze im Sommer 2016 ein Ende fand.

Bereits 1956 rollte auf dem Sportplatz Diehloer Straße erstmals der Ball, damals noch ganz klassisch auf Schotter. Im Mai 1984 wurde damit begonnen, Erde aufzutragen und Rasen auszusäen. Während dieser Phase wurde ins Inselstadion gewechselt. Bis zum Ende der Saison 2015/16 wurde dann durchweg auf dem Sportplatz Diehloer Straße in den Farben Blau, Weiß und Rot der Ball rollen gelassen. Kurios: Noch im Frühjahr 2013 wurde auf der Sportanlage eine Flutlichtanlage errichtet.

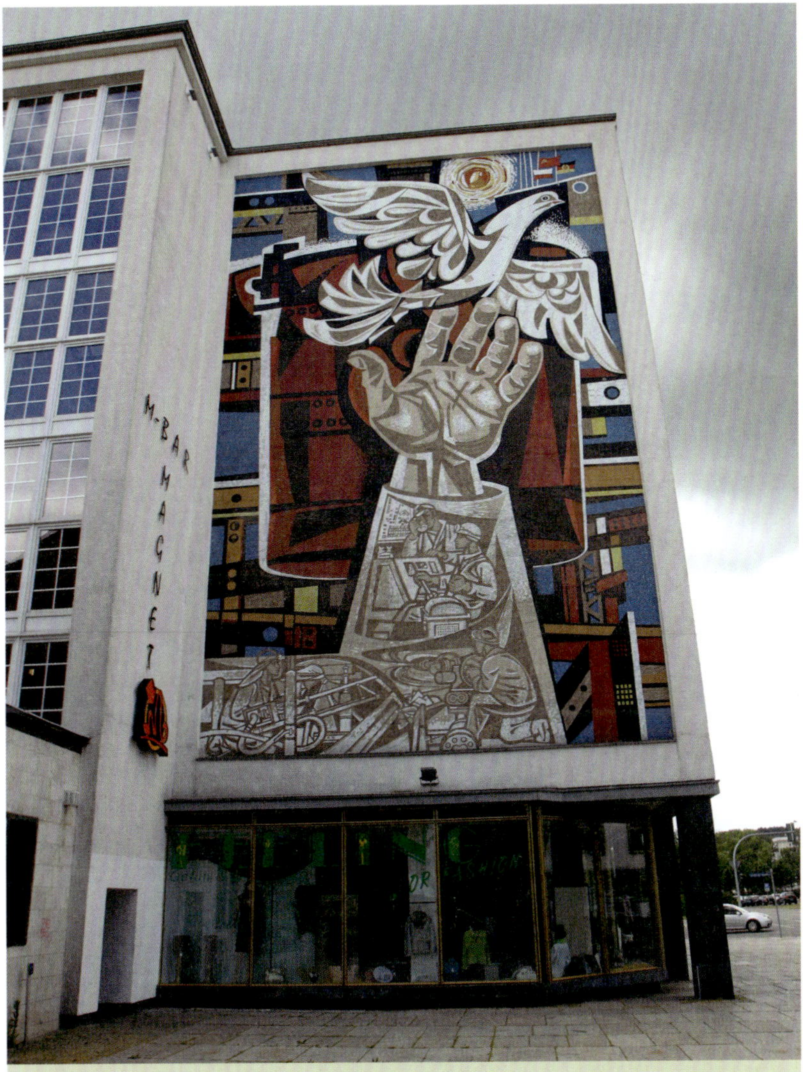

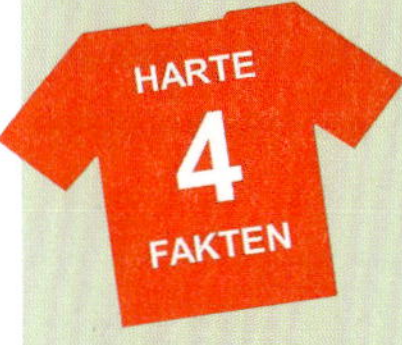

Gründung: 20. November 1951

Vereinsfarben: Blau-Weiß-Rot

Spielstätte: Sportplatz Diehloer Straße

Fusion zum FC Eisenhüttenstadt: 30. Juni 2016

Elsterwerda 032

Holzhof Elsterwerda

Die Elster im Wappen

Aufgrund der Fusionen und Namensänderungen macht der Begriff „Stammbaum" im Fall des SV Preußen Elsterwerda seinem Namen alle Ehre. Eine der wenigen Konstanten: Auch im Wappen der TSG Elsterwerda 74, die 1974 im Zuge des Zusammenschlusses der BSG Lok und BSG Motor entstand, war wie heute eine Elster zu finden. Als aus ihr am 1. Juni 1990 der FC Rot-Weiß Elsterwerda hervorging, packte man einfach nur einen klassischen Fußball ins runde Wappen. Wiederum einen neuen Namen und ein neues Wappen gab es, als 2006 nach Insolvenz der SV Elster 08 Elsterwerda ins Leben gerufen wurde. In diesem schwarz-weißen Wappen gab es wieder eine schreitende Elster zu sehen – und diese zwinkert doch tatsächlich mit dem Auge! Ich dachte bei der Recherche, ich habe ein Glas Wein zu viel intus. Aber nein, die zwinkernde Elster ist auf Wikipedia zu bewundern!

Jedoch hatte auch dieser Verein nicht lange Bestand. Nach dem Abstieg in die 1. Kreisklasse wurden erste Gespräche geführt, am 29. April 2011 erfolgte schließlich die Fusion mit dem SV Preußen Biehla zum SV Preußen Elsterwerda, der aktuell in der Landesklasse Süd zu finden ist.

Preußen Biehla wurde am 18. Juli 1909 gegründet, nach dem Zweiten Weltkrieg wurde zunächst als Schwarz-Gelb Biehla der Spielbetrieb aufgenommen. In der Folgezeit ging es weiter als Konsum Biehla und BSG Motor Elsterwerda-Biehla, bis es 1974 zu besagten Fusion mit der BSG Lokomotive Elsterwerda kam.

Als TSG gab es bis zur Wende das eine oder andere sportliche Ausrufezeichen. So nahm die TSG Elsterwerda 74 im Frühjahr 1984 an der Aufstiegsrunde zur DDR-Liga teil. Carl Zeiss Jena II und Dynamo Dresden II waren jedoch eine Nummer zu groß. Zu Beginn der Saison 1984/85 konnte in der ersten FDGB-Pokalrunde Vorwärts Kamenz mit 5:1 aus dem Weg geräumt werden, in der zweiten Runde musste man sich der BSG Stahl Brandenburg mit 0:1 geschlagen geben.

Derb abwärts ging es nach der Wende: Von der Verbandsliga Brandenburg runter in die 1. Kreisklasse! Da schaut es in der Gegenwart wieder etwas freundlicher aus – und das mit der schwarzer Elster im gelben Wappen.

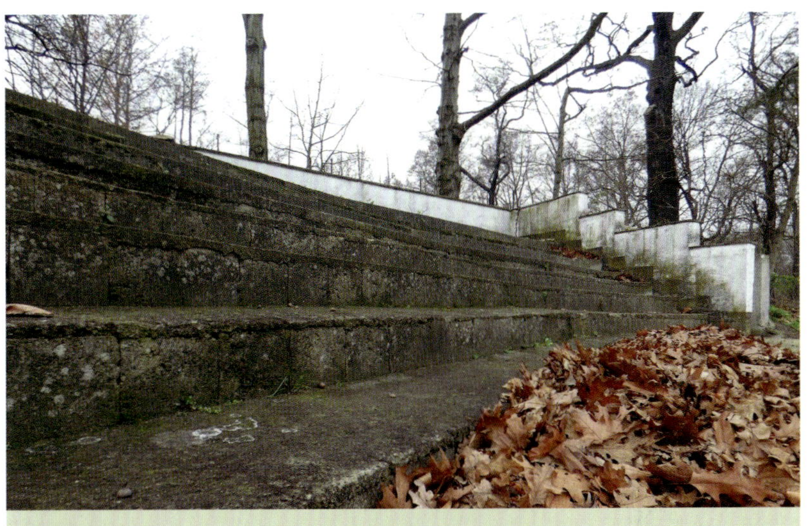

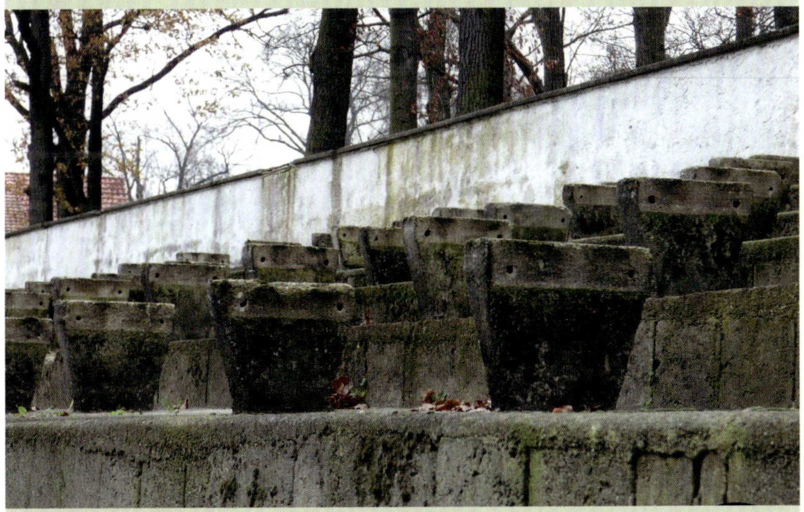

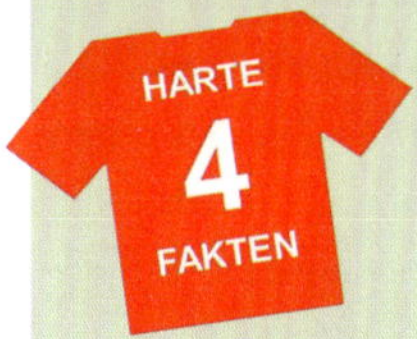

Aktuelle Spielklasse: Landesklasse Süd

Sportplatz SV Preußen Biehla

Bekannter Spieler: DDR-Nationalspieler Matthias Müller

Weitere Sektionen: Volleyball, Gymnastik, Kegeln

Erkner 033

Erich-Ring-Stadion

FV Erkner 1920

Der 100. Geburtstag steht an! Am 19. November 1920 setzte man sich im Lokal Eichenhof bei einer Runde Bier zusammen und beschloss die Gründung des SV Erkner 1920. Den Ball rollen ließen die Spieler anfangs auf einem Schulhof in der Neu Zittauer Straße, doch bereits sieben Jahre später wurde ins am 19. Juli 1927 eröffneten Erich-Ring-Stadion am Dämeritzsee gewechselt. Über 6.000 Zuschauer hatten sich an jenem Tag auf den Rängen eingefunden, und diese bekamen einen 8:2-Sieg gegen Tennis Borussia Berlin zu sehen. Der Clou: Der Spielball wurde aus einem vorbeirauschenden Doppeldeckerflugzeug abgeworfen! Den heutigen Namen erhielt das Stadion im August 2003, benannt wurde es nach dem ehemaligen Spieler und Funktionär Erich Ring.

Was den Spielbetrieb angeht, so wurde 1951 der Verein als Fußballsektion in die neu gegründete BSG Chemie Erkner eingegliedert. Trägerbetrieb war der VEB Teerdestillation und Chemische Fabrik Erkner. Gespielt wurde in der Folge zunächst in der 1. Kreisklasse, später aber auch in der Bezirksklasse in Ost-Berlin.

1991 trat die Fußballabteilung aus und rief den einstigen Verein als FV Erkner 1920 wieder ins Leben. Fortan wurde nun wieder am Brandenburger Spielbetrieb teilgenommen. Sportlich hatten es die Jungs aus der 12.000-Einwohnerstadt vor den Toren Berlins in den 1990ern nicht leicht, sich etwas höherklassiger zu etablieren. Zwei Aufstiegen in die Landesklasse folgte jeweils der Abstieg. In jüngerer Vergangenheit lief es besser. Seit dem Aufstieg am Ende der Saison 2006/07 spielte Erkner nonstop in der Landesliga.

Was einen Besuch im weitläufigen Erich-Ring-Stadion betrifft, so muss man ehrlich sein: Richtig Spaß macht dieser nur in den wärmeren Monaten. Dies wird auch an den Zuschauerzahlen deutlich. Kamen im August 2019 noch 111 Zuschauer, so waren es Ende November nur noch 20. An einem lauen Sommerabend hat man auf der Gegengerade sitzend das Gefühl, man könne gerade auch bei einem unterklassigen Spiel irgendwo auf dem Balkan, in Brasilien oder auf Madeira sitzen. Herrlich!

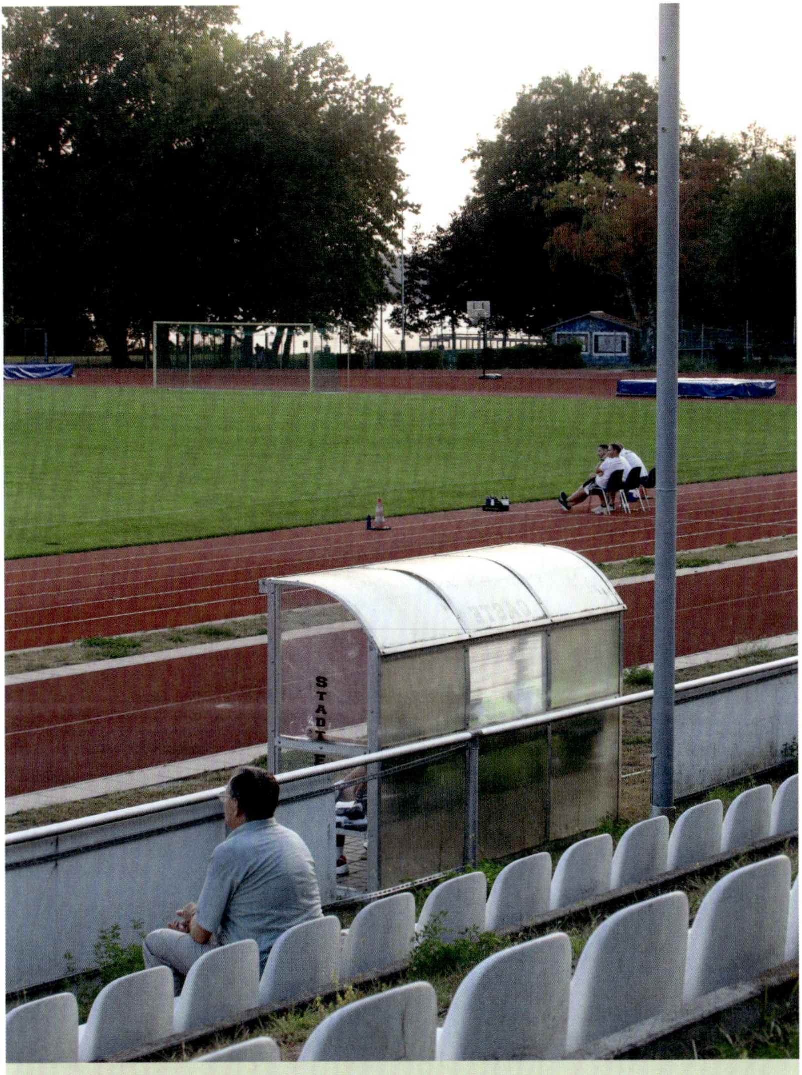

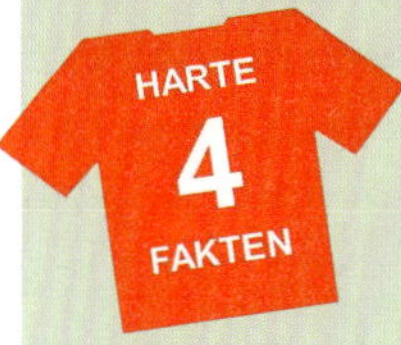

Gründung: 1920

Spielstätte: Erich-Ring-Stadion

Erich Ring: ehemaliger Spieler und Funktionär

Highlight im Stadion: Blick auf den Dämeritzsee

Falkensee-Finkenkrug 034

Sportplatz Leistikowstraße

Falkenseer Jungs 2013 sorgen für Support

Das versprochene Biertablett stand im April 2017 bereit, als beim Sportplatz Leistikowstraße vorbeigeschaut wurde, um mit der Gruppierung „Falkenseer Jungs 2013" ein Interview zu führen. Als einer der wenigen Brandenburgligisten hat der SV Falkensee-Finkenkrug eine kleine aktive Fanszene, die durch Dick und Dünn geht. Auch beim Heimspiel gegen Miersdorf/Zeuthen wurde für ein geschlossenes Bild gesorgt. Rund 30 Fans hatten sich hinter den Bannern „Gartenstadt Falkensee" und „Falkenseer Jungs" eingefunden. Eine Person holte mit einem Tablett stets den Biernachschub. Punktuell wurde die große Fahne geschwenkt und ein Schlachtruf angestimmt. In Sachen Auftreten stehen die Fans denen der Ultrà-Gruppierungen der größeren Vereine in nichts nach – und das hat seinen Grund. Fast alle sind auch bei Hertha, Hansa und Union aktiv.

Beim Gespräch konnte später der Bogen gespannt werden zu den größten Momenten der jüngeren Vereinsgeschichte. Im Landespokalfinale 2012 konnte Babelsberg 03 mit 2:1 geschlagen werden – und das nach Rückstand! In der 68. Minute kam es zur Rudelbildung, die Nerven lagen blank, gleich zwei FF-Spieler mussten mit Rot vom Platz. Nur vier Minuten später gab es den 2:1-Siegtreffer zu bejubeln. Es brachen alle Dämme, die Heimfans unter den 1.700 Zuschauern waren außer sich vor Freude.

In der ersten DFB-Pokalrunde bekam der SV Falkensee-Finkenkrug den VfB Stuttgart zugelost. Immerhin 7.250 Zuschauer fanden den Weg ins Babelsberger Karl-Liebknecht-Stadion, in das die Falkenseer umgezogen waren. Beide Partien waren die Schlüsselspiele für die Gründung der „Falkenseer Jungs 2013".

Eine feste Freundschaft besteht mit der Gruppierung „Harter Kern" in Ludwigsfelde, der größte Hassgegner ist ganz klar der Nachbar aus Brieselang. Der SV Grün-Weiß Brieslang stand eine Zeitlang finanziell gut da und spielte in der Oberliga. Inzwischen ist Brieselang jedoch abgestürzt. Sportlich läuft es auch bei „FF" nicht wirklich rund. Jahr für Jahr droht der Abstieg in die Landesliga, der zuletzt immer wieder last minute verhindert werden konnte.

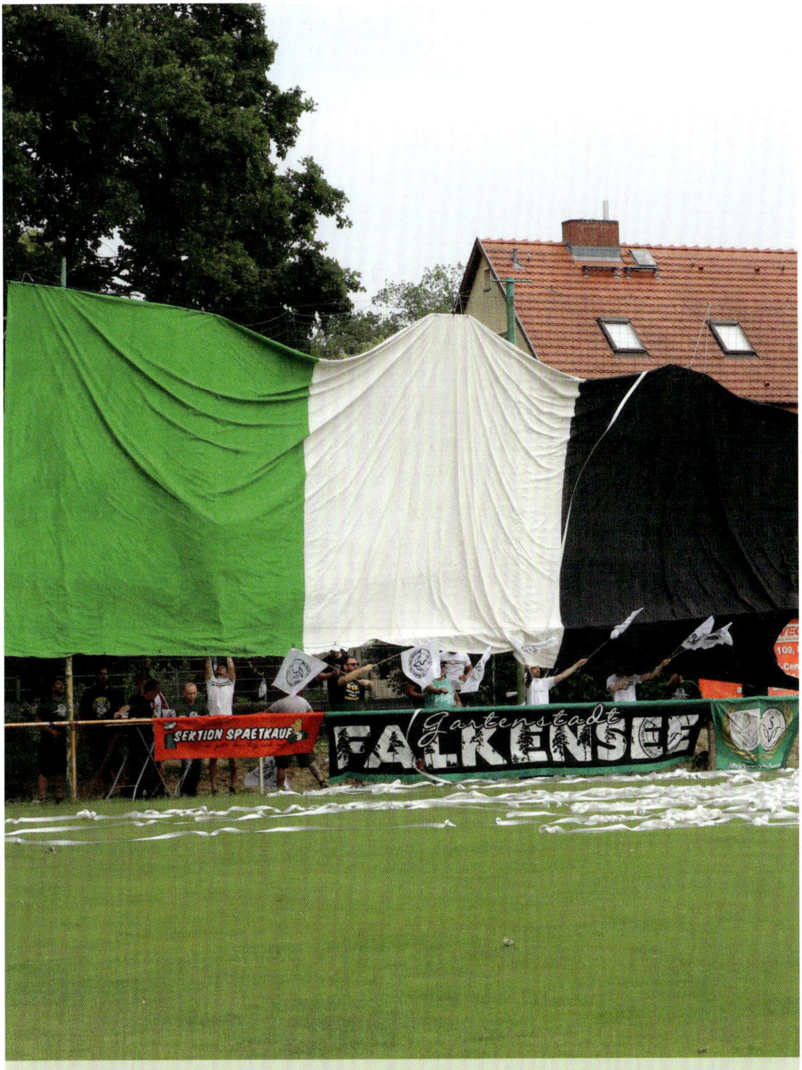

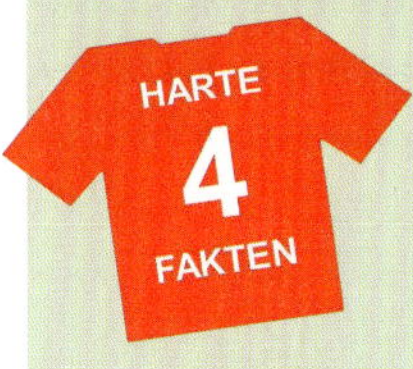

Fanfreundschaft mit: „Harter Kern" (Ludwigsfelde)
Hassgegner: SV Grün-Weiß Brieslang
Highlight in jüngerer Vergangenheit: DFB-Pokal 2013
Banner der Falkenseer Jungs 2013: „Gartenstadt Falkensee"

Falkensee-Finkenkrug 035

Sportpark Rosenstraße

Gerangel zwischen Eintracht und Blau-Gelb

Während der Brandenburgligist SV Falkensee-Finkenkrug im Ortsteil Finkenkrug auf dem Sportplatz Leistikowstraße seine Heimspiele austrägt, ist Eintracht Falkensee, der in der Landesklasse West spielt, im Sportpark Rosenstraße beheimatet. Auf den dortigen benachbarten Rasenplatz wich der SV Falkensee-Finkenkrug im Mai 2017 aus, als Hertha BSC zu Gast in der Gartenstadt war. Rund 3.500 Zuschauer wollten bei sonnigem Wetter das Freundschaftsspiel sehen, und die mit Gras bewachsenen Ränge waren gut gefüllt. Weniger gefüllt waren die Bäuche der Besucher, denn zwei Getränkestände und ein Wurststand waren bei diesem Andrang viel zu wenig.

Der Spielbetrieb von Eintracht Falkensee und des SV Blau-Gelb Falkensee findet indes meist auf den Kunstrasenplätzen des Sportparks Rosenstraße statt. Während der SV Blau-Gelb in der Kreisoberliga spielt, tritt Eintracht Falkensee in der Landesklasse West an. Die Eintracht ist ein Breitensportverein, und die erste Fußballmannschaft arbeitete sich in den vergangenen sieben Jahren von der 3. Kreisklasse Staffel A hoch bis in die Landesklasse. Zu Derbys zwischen Blau-Gelb und Eintracht kam es in der Kreisoberliga-Saison 2017/18. Das Hinspiel wollten immerhin 125 Zuschauer sehen, Eintracht konnte mit 5:1 gewinnen. Auch beim Rückspiel gab es eine dreistellige Kulisse, und auch jene Partie konnte Eintracht gewinnen, dieses Mal mit 3:1.

Auf den Aufstieg musste Eintracht Falkensee jedoch noch ein Jahr warten. Am Ende der Saison 2018/19 war es schließlich soweit. Mit nur einem Punkt Vorsprung auf den Stadtrivalen Blau-Gelb packte Eintracht den Sprung nach oben. Unter dem Strich aber wirklich verdient, weil Eintracht wieder beide Stadtduelle für sich entscheiden konnte. Gilt nun abzuwarten, wann Eintracht Falkensee und der Platzhirsch SV Falkensee-Finkenkrug eines Tages die Klingen kreuzen werden. Vermutlich wird das aber noch ein Weilchen dauern, da die Eintracht sich erst einmal in der Landesklasse stabilisieren muss.

Eins ist aber schon jetzt sicher: Mit dem „FUNiño" und Fußball-5 Ausbildungskonzept ist Eintracht Falkensee Vorreiter im Kreis Havelland im Bereich Nachwuchsförderung.

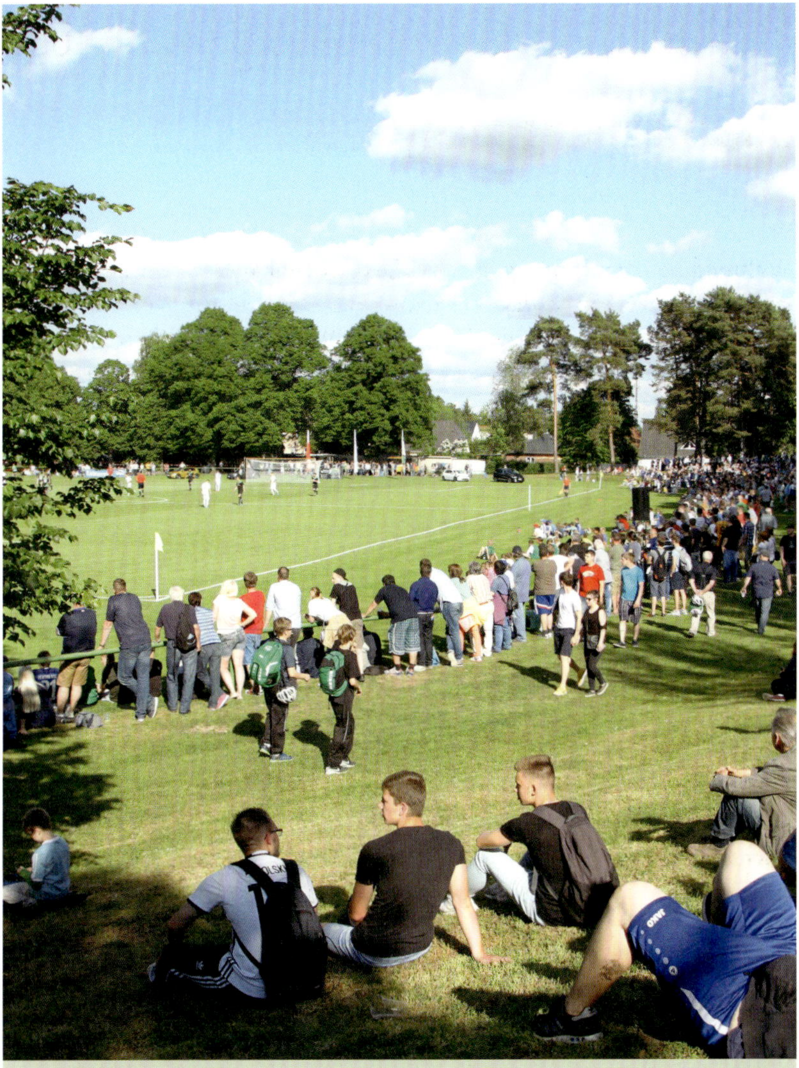

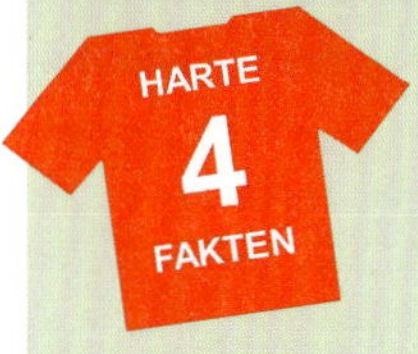

Adresse: Rosenstraße 1, 14612 Falkensee

Größe der Anlage: 52.000 Quadratmeter

Plätze: drei Kunststoffrasenplätze, ein Rasengroßspielfeld

Alter Rasenplatz: andere Straßenseite

BSG Turbine Finkenheerd

Fußball am Kraftwerk

Das Braunkohlekraftwerk in Brieskow-Finkenheerd war wohl zu DDR-Zeiten jedem Schulkind ein Begriff. Wie oft hatte man an der POS im Geographieunterricht auf das entsprechende Symbol auf der aufgehängten Landkarte gezeigt?! Am 8. September 1992 wurde das Kraftwerk Finkenheerd nach 71 Jahren Betriebszeit abgeschaltet, die Fläche des ehemaligen Kraftwerkes wurde vollständig abgeräumt.

Allerdings erinnert das „Turbine" beim SV Turbine Finkenheerd daran, dass der Ort einst ein Zentrum der Energiegewinnung war. Nachdem anfangs als SG Finkenheerd, ZSG Glückauf und BSG Aktivist gespielt wurde, erhielt der Verein am 1. März 1959 den Namen BSG Turbine Finkenheerd. In jenem Jahr gab Finkenheerd seine Visitenkarte in der Staffel 2 der II. DDR-Liga ab und spielte unter anderem gegen EAB Lichtenberg 47, Stahl Eisenhüttenstadt, Dynamo Frankfurt und Vorwärts Cottbus. Apropos Stahl. Noch vor jener Saison mussten mit Harry Nosal und Heinz Schäfer zwei wichtige Spieler an die geförderte BSG Stahl Eisenhüttenstadt abgegeben werden.

Kein Wunder also, dass die Klasse nicht gehalten werden konnte. Zudem floss in der Folgezeit das Geld nicht mehr ganz so üppig. Bis 1977 konnte einige Male in der Bezirksliga gespielt werden, im Anschluss verschwand Turbine Finkenheerd in den Niederungen.

Das änderte sich auch kaum, als nach der Wende der Verein in SV Turbine Finkenheerd umbenannt wurde. Lichtblicke waren der Kreispokalsieg 1994 und drei Jahre später der Kreismeistertitel. Auch wenn es sportlich nicht allzu bombastisch läuft, so wurde im neuen Jahrtausend kräftig rangeklotzt. Lichtmasten und ein Mini-Feld wurden errichtet, das Funktionsgebäude wurde saniert. Zudem wurden die beiden großen Rasenplätze und der Hartplatz eingezäunt. Wildschweine hatten zuvor immer wieder die Spielflächen verwüstet.

Der große Wermutstropfen: Zuletzt trat man in der Saison 2017/18 als SV Turbine Finkenheerd in der Kreisliga Süd an. Seit 2018/19 wird als Spielgemeinschaft Groß Lindow/Finkenheerd auf dem Sportplatz „An der Siedlung" in Groß Lindow gespielt.

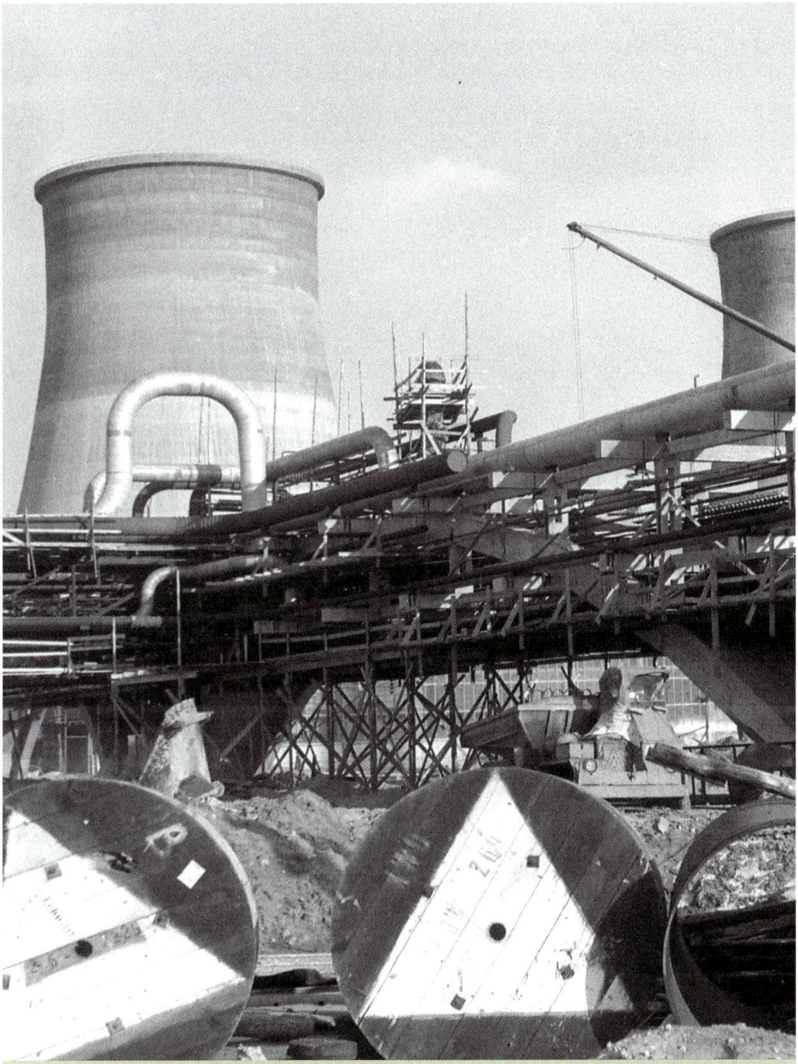

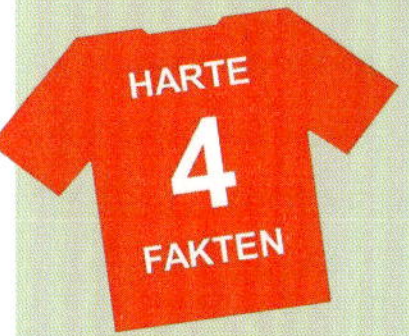

Gründung des Vereins: Oktober 1947
II. DDR-Liga: 1959
FDGB-Pokal: 1953, 1960
Abschaltung des Kraftwerks: 8. September 1992

Stadion am Wasserturm

Der Niedergang der Walzwerker

Man schrieb das Jahr 1698, als in Finow (Ortsteil von Eberswalde) das Messingwerk gegründet wurde. Zwei Jahre später wurde mit der Produktion begonnen, und 1929 war dieser Betrieb das größte und leistungsfähigste Messingwerk Europas. Nach dem Zweiten Weltkrieg und der zwischenzeitlichen Demontage entstand 1953 in Finow das modernste Warmbandwalzwerk der DDR. Der leistungsstarke VEB Walzwerk Finow wurde 1950 der Trägerbetrieb der vier Jahre zuvor ins Leben gerufenen SG Finow. Im Herbst 1950 zog die BSG Stahl Finow nach den Siegen gegen die BSG VEB Buchholz und die BSG Glühlampenwerk Berlin ins FDGB-Pokal-Achtelfinale ein, erlebte jedoch in diesem im Harz bei der SG Eisenhüttenwerk Thale ein verhextes Wunder, indem dort eine kaum erklärbare 1:14-Klatsche hingenommen werden musste.

Von 1974/75 bis 1976/77 sowie in der Spielzeit 1981/82 war Stahl Finow mit dabei in der DDR-Liga. In der Premierensaison war Harald Köhle mit seinen 12 Saisontreffern ein Mitgarant für die gute Platzierung im Mittelfeld. Sehen lassen konnte sich auch der Zuschauerschnitt, der 1.600 betrug.

Eine Katastrophe war jedoch die Liga-Saison 1981/82, als es in 22 Spielen nur zwei Siege zu feiern und 20 Niederlagen zu verschmerzen gab. Verständlich, dass auch die Zuschauerzahlen massiv einbrachen. Die Partie BSG Stahl Finow vs. BSG EAB 47 Berlin am 21. Spieltag wollten nur noch 150 Unerschrockene sehen.

Nach der Wende ging es zunächst weiter als SV Stahl Finow, am 1. Juli 2004 löste sich die Fußballabteilung aus dem Verein heraus und gründete den 1. FV Stahl Finow.

Die Zeiten wurden in Finow keineswegs rosig. Nach einem zweiten Insolvenzantrag und fehlender Investoren stellte das Walzwerk Finow am 30. März 2012 die Produktion ein. Der 1. FV Stahl Finow bildet derzeit mit dem SV Lichterfelde eine Spielgemeinschaft. Gekickt wird als SpG Finow/Lichterfelde in der Kreisliga Ost, die Heimspiele werden auf dem Sportplatz Lichterfelde (Schorfheide) ausgetragen. Hoffnung gibt es immer. Zuletzt wurde im Dezember 2019 der Friedrichswalder SV 95 mal eben mit 12:1 weggeputzt.

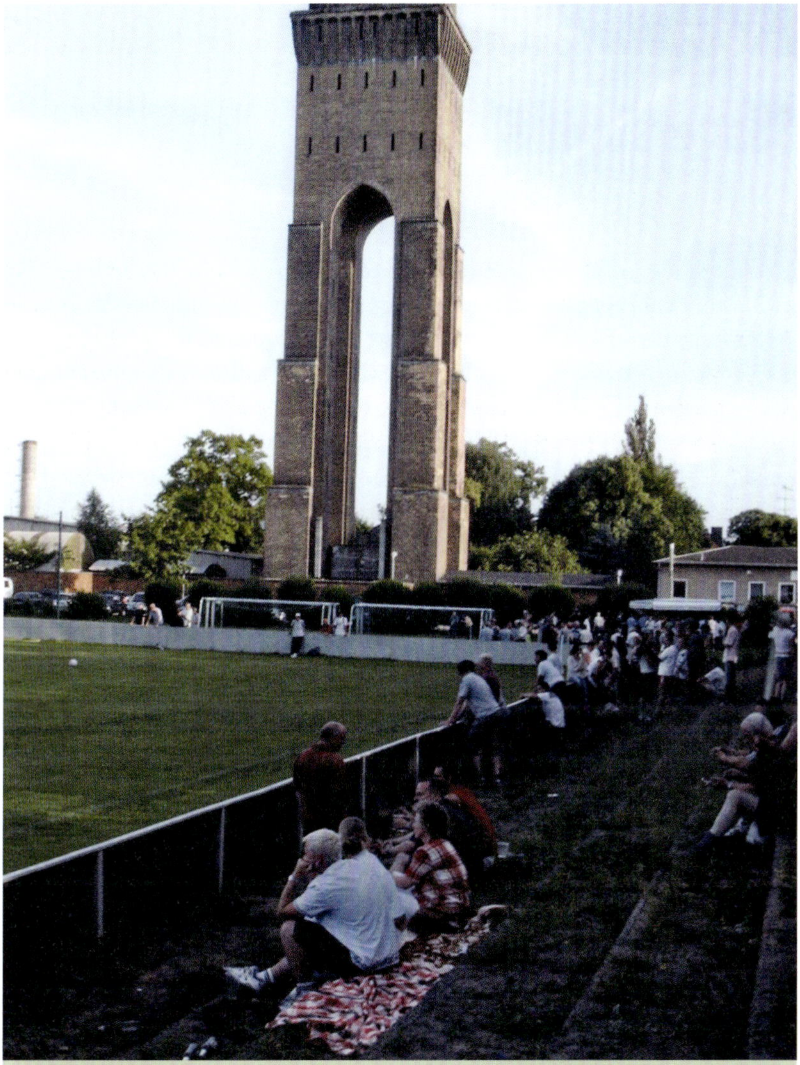

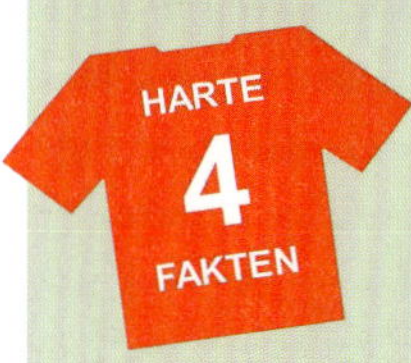

Achtelfinale FDGB-Pokal: 1950

DDR-Liga: 1974/75 bis 1976/77, 1981/82

Bekannter Spieler: Mike Rietpietsch

Weiterer bekannter Spieler: Meinhard Uentz

Finsterwalde 038

Sängerstadt & SpVgg

Schmiede für Irrgang & Co.

Detlef Irrgang, einer der Aufstiegshelden von Energie Cottbus, wurde 1966 in Finsterwalde geboren und begann dort bei der BSG Motor Finsterwalde-Süd mit dem Fußballspielen. Ebenso dort geboren und als Jugendlicher gespielt hatte Hans-Jürgen Riediger, der von 1973 bis 1984 einer der bekanntesten Spieler des BFC Dynamo wurde. Gleichfalls seine Laufbahn in Finsterwalde startete Peter Blüher, der im Anschluss Torhüter bei Motor Jena und Union Berlin wurde. 1974 kam er bei einem Motorradunfall ums Leben.

Der Verein wurde 1907 als Arbeitersportverein (ASV) Hertha Finsterwalde gegründet, nach 1945 wurde zunächst als BSG Konsum und BSG Kjellberg gespielt, bis 1952 der Name in BSG Motor Finsterwalde Süd geändert wurde. Nach der Wende griff man auf die „Hertha" zurück und spielte bis 2016 als SV Hertha Finsterwalde. Im Zuge der Fusion der Fußballabteilungen von Hertha und DJK Finsterwalde bildete sich der FC Sängerstadt Finsterwalde, der in der Kreisoberliga zu finden ist.

In der gleichen Spielklasse spielt die SpVgg Finsterwalde, die am 11. März 1912 als Finsterwalder Ballspielclub gegründet wurde. Als Spielvereinigung wurde ab 1930 in der Gauliga Niederlausitz gespielt, von 1945 bis 1949 ließ man zunächst als Finsterwalde-Mitte den Ball rollen, als BSG Motor Finsterwalde gelang 1968 der Aufstieg in die Bezirksliga. Beim abschließenden 5:1-Sieg in Herzberg waren 500 Fans aus Finsterwalde mit vor Ort. Ein weiterer Aufstieg in die Bezirksliga durfte 1985 gefeiert werden.

1989 gastierte Carl Zeiss Jena in Finsterwalde und konnte vor 3.500 Zuschauern nach Rückstand mit 3:1 gewinnen. Im Jahr darauf wurde der Verein in Spielvereinigung Finsterwalde umbenannt.

Das Derby FC Sängerstadt Finsterwalde vs. SpVgg Finsterwalde (2:2) wollten am 25. März 2017 im Stadion des Friedens 375 Zuschauer sehen. Und auch zweieinhalb Jahre später lockte das Stadtduell noch über 300 Fußballfreunde an. Auf dem Einheitssportplatz konnte die SpVgg gegen den Rivalen mit dem Fraktur-„H" im Wappen, das ein echter Hingucker ist, mit 2:0 gewinnen.

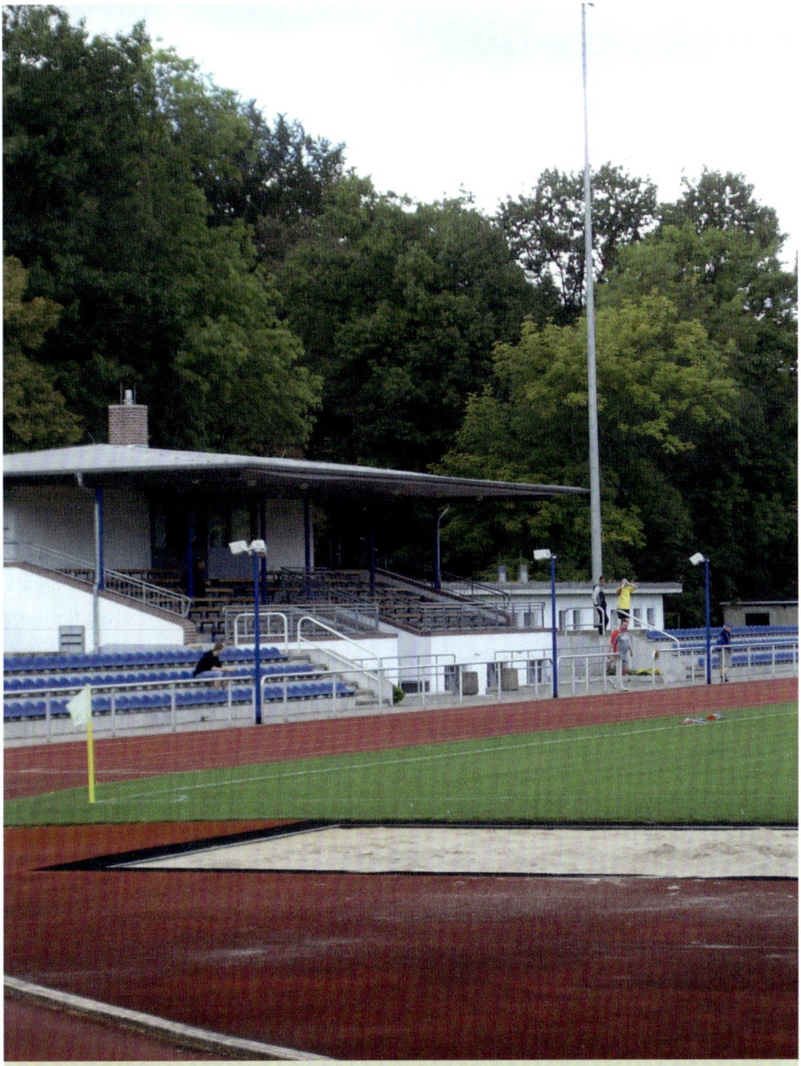

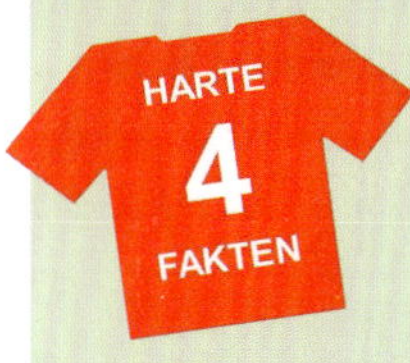

Gründung der Vereine: 1907 und 1912

Bekannte Spieler: Detlef Irrgang, Hans-Jürgen Riediger, Peter Blüher

Hingucker: Fraktur-„H“ im Sängerstadt Wappen

Zuschauer bei den Derbys: knapp 400

Stadion am Wasserturm

Arbeitersport und Viktoria Forst

Der 1902/03 errichtete Wasserturm „Unser Dicker" ist das Wahrzeichen der Stadt Forst (Lausitz), quasi in dessen Schatten wurde 1921 das Städtische Stadion, das zu DDR-Zeiten Stadion der Einheit hieß, eröffnet. Rund 7.000 Zuschauer fanden am 3. Mai 1925 den Weg auf die Ränge, als im Achtelfinale der Deutschen Fußballmeisterschaft der FC Viktoria Forst auf den Essener TB Schwarz-Weiß traf. Stand es zur Halbzeit noch 1:1, so musste sich Viktoria Forst am Ende denkbar knapp mit 1:2 geschlagen geben. Insgesamt stand der FC Viktoria Forst, der zu jener Zeit den Fußball in der Niederlausitz dominierte, dreimal in der Endrunde um die Deutsche Meisterschaft. 1922 verlor Forst im Viertelfinale beim SV Norden-Nordwest 98 Berlin mit 0:1, 1926 musste man sich auswärts bei der SpVgg Fürth mit 0:5 geschlagen geben. Aufgelöst wurde der Verein im Jahre 1945. Zu einer Neugründung kam es nicht.

Ein besseres Schicksal wurde dem einstigen Arbeitersportverein TuS Süden Forst zuteil, denn dieser wurde nach dem Zweiten Weltkrieg als SG Forst-Süd wiederbelebt. Am 1. Juli 2011 fusionierte der SV Süden Forst mit dem SV Rot-Weiß Forst zum SV Lausitz Forst.

Die Wurzeln von Süden Forst gehen zurück ins Jahr 1907. Bereits 1913 und 1914 wurde Süden Forst Kreismeister im Arbeiterfußball, 1920 spielte TuS Süden Forst in der Endrunde um die Bundesmeisterschaft mit. In Leipzig unterlag Forst dem TSV 1895 Fürth denkbar knapp mit 2:3. Einen großen Sieg gab es am 28. März 1926 im Stadion am Wasserturm zu sehen. In der Vorrunde der Ostdeutschen Verbandsmeisterschaft wurde FT Stettin-Nemitz mit 10:1 vom Rasen gefegt. Nachdem in Königsberg die FFVgg Ponarth mit 3:2 n.V. geschlagen wurde, war Süden Forst in der Endrunde mit von der Partie. Dank des 2:0-Sieges in Nürnberg gegen St. Leonhard-Schweinau durfte Forst im Finale auf der Ilken-Kampfbahn in Dresden antreten. Allerdings konnte dieses der Dresdner SV von 1910 vor über 12.000 Zuschauern klar und deutlich mit 5:1 gewinnen.

Nichtsdestotrotz: Sowohl Viktoria Forst als auch Süden Forst waren in den 1920er-Jahren echte Fußballgrößen.

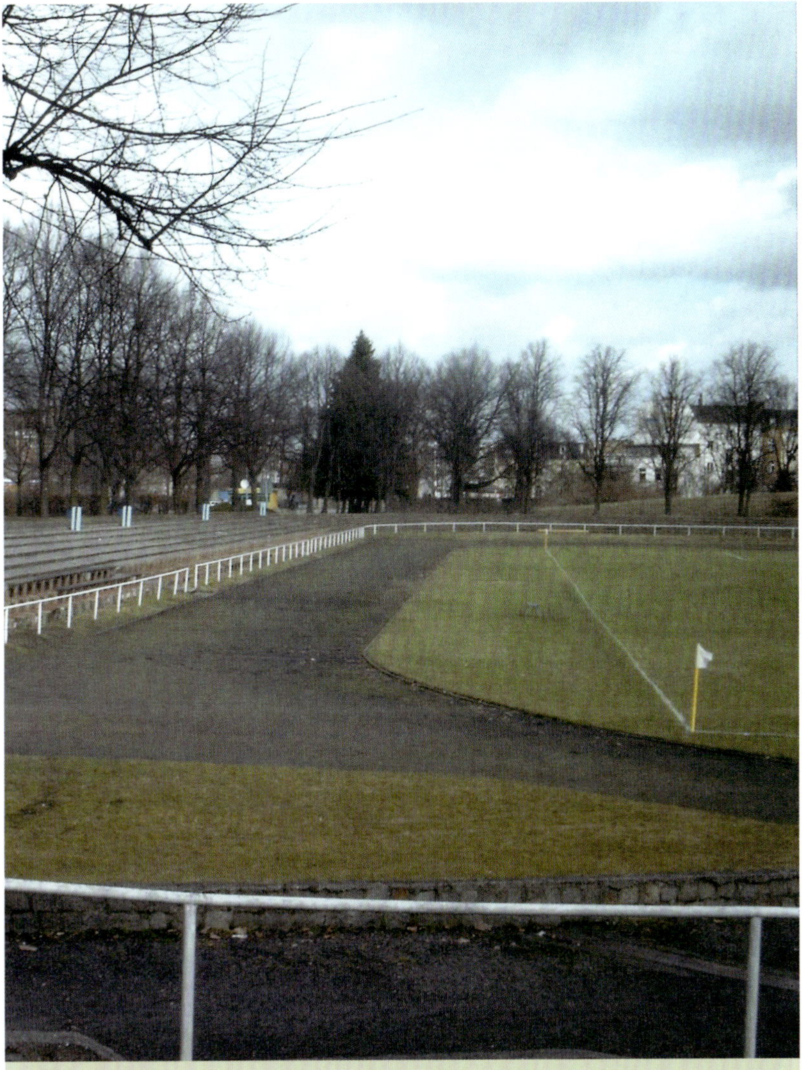

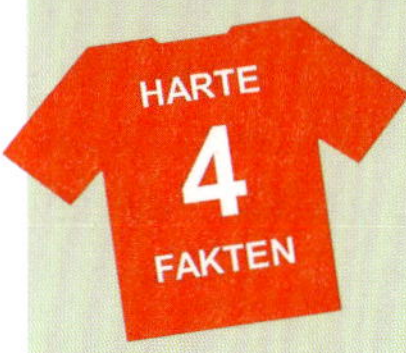

Wahrzeichen von Forst: Wasserturm „Unser Dicker“

Stadioneröffnung: 1921

Einstige Fußballgrößen: Viktoria Forst und Süden Forst

Rekordkulisse: über 7.000 Zuschauer (1925)

Frankfurt/Oder 040

Stadion der Freundschaft

Vorwärts Frankfurt/1. FC Frankfurt

Man schrieb den 12. November 2011, als die Heimkurve des altehrwürdigen Stadion der Freundschaft noch einmal gelb-rot beflaggt wurde. 850 Zuschauer hatten sich eingefunden, um das Landespokalspiel Frankfurter FC Viktoria 91 vs. SV Babelsberg 03 zu sehen. Bei hitziger Atmosphäre ging es in die Verlängerung, und von den Rängen ertönte ein „Ruhm und Ehre dem FCV!" Am Ende gewann Nulldrei, im Jahr darauf war auch Viktoria 91 Geschichte. Der MSV Eintracht Frankfurt schloss sich an, und der Gesamtverein wurde in 1. FC Frankfurt (Oder) E.V. e.V. umbenannt.

Auch wenn derzeit nur in der Brandenburgliga gespielt wird, so ist die Geschichte noch immer spürbar, wenn man im Stadion der Freundschaft, das von 1948 bis 1953 gebaut wurde, spazieren geht. Die Geländer, die Betonstufen, die alten Flutlichtmasten. Hier wurde in den 1980ern Europapokal gespielt! Nach einer sehr erfolgreichen Zeit als Vorwärts Berlin wurde der Verein am 31. Juli 1971 nach Frankfurt (Oder) delegiert. Zwar spielten die Frankfurter im DDR-Fußball nicht die ganz große Mandoline, doch an die EC-Heimspiele gegen Juventus Turin, VfB Stuttgart, Werder Bremen, Nottingham Forest und PSV Eindhoven denken die älteren Fußballfreunde mit viel Wehmut zurück.

Nach der Wende blieb die NOFV-Oberliga das höchste der Gefühle. Zuerst als FC Victoria ‚91 Frankfurt (Oder), dann als Frankfurter FC Viktoria 91 und nun als 1. FC Frankfurt. Schlendert man bei einem Heimspiel über die alten Ränge, packt einen Melancholie. Was für eine charismatische Spielstätte! Hier einmal Regionalliga sehen! Irgendwann! Ein wichtiger Grundstein wurde immerhin bereits gelegt. Am 13. September 2014 wurde die neue Haupttribüne samt Funktionstrakt im Rahmen des Heimspiels gegen den Eisenhüttenstädter FC Stahl feierlich eröffnet.

Apropos, die Rekordkulisse in diesem Stadion gab es 1974 beim Heimspiel gegen Juventus, als Dank einer Zusatztribüne rund 20.000 Fußballfreunde ein Plätzchen fanden. Das letzte große internationale Spiel gab es 1997 zu sehen, als die deutsche U21-Nationalmannschaft gegen Portugal antrat.

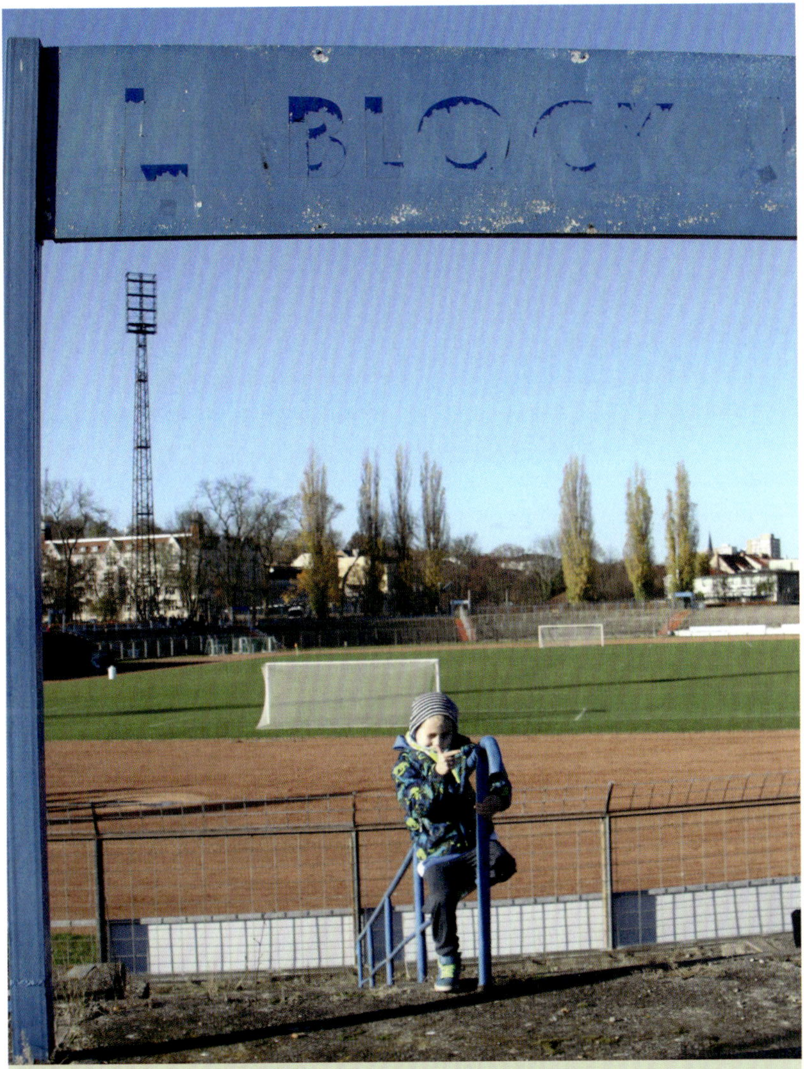

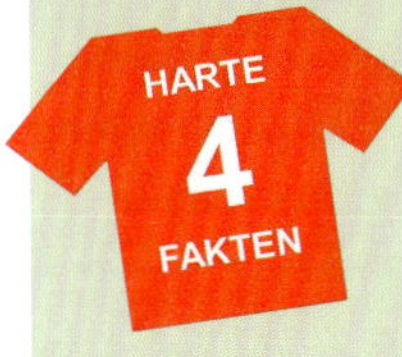

Stadioneröffnung: 12. Juli 1953

Erstes Spiel: Dynamo Frankfurt vs. Gwardia Kraków

Vorwärts im UEFA-Pokal: 1974, 1980, 1982, 1983, 1984

Eröffnung neue Haupttribüne: 13. September 2014

Frankfurt/Oder 041

Lok-Platz, Markendorfer Straße

Nostalgie pur im Zeichen der Lokomotive

Zwischen zusammenlaufenden Bahngleisen befindet sich in der Markendorfer Straße passenderweise der Sportplatz des FC Lokomotive Frankfurt (Oder). Für Nostalgiker dürfte diese Sportanlage eine Liebe auf den ersten Blick werden. Das aus den 1950ern stammende Funktionsgebäude lässt das Herz höher schlagen, das oben an die Wand gemalte Vereinswappen ist ein echter Hingucker, und Bänke und Geländer sind quasi noch im Originalzustand. Die Zeit scheint stehengeblieben, die Anlage schreit regelrecht danach, bei angenehmer Witterung besucht zu werden. Mit dem Bierchen in der Hand eine Partie der Ostbrandenburgliga schauen – warum nicht?!

Beim Vereinsnamen handelt es sich ja nicht um einen Gag. Vielmehr geht die Historie zurück ins Jahr 1948, als der Verein als BSG REIPO (BSG der Reichsbahn und der Post) ins Leben gerufen wurde. Zwei Jahre später wurde er in BSG Lokomotive umbenannt.

In den 1950ern gab es sogar sportliche Erfolge zu vermelden. Zum einen setzte sich Lokomotive 1956 im FDGB-Pokal in beiden Qualifikationsrunden und der ersten Hauptrunde durch. Dann war jedoch die BSG Motor Magdeburg-Mitte eine Nummer zu groß (0:8). Zwei Jahre später war die BSG Lokomotive dank einer Aufstockung in der II. DDR-Liga dabei, stieg jedoch als Tabellenletzter wieder ab. In der Folgezeit waren die Lok-Fußballer in der Bezirksliga am Start.

1977 wurde sich der BSG Ingenieurhochbau angeschlossen, als BSG IHB nahm der Verein 1978/79 am FDGB-Pokal teil. Gegen Motor Babelsberg hieß es 1:3 n.V. Am 1. Juli 1981 wechselte der Trägerbetrieb, das Frankfurter Wohnungs- und Gesellschaftsbaukombinat übernahm die Betriebssportgemeinschaft, und bis zur Wende wurde als BSG WGK gekickt.

Das „Lokomotive" wurde in den 1990ern wieder zeitweise aufgenommen, den heutigen Namen erhielt der Verein 2008, als die Fußballabteilung aus dem ESV 1948 Frankfurt austrat und einen eigenen Weg einschlug. Zwar wird unterklassig gespielt, doch Wappen und Anlage können sich wahrlich sehen lassen und sind einen Abstecher wert!

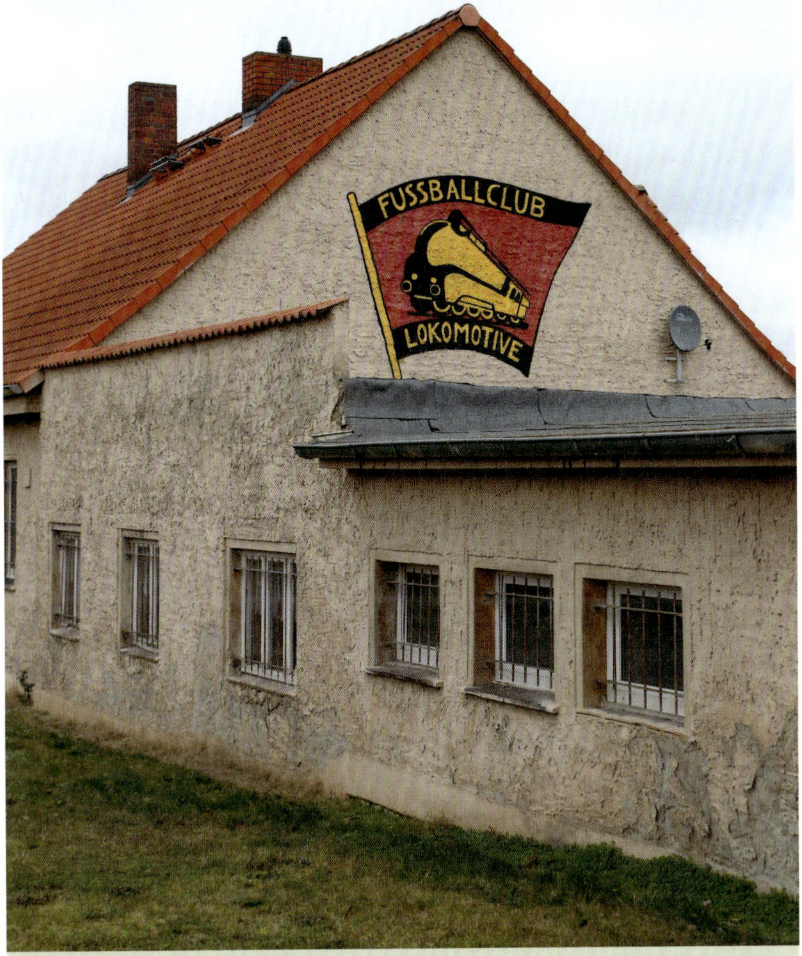

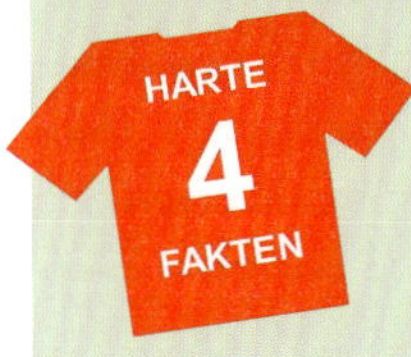

Adresse: Markendorfer Straße, 15234 Frankfurt (Oder)
Nostalgie-Faktor: Volle Punktzahl
Gründung von Lok Frankfurt: Juni 1948
Aktuelle Spielklasse: Ostbrandenburgliga

Fritz-Lesch-Stadion & Post-Platz

Volle Ränge beim Halbleiterwerk

Offiziell 1.200 fluteten am 22. August 1982 das Fritz-Lesch-Stadion am Damaschkeweg, um die Zweitligapartie BSG Halbleiterwerk Frankfurt vs. BSG Energie Cottbus zu sehen. Aus Sicht eines Kindes waren es gefühlt sogar geschätzte 3.000 Zuschauer. Das kam wohl daher, dass sich sämtliche Fußballfreunde auf der einzigen unüberdachten Tribüne auf der Gegengerade eingefunden hatten. Der Aufsteiger aus Frankfurt schlug sich gegen den Absteiger aus der Lausitz wacker. Nach 90 Minuten hieß es 2:2. Und auch im Rückspiel war Ende November 1982 fast was drin. Leuthäuser hatte mit seinen beiden Treffern den 2:1-Sieg der BSG Energie sichergestellt. Am Ende der Saison musste sich die BSG Halbleiterwerk als Tabellenletzter wieder aus der DDR-Liga verabschieden.

In dieser hatten die Frankfurter bereits von 1978 bis 1981 gespielt. In den anderen Spielzeiten des Zeitraumes 1968 bis 1990 war die BSG Halbleiterwerk in der Bezirksliga Frankfurt (Oder) anzutreffen. Noch als BSG Motor war der ersten Mannschaft der Sprung in die Bezirksliga gelungen, zwei Jahre später wurde der VEB Halbleiterwerk Frankfurt (HFO oder auch HWF) der Trägerbetrieb. Das Werk war führend bei der Entwicklung und Produktion von bipolaren Schaltkreisen und digitalen CMOS-Serien. Manch einem dämmert es vielleicht noch bei der Spielkonsole mit der Bezeichnung „BSS 01".

Nach dem Fall der Mauer wurde der Verein in SV Preußen Frankfurt umbenannt. Anfangs hatte dieser noch den Zusatz „electronic", doch wurde dieser später fallengelassen, da das neu strukturierte Unternehmen das Sponsoring fallen ließ.

Wurde Anfang der 1990er noch in der Verbandsliga gespielt, folgte später der totale Absturz. Die Rückkehr in die Landesliga Süd gelang am Ende der Saison 2008/09, im Jahr darauf dann die Fusion mit dem Post SV 1928 Frankfurt zum FC Union Frankfurt (Oder). Auf dem hinteren Post-Platz spielt aktuell die erste Mannschaft in der Kreisoberliga, im besagten Fritz-Lesch-Stadion laufen die zweite Mannschaft und der Nachwuchs auf.

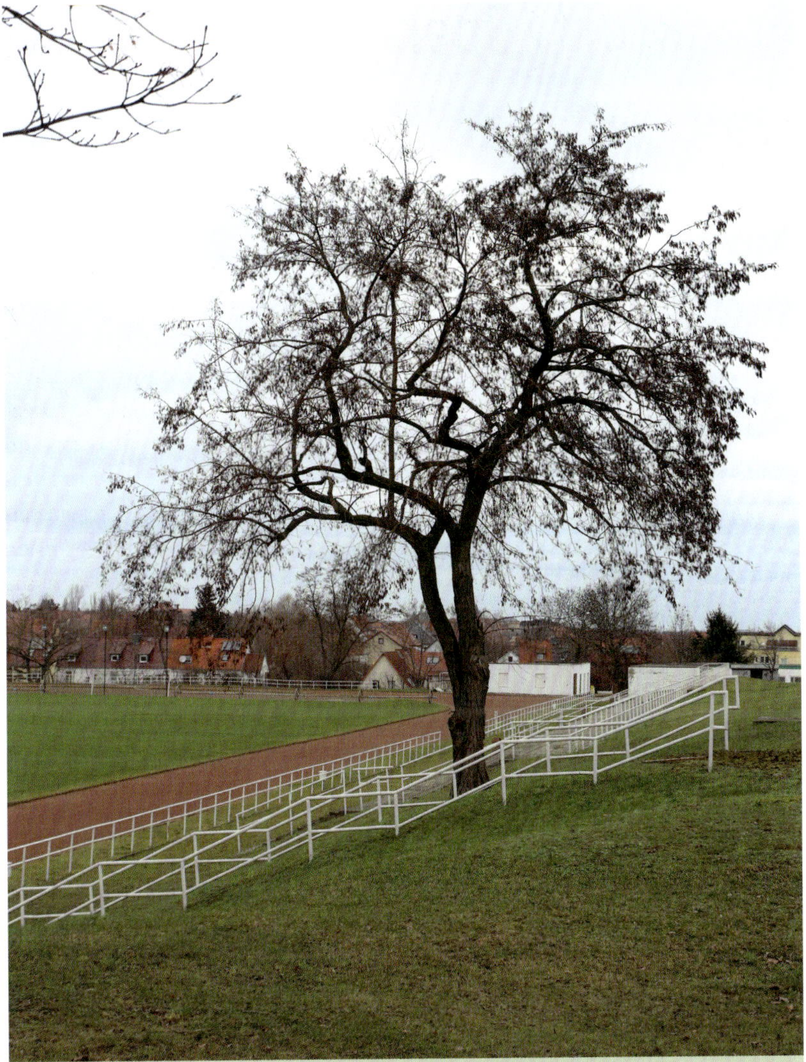

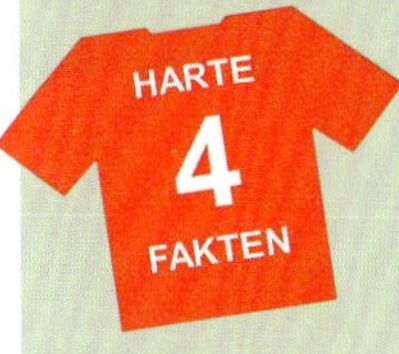

Gründung des VEB Halbleiterwerk: 1. Januar 1959

Gründung der Betriebssportgemeinschaft: 31. August 1970

DDR-Liga: 1978 bis 1981, 1982/83

Heutiger Vereinsname: FC Union Frankfurt

Königs Fritze

Stammtischgespräche seit anno dazumal

„Weißt du noch? Der Treffer gegen Eindhoven von Rainer Pietsch? Maßarbeit zwischen Pfosten und Torwart! Das hatte gesessen!" – „Mensch ja, das waren noch Zeiten! Auch schon wieder über 35 Jahre her ..." Wo lassen sich alte Europapokalschlachten des FC Vorwärts Frankfurt bei einem frisch Gezapften gedanklich besser aufleben als im „Königs Fritze"? In dieser gemütlichen Lokalität lässt sich essen, am Tresen ein Bierchen zwitschern, auf den Fernsehern live Fußball schauen und halt eben über alte Zeiten plaudern.

Zwar war der FC Vorwärts nach dem Umzug an die Oder kein Dauergast in den europäischen Wettbewerben, doch im Zeitraum von 1974 bis 1985 gab es immerhin fünf Teilnahmen im UEFA-Pokal. Unvergessen ist der 2:1-Heimsieg vor über 16.000 Zuschauern im Stadion der Freundschaft gegen Juventus Turin am 18. September 1974. Damals erzielten Gerd Schuth und Horst Krautzig die Treffer. Fabio Capello hatte zwischendurch den Ausgleich für die „Alte Dame" klargemacht. Ebenso unvergessen ist der 2:0-Heimsieg gegen den PSV Eindhoven fast exakt zehn Jahre später. Lutz Hendel hatte vorgelegt, der bereits erwähnte Rainer Pietsch hatte den Deckel drauf gemacht. Im Rückspiel gab es allerdings eine 0:3-Niederlage. Ein einziges Mal konnte sich der FC Vorwärts gegen einen Gegner durchsetzen. 1980/81 wurde in der ersten Runde Ballymena United in die Knie (1:2 & 3:0) gezwungen. In der zweiten Runde war allerdings der VfB Stuttgart eine Nummer zu groß (1:5 & 1:2). Knapp ging es im September 1982 gegen den SV Werder Bremen zu. Mit 1:3 wurde das Hinspiel daheim verloren, doch auswärts schnupperte Vorwärts an der Sensation. In der Schlussphase schossen Ralph Conrad und Frieder Andrich zwei Tore und brachten die Jungs von der Weser noch einmal ins Schwitzen. Es sollte nicht reichen, dank der Auswärtstorregel zog Werder in die nächste Runde ein. Anerkennung wurde jedoch den Vorwärtskickern von der Oder zuteil.

In der jüngeren Vergangenheit blieben zwar die großen Schlachten aus, doch auch über die Nachwuchsarbeit und die Brandenburgliga lässt sich prima fachsimpeln. Also hinein ins „Königs Fritze" und ein Pils bestellt! Der Weg vom Stadion der Freundschaft ist nicht weit.

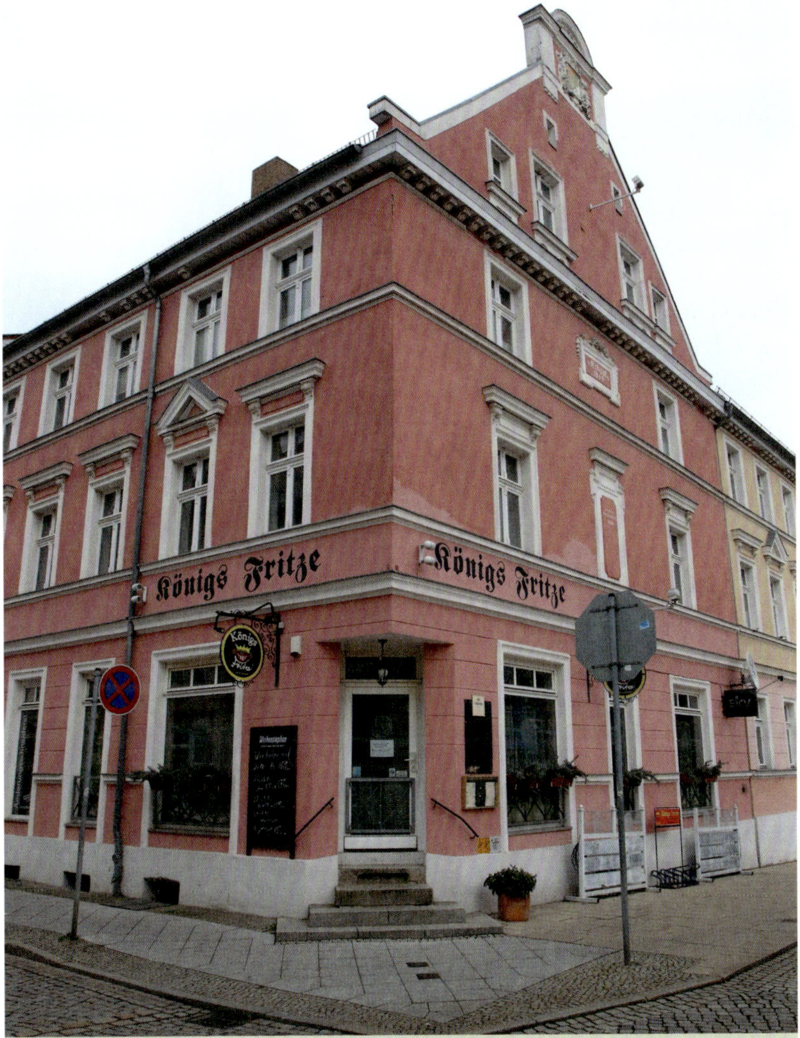

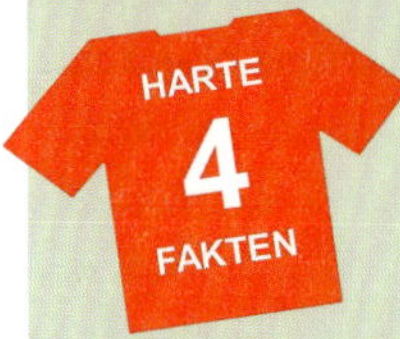

Adresse: Fürstenberger Straße 38, 15232 Frankfurt (Oder)

Küche: Deutsch

Bekannt seit: Menschengedenken

Beliebt für: Fußball im TV, Stammtischgespräche

Fürstenwalde 044

FSV Union Fürstenwalde

Als aus Dynamo der FSV Union wurde...

Den Hammer auf die Schulter gelegt, auf dem Unterarm ein „Dynamo“ tätowiert. Als es im Oktober 2012 zum Oberligaspitzenspiel FSV Union Fürstenwalde vs. BFC Dynamo kam, wurde auf Heimseite ein gemaltes Banner präsentiert, das an die dynamische Geschichte erinnerte. Von 1971 bis 1990 galt die SG Dynamo Fürstenwalde, die mit 18 Spielzeiten ein Dauergast in der DDR-Liga war, als Kaderschmiede des BFC Dynamo.

Einen Bezug zu Berlin gab es jedoch bereits viel früher. 1919 wurde der Verein als SC Union 06 Oberschönweide Abt. Fürstenwalde ins Leben gerufen. Acht Jahre später nannte man sich in SC Union Fürstenwalde 1919 um, nach der Fusion mit dem FC Wacker ging es von 1933 bis Kriegsende als FC 1919 Fürstenwalde weiter.

Nach 1945 gab es weitere Namensänderungen und Fusionen: Gespielt wurde als FDJ SG Fürstenwalde, SG Union Fürstenwalde, BSG Empor Fürstenwalde und TSG Fürstenwalde. 1971 entstand in Folge des Zusammenschlusses mit Dynamo Frankfurt und Dynamo Fürstenwalde/Bad Saarow die SG Dynamo Fürstenwalde.

Nach der Wende wurde die SG Dynamo aufgelöst und als FSV Fürstenwalde neugegründet. Seit der Fusion mit der SG Union Fürstenwalde am 12. Juni 2002 trägt der Verein den heutigen Namen.

2011 durfte der Aufstieg in die NOFV-Oberliga gefeiert werden, fünf Jahre später gelang der Sprung in die Regionalliga Nordost, in welcher der FSV Union Fürstenwalde eine prima Rolle spielt.

Einen Bezug zu Berlin gibt es auch in der Gegenwart. Im Sommer 2019 konnte nach langem Hickhack endlich das Dach, das einst im Stadion An der Alten Försterei zu sehen war, in der Bonava-Arena montiert werden. Sieben Jahre zuvor hatte Fürstenwalde die Tribünenteile vom 1. FC Union abgekauft, doch gab es Ärger, da oberhalb der Fundamente die Flex angesetzt wurde. Sämtliche 13 Stützen waren einfach mal 1,90 Meter kürzer. Die gezahlten 18.000 Euro schienen in den Sand gesetzt. Die Träger wurden allerdings statisch angepasst, und nun stand dem Aufbau nichts mehr im Wege. Der Streit ist geschlichtet, vielmehr hofft man auf ein Freundschaftsspiel vor großer Kulisse.

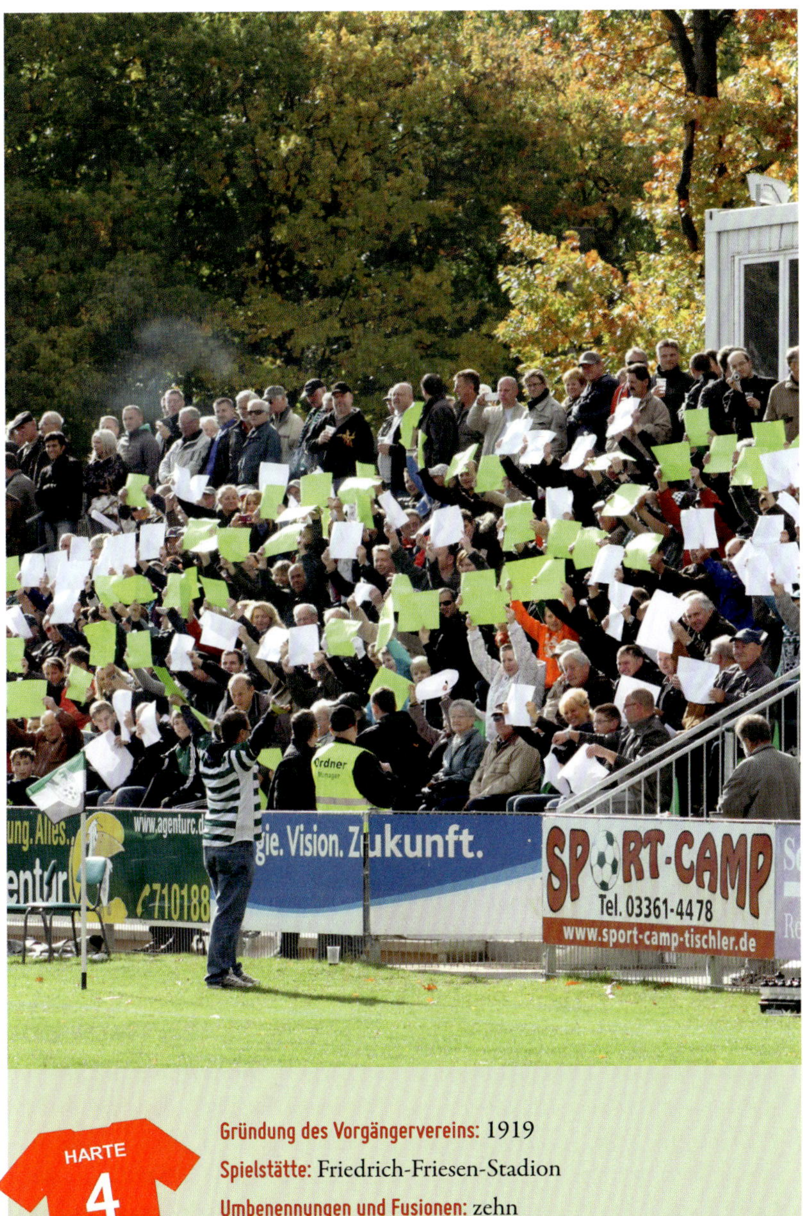

HARTE 4 FAKTEN

Gründung des Vorgängervereins: 1919

Spielstätte: Friedrich-Friesen-Stadion

Umbenennungen und Fusionen: zehn

Als SG Dynamo am Start: von 1971 bis 1990

Denkmal und Stadion Auf dem Eichenhügel

Ort der großen Schlachten

Von 1813 bis 1815 dauerten die Befreiungskriege, und eine der bedeutenden Schlachten war die bei Großbeeren, bei der sich am 23. August 1813 die französischen und sächsischen sowie die preußischen, schwedischen und russischen Truppen gegenüber standen. Über 4.100 Menschen kamen ums Leben, der Angriff der napoleonischen Streitkräfte auf Berlin war gescheitert. Der Schriftzug „Großbeeren 1813" ist auf dem Nationaldenkmal im Victoriapark auf dem Berliner Kreuzberg zu lesen, doch auch in der Ortschaft selbst befindet sich ein 1913 errichteter großer Gedenkturm, der an die Schlacht erinnert. Sehenswert ist auch die Pyramide auf einem ehemaligen Windmühlenhügel, die 1906 von der Stadt Berlin aufgestellt wurde.

Schlachten werden auch in der Gegenwart ausgefochten, doch sind diese weniger blutig. So war Großbeeren am 1. Mai 2019 Austragungsort der Kreispokalendspiele. Im Finale der ersten Herren standen sich im Stadion Auf dem Eichenhügel der SV Waßmannsdorf 1956 und der VfB Trebbin gegenüber. Rund 300 Fußballfreunde bekamen ein stimmungsvolles Pokalspiel zu sehen, das der VfB Trebbin für sich entscheiden konnte. Der SV Grün-Weiß Großbeeren zeigte sich als gut vorbereiteter Gastgeber und bot Grillgut und Getränke an sämtlichen Ecken der Sportanlage an. Eine alte, längst geschlossene Imbissstube und das daneben befindliche Holzhaus ließen zudem ein wenig Balkan-Feeling aufkommen. Unter Birken hatten sich an einer Ecke die Fans aus Trebbin eingefunden, und diese wussten den Pokalsieg zu feiern. Auf die mitgebrachte Trommel wurde mit dermaßen viel Enthusiasmus gehauen, dass bereits in der ersten Halbzeit das Holz brach. Kein Problem, Ersatzstöcker befanden sich im Gepäck.

Zwar kommen im Ligaalltag zu den Heimspielen des SV Grün-Weiß Großbeeren deutlich weniger Zuschauer, doch in Kombination mit den Denkmälern ist eine Sause nach Großbeeren in jedem Fall empfehlenswert! Bereits seit 1929 ist der Verein ein fester Bestandteil der Gemeinde, die erste Mannschaft spielt derzeit in der Kreisoberliga Dahme/Fläming.

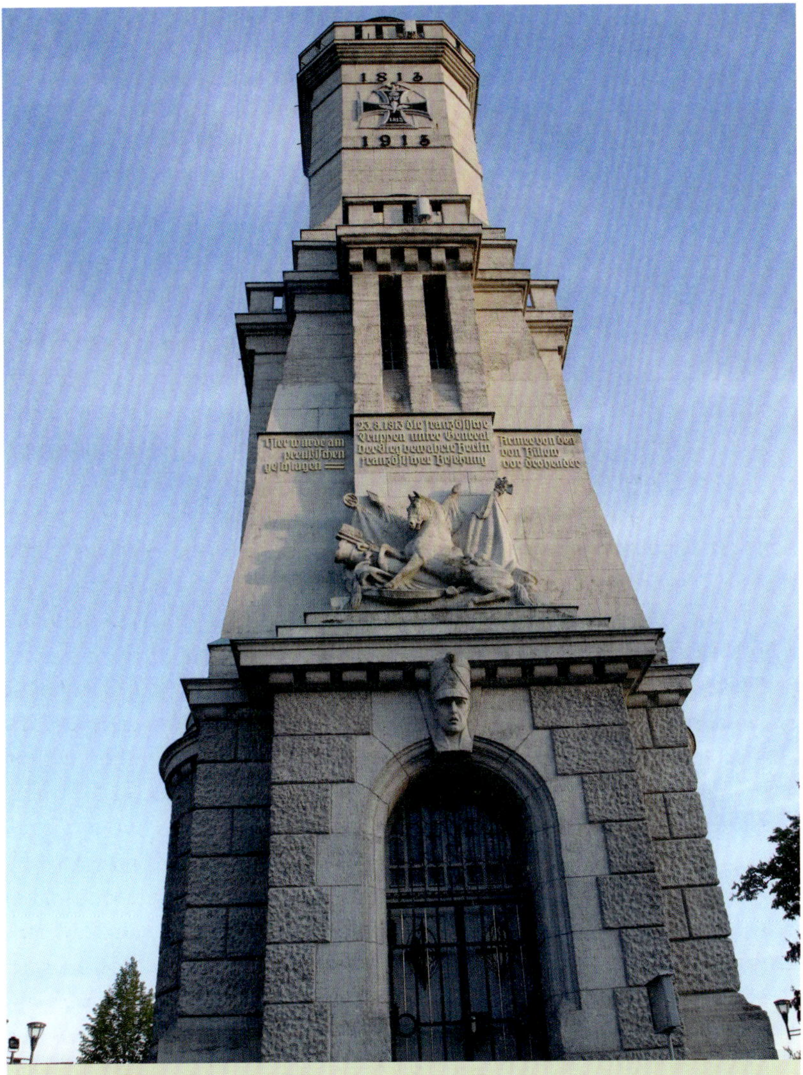

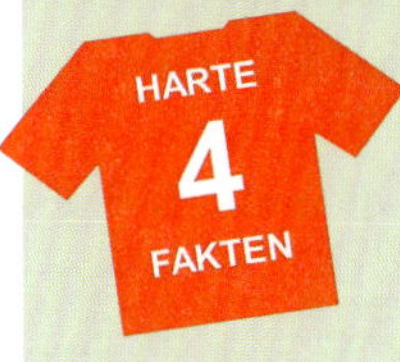

Schlacht bei Großbeeren: 23. August 1813

Sehenswert: Gedenkturm und Pyramide

Örtlicher Fußballverein: SV Grün-Weiß Großbeeren

Spielstätte: Stadion Auf dem Eichenhügel

Wilhelm-Pieck-Stadt

BSG Chemie Guben

Legendär war einst der spartanische Regionalbahnsteig des Bahnhofs Berlin-Karlshorst, von dem aus zu DDR-Zeiten auch der „Sputnik“ abfuhr, der von 1958 bis 1991 südlich um West-Berlin herum nach Potsdam düste. Ein Schild am Zugang fand ich immer besonders beeindruckend: „Richtung Wilhelm-Pieck-Stadt Guben“.

Die 17.000-Einwohnerstadt Guben (sorbisch: Gubin) trug von 1961 bis 1990 den Namen Wilhelm-Pieck-Stadt Guben. Der erste (und einzige) Präsident der DDR wurde 1876 auf der heute polnischen Seite von Guben geboren. Zudem beeindruckend: In den 1980ern lebten mal eben bis zu doppelt viele Menschen in dieser Stadt.

Was das runde Leder betrifft, so wurde 1923 der 1. FC Guben aus der Taufe gehoben. Nach dem Zweiten Weltkrieg erfolgte die Neugründung als SG Guben-Mitte, wenig später wurde der Verein zunächst in KWU Guben und dann in Fortschritt Guben umbenannt. 1961 bekam er den Namen BSG Chemie Wilhelm-Pieck-Stadt Guben. Wer machte sich wohl die Mühe, diesen kompletten Namen auszusprechen? Er passte ja auf kein Programmheft ...

Die sportlich beste Zeit erlebte Guben in der Endphase der DDR. Gegen TSG Gröditz gelang Guben in der Aufstiegsrunde 1986 der Sprung in die DDR-Liga, es durfte sich auf die Duelle gegen die BSG Stahl Eisenhüttenstadt gefreut werden. Allerdings wurden beide Duelle knapp verloren. Als Tabellenletzter ging es wieder runter, den nächsten Versuch in der DDR-Liga gab es 1989/90, und dieses Mal konnte die Klasse gehalten werden. Mehr noch! 1990/91 wurde Guben hinter dem 1. FC Union Berlin Zweiter in der Staffel A – und das mit einem Pünktchen Rückstand. Es hätte nicht viel gefehlt, und der SV Chemie Guben 90 hätte an der Aufstiegsrunde zur 2. Bundesliga teilgenommen. Gegner wären Stahl Brandenburg, der FC Berlin und der 1. FC Magdeburg gewesen.

Kurios: Trotz Qualifikation nahm 1991 Chemie Guben nicht am DFB-Pokal teil, zudem trat die Mannschaft nicht in der NOFV-Oberliga an. 2003 erfolgte die Fusion mit dem ESV Lok Guben, als 1. FC Guben wird derzeit in der Landesliga gespielt. Stadtduelle gibt es gegen den Breesener SV Guben Nord.

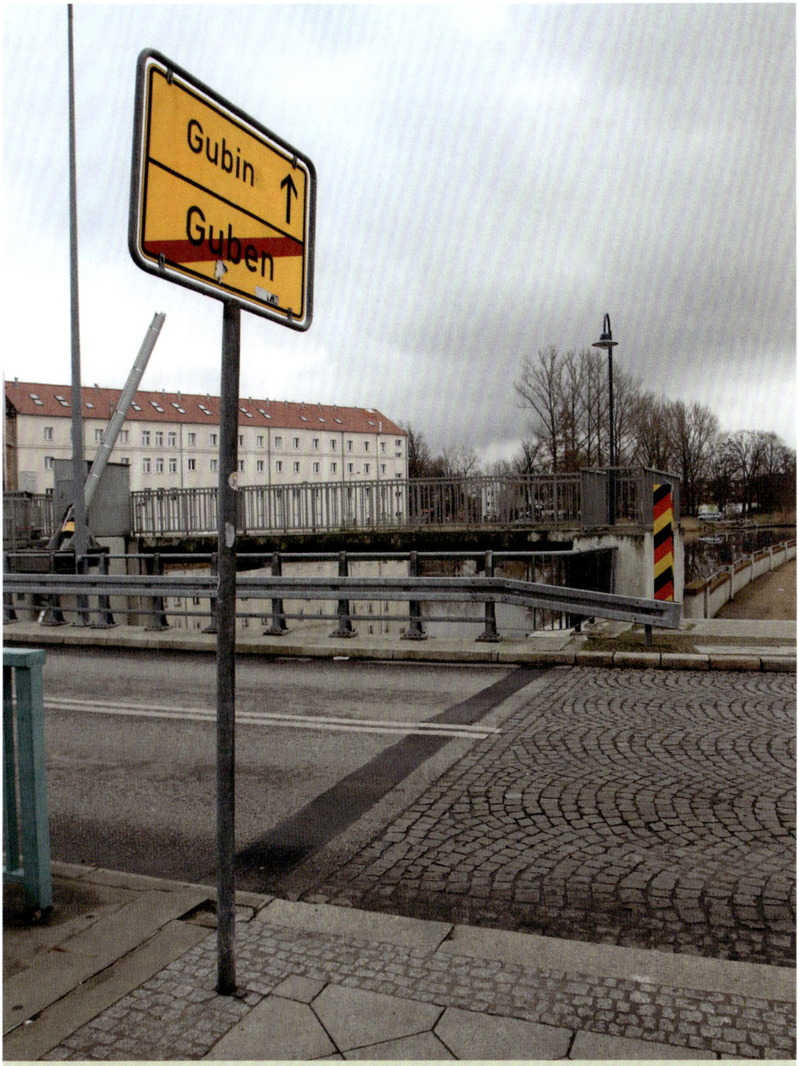

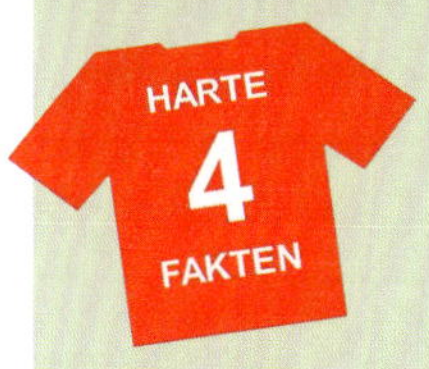

Spielstätte: Sportzentrum Guben

Fusion zum 1. FC Guben: 2003

Bekannte Spieler: Matthias Jahn, Ingolf Schneider

Ausflugstipp: Spaziergang ins polnische Gubin

Hennigsdorf 047

FFG Sportpark Fontanestraße

Motor & Stahl in der DDR-Liga

Zu einer kuriosen Situation kam es in der Saison 1962/62 in der II. DDR-Liga. Sowohl die BSG Stahl Hennigsdorf als auch die BSG Motor Hennigsdorf waren nun drittklassig, doch wurden die Stadtrivalen in verschiedenen Staffeln untergebracht. Es handelte sich um die letzte Spielzeit der II. DDR-Liga, zu einem Aufeinandertreffen von Stahl und Motor (als Aufsteiger) kam es erst 1972/73, als beide Vereine in der Staffel B der DDR-Liga anzutreffen waren. Bis 1982 trafen Motor und Stahl 12-mal im Unterbau der DDR-Oberliga aufeinander. Dreimal konnte Motor, zweimal Stahl das Duell für sich entscheiden, siebenmal wurde sich mit einem Unentschieden getrennt.

Zuschauertechnisch lagen Anfang der 1980er beide Rivalen etwa gleichauf, zu Stahl kamen ins Stahl-Stadion im Schnitt knapp 1.500, zu Motor auf der Hans-Beimler-Sportanlage rund 1.200 Zuschauer zu den Heimspielen. Die besseren Torjäger hatte allerdings die BSG Stahl Hennigsdorf in ihren Reihen. So waren Frank Jeske (11 Treffer) und Jürgen Görlitz (10) in der Torschützenliste 1982/83 zu finden. Während Stahl noch einige Spielzeiten bis 1990 in der DDR-Liga dabei war, verabschiedete sich Motor für immer aus jener.

Und auch nach der Wende schien Stahl Hennigsdorf die Nase vorn zu haben, so wurde 1991/92 immerhin in der Staffel Nord der NOFV-Oberliga gespielt. Aufgrund finanzieller Engpässe musste diese verlassen werden. So wie auch Motor verschwand Stahl in der Versenkung. Zu allem Übel musste das Stahl-Stadion einem OSZ weichen.

In diesem Fall schien eine klassische Bündelung der Kräfte in der Tat sinnvoll. So fusionierten 1998 Motor und Stahl zum FC 98 Hennigsdorf. Zunächst von 1998 bis 2005 konnte sich in der Verbandsliga Brandenburg behauptet werden, die Rückkehr in die Brandenburgliga gelang 2012, das letzte Heimspiel gegen den Nachbarn aus Velten sahen fast 400 Zuschauer.

Mit nur neun Punkten (nur ein Saisonsieg) ging es 2015 wieder runter in die Landesliga, in der auch in der Gegenwart gespielt wird. Der Sportpark in der Fontanestraße ist allerdings so oder so absolut empfehlenswert!

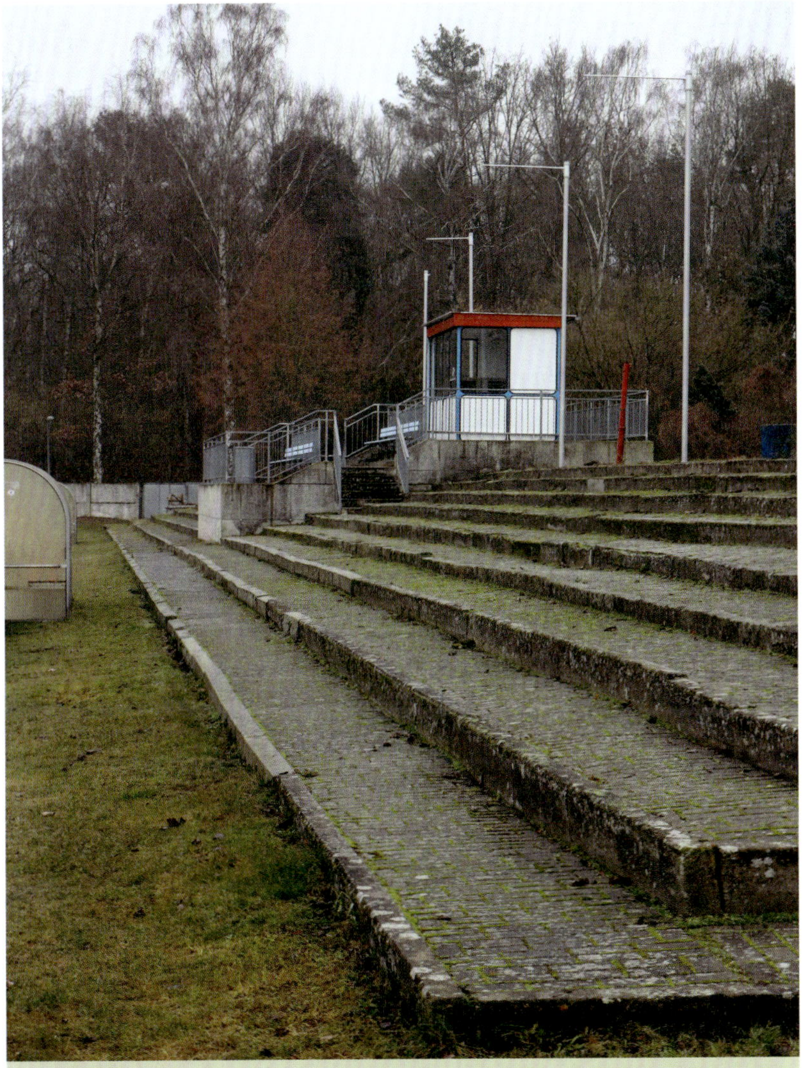

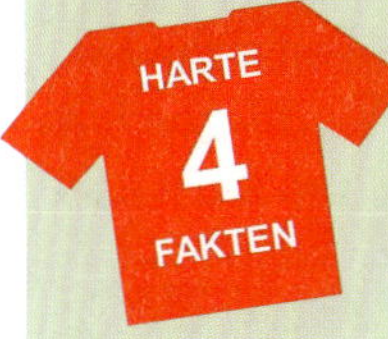

Spielstätte Stahl Hennigsdorf: Stahl-Stadion (abgerissen)

Spielstätte Motor Hennigsdorf: Hans-Beimler-Sportanlage

Stahl in der DDR-Liga: 16 Spielzeiten

Motor in der DDR-Liga: zehn Spielzeiten

Hohenleipisch 048

VfB-Sportgelände

VfB Hohenleipisch 1912

Der größte Erfolg der Vereinsgeschichte liegt weit zurück. Im Jahre 1926 zog der VfB Hohenleipisch in die Endrunde um die Mitteldeutsche Meisterschaft ein. Als Meister der Gau-Liga Elbe/Elster musste Hohenleipisch in der ersten Runde am 7. März 1926 beim Riesaer SV antreten. Gegen Riesa hatte man jedoch keine Chance und musste sich mit 0:4 geschlagen geben. Zuvor konnte sich der VfB Hohenleipisch im Gau-Finale gegen den Elbe-Staffelsieger FC Sportfreunde Torgau mit 2:2 und 3:0 durchsetzen.

85 Jahre später stand der VfB Hohenleipisch 1912 im Finale des Landespokals und somit mit einem Bein im DFB-Pokal. Im Viertelfinale wurde Falkensee-Finkenkrug mit 1:0 bezwungen, im Halbfinale der FC Schwedt mit dem gleichen Ergebnis aus dem Weg geräumt. Zwar hatte Hohenleipisch im Finale Heimrecht, doch vor 1.476 Zuschauern war der SV Babelsberg 03 eine Nummer zu groß. Zur Pause stand es noch 0:0, am Ende dann 0:3.

Zwei Jahre später durften schließlich die Sektkorken knallen, der Aufstieg in die Brandenburgliga wurde in trockene Tücher gebracht. Drei Jahre konnte sich in der sechsten Liga gehalten werden, wahrlich unglücklich ging es 2016 wieder runter. Am letzten Spieltag hatte es Hohenleipisch selbst in der Hand, doch beim Tabellenletzten RSV Eintracht 1949 kam die Mannschaft nicht über ein 1:1 hinaus. Stattdessen konnte sich der EFC Stahl retten.

Zu DDR-Zeiten spielte die BSG Lok Hohenleipisch Anfang der 1960er-Jahre drei Jahre in der Bezirksliga Cottbus, in den darauffolgenden Jahren musste mit der Bezirksklasse vorlieb genommen werden.

Wie alles mal anfing? Am 12. Mai 1912 fanden sich im Gasthof Kieslinger einige Sportsfreunde zusammen, die unter der Leitung von Moritz Göpel den Fußballverein ins Leben riefen. Zehn Jahre später schlossen sich Olympia Hohenleipisch und Wacker Hohenleipisch dem VfB Hohenleipisch an. Ein notwendiges Kräftebündeln, würde man heute dazu sagen. Der Grund der Zusammenlegung war indes ein ganz einfacher: Nur der VfB Hohenleipisch hatte einen eigenen Sportplatz.

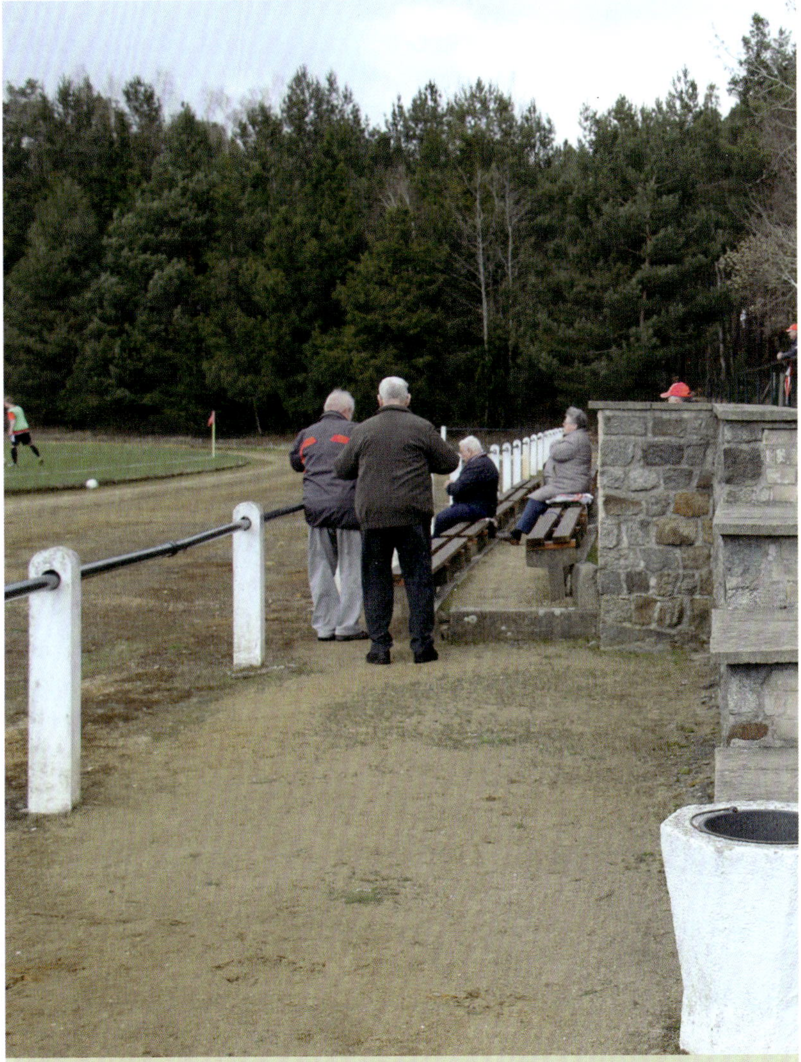

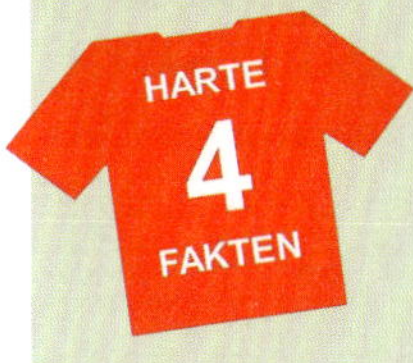

Gründung: 12. Mai 1912
Größter Erfolg: Endrunde Mitteldeutsche Meisterschaft 1926
Name zu DDR-Zeiten: BSG Lok Hohenleipisch
Verpasster Sprung in den DFB-Pokal: 22. Mai 2011

Hohen Neuendorf 049

Sportplatz Niederheide

„Bienenstadt" im Speckgürtel

Während der Nachbar Birkenwerder BC 1908 in der Brandenburgischen Landesklasse Nord aufläuft, lässt der SV Blau-Weiß Hohen Neuendorf lieber im Berliner Spielbetrieb den Ball rollen. Die 26.000-Einwohner-Stadt im Landkreis Oberhavel zählt zu den am stärksten wachsenden Orten im Berliner Speckgürtel. Am 28. März 2019 beschloss die Stadtverordnetenversammlung, dass Hohen Neuendorf künftig den Beinamen „Bienenstadt" trägt. Der Grund: 65 Millionen Honigbienen leben dort, und auch das Bieneninstitut hat seinen Sitz in dieser Stadt. Es gibt Schulimkereien, Bienenskulpturen, Blühstreifen und Bienenwiesen. Pestizide und Glyphosat sind tabu.

Was den Fußball betrifft, so fühlten sich bereits die Vorgängervereine Vorwärts und Fichte nach Berlin hingezogen. Nach dem Zweiten Weltkrieg wurden beide Vereine zur SG Hohen Neuendorf zusammengelegt, später wurde als TSG Vorwärts, BSG Turbine Wasserwerke sowie als BSG WAB (Wasseraufbereitung und Abwasserbehandlung) Stolpe/Hohen Neuendorf gespielt. 1990 erhielt der Verein schließlich den heutigen Namen.

Was das Spielen in (Ost-)Berlin betraf, so gab es den einen oder anderen Verein, der in den Berliner Spielbetrieb wechselte. So zum Beispiel die Nachbarn aus Bergfelde, die 1964 diesen Entschluss fassten. Der Grund: Das Spielen in Berlin war finanziell einfacher.

Während Bergfelde nach der Wende in die Kreisklasse Oranienburg wechselte, blieb Blau-Weiß Hohen Neuendorf in Berlin. Die erste Mannschaft spielt aktuell in der Staffel 3 der Bezirksliga.

Beachtliche Erfolge feierten die Frauen, die in der jüngeren Vergangenheit immerhin sieben Jahre in der 2. Bundesliga Nord gespielt hatten. Dreimal war das Frauenteam auch im DFB-Pokal dabei. 2009 wurde in die zweite Runde eingezogen, gegen Werder Bremen war dann jedoch Schluss (1:4). 2015 musste man sich dem SV Meppen mit 1:5 nach Verlängerung geschlagen geben.

Unvergessen: Am 25. Mai 2008 wurde vor 1.100 Zuschauern gegen den direkten Konkurrenten 1. FC Lübars gespielt, der Aufstieg in die 2. Bundesliga war geglückt!

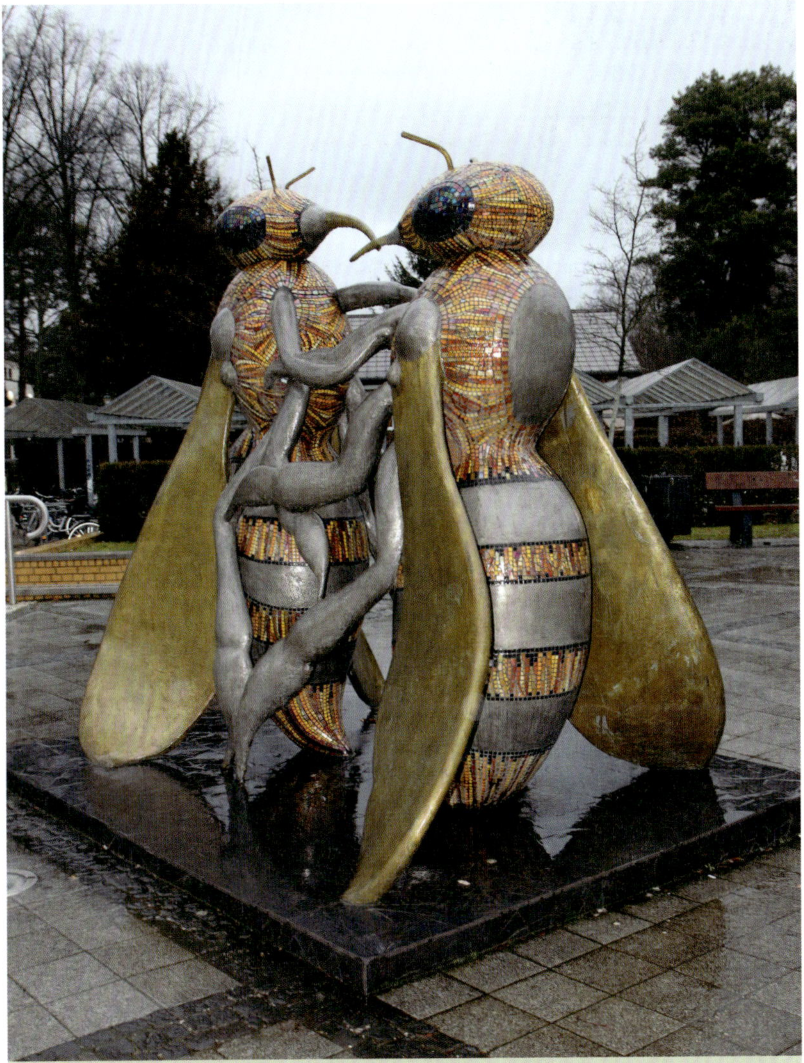

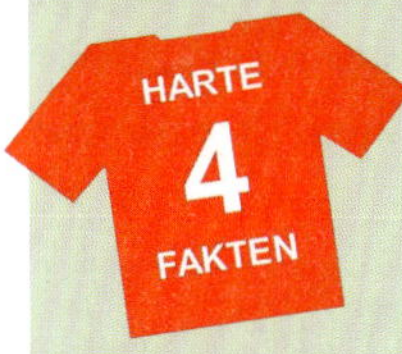

Offiziell Bienenstadt seit: 28. März 2019

Vereinsname zu DDR-Zeiten: BSG WAB Stolpe / Hohen Neuendorf

Spielbetrieb der Männer: Bezirksliga Berlin

Spielbetrieb der Frauen: Regionalliga Nordost

Sportplatz am Rohrteich

Happy machte alle happy

Carlos Happy machte Jüterbog happy. Noch mehr allerdings Bastian Lehmann. Während Happy ein Törchen beim entscheidenden Spiel in Blankenfelde beisteuerte, machte Lehmann mal gleich drei Buden. Mit 5:2 konnte am 23. Juni 2019 die wichtige Partie gewonnen werden, im Anschluss wurde der Aufstieg in die Landesklasse ausgiebig gefeiert. Zur Belohnung kamen zum ersten Heimspiel gegen Markendorf 150 Zuschauer auf den Sportplatz Am Rohrteich. Zuletzt hatte der FC Viktoria Jüterbog 2013/14 in der Landesklasse gespielt. Pünktlich zum 100. Geburtstag hatte Jüterbog 2011/12 den Sprung aus der Kreisliga nach oben geschafft.

100 Jahre zuvor wurde am 20. Mai 1911 der Sportclub Viktoria Jüterbog 1911 ins Leben gerufen, nachdem kurz zuvor Otto Kuhnert und Otto Schliebener den Entschluss gefasst hatten, einen Klub zu gründen. Beschlossen wurde auf der ersten Mitgliederversammlung: „Der Anzug muss bestehen aus kurzer schwarzer Hose, blauen Sweater mit weißen Kragen, auf der linken Brustseite ein weißes Wappen mit blauem V."

Zu DDR-Zeiten ging es zuerst als VSG Hannemann Jüterbog und dann bis Juni 1990 als BSG Ausbau Jüterbog zur Sache. Nach der Auflösung wurde der FC Viktoria Jüterbog ins Leben gerufen.

Für Furore sorgte jedoch vor allem die BSG Aufbau in den 1960er-Jahren. So wurde in der ersten FDGB-Pokalrunde 1964 der Zweitligist TSC Berlin mit 3:2 nach Verlängerung – die Berliner hatten bereits voreilig ein paar Taxen für die Heimfahrt bestellt – aus dem Wettbewerb gekegelt. Im Anschluss war beim SC Cottbus mit 0:2 Schluss. Im Jahr zuvor wurde als Bezirksmeister der Aufstieg in die DDR-Liga verpasst. 1966 stellte der Wohnungsbaubetrieb seine Unterstützung ein, und die BSG Aufbau war Geschichte. Die Fußballabteilung trat der BSG Lokomotive bei, die 1990 als Eisenbahnersportverein Lokomotive Jüterbog (Sektionen Boxen und Kegeln) neu gegründet wurde.

Um auf „Ausbau" und „Aufbau" zurückzukommen. Durcheinander kommen konnte man nicht. Erst als 1966 Aufbau aufgelöst wurde, ging zwei Jahre später aus der VSG Hannemann die VSG Ausbau (später BSG) hervor.

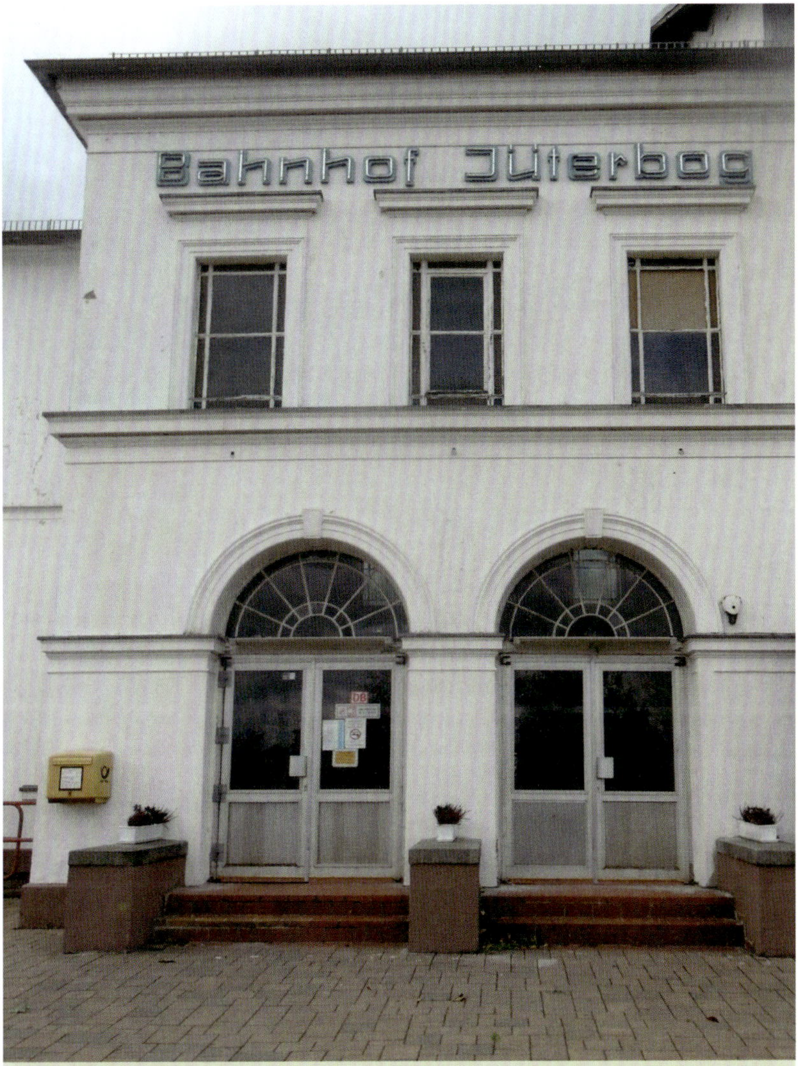

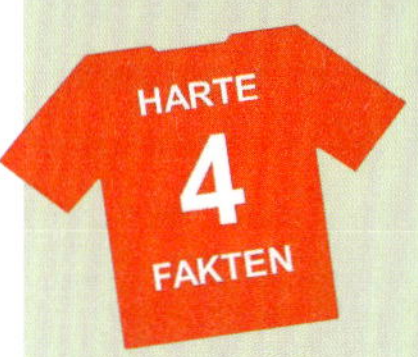

Gründung von Viktoria Jüterbog: 20. Mai 1911

BSG Aufbau im FDGB-Pokal: 1964

Aktuelle Spielklasse: Landesklasse Ost

Carlos Ngounou Happy: Spieler bei Jüterbog seit 2016

Eisenbahnersportverein Kirchmöser

Heimatverein von Joachim Sigusch

Bitte keine schmutzigen Witze aufgrund des Namens „Möser", denn diese haben einen langen Bart. Der Name stammt aus dem Slawischen und bedeutet „Moor". Da es im Jerichower Land auch eine Ortschaft Möser gibt, bekam das Brandenburgische Möser nach der Fertigstellung des Bahnhofs im März 1916 den amtlichen Ortsnamen Kirchmöser.

In der Gegenwart ist Kirchmöser ein Stadtteil von Brandenburg an der Havel, der örtliche Fußballverein wurde im Jahr 1928 als Reichsbahnsportverein (RSV) Brandenburg-West ins Leben gerufen. Im August 1934 erfolgte zwangsweise der Zusammenschluss mit dem SC Kirchmöser, bis 1945 trat der Verein als RSV Adler Kirchmöser an.

1949 erfolgte die Neugründung als Reichsbahnsportgemeinschaft Kirchmöser, 1950 wurde der Name in BSG Lokomotive Kirchmöser geändert. 1958 sowie von 1960 bis 1962/63 spielte Lok Kirchmöser in der II. DDR-Liga. Die Saison 1961/62 schloss Kirchmöser mit Rang fünf ab, in der Saison darauf war es der neunte Platz. Da die II. DDR-Liga aufgelöst wurde, fand sich Lok Kirchmöser in der Bezirksliga wieder. In dieser wurde bis 1980 gespielt, in der Folgezeit versank Kirchmöser in den Niederungen.

Zwei Sternstunden gab es im FDGB-Pokal. 1962 wurde Chemie Schönebeck mit 3:2 n.V. geschlagen, fünf Jahre später haute man die TSG Wismar mit 1:0 aus dem Wettbewerb.

Damals als junger Spieler mit dabei war Joachim Sigusch, der 1947 in Kirchmöser geboren wurde und bei der BSG Lok seine fußballerische Ausbildung erhielt. 1967 wechselte er nach Stendal, von 1970 bis 1981 spielte er beim 1. FC Union Berlin und erzielte in 243 Spielen 40 Treffer. Seine Karriere ließ er später bei der BSG Pneumant Schmöckwitz ausklingen.

Sein Heimatverein wurde 1990 in Eisenbahnersportverein Kirchmöser umbenannt und ist aktuell in der 2. Kreisklasse B zu finden. Die Heimspiele werden auf dem Sportplatz Am Seegarten mit Blick auf den Plauer See ausgetragen. Zum dortigen Fischrestaurant ist es nur ein Sprung, an der dortigen Steganlage liegen zahlreiche Segelboote. Nicht zu vergessen: Die Abteilung Kanu wurde zu einer der besten des Landes!

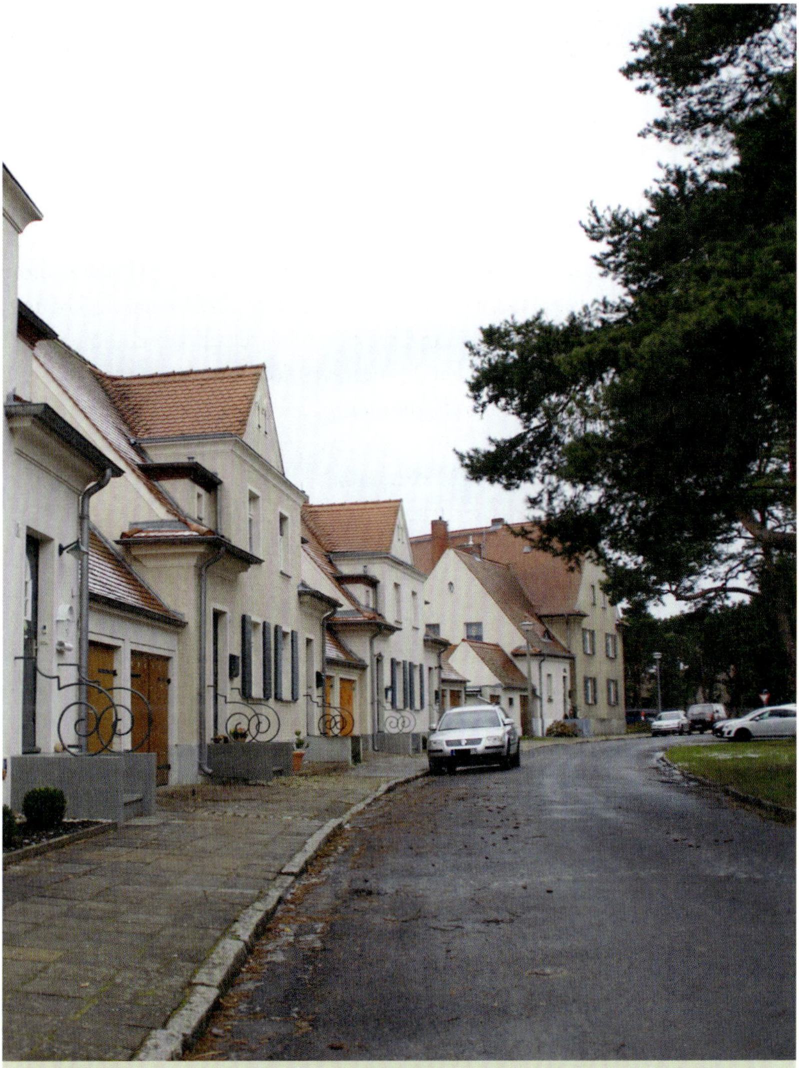

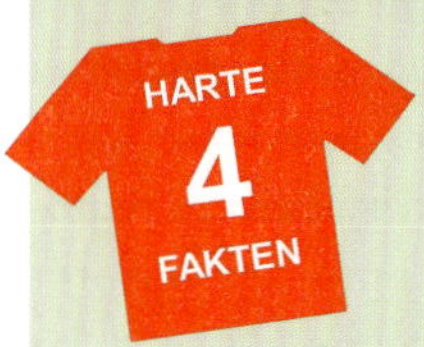

Geographische Verortung: Stadtteil von Brandenburg an der Havel

Möser: slawisches Wort für Moor

Vereinsgründung: 1928

II. Liga: 1958, 1960 bis 1962/63

Sportplatz an der Mühlenstraße

Feiern bis der Arzt kommt

Die erste Runde des FDGB-Pokals am 5. August 1950 war gespickt mit klangvollen Partien. „Alfred Kempe“ Stollberg traf auf Hydrierwerk Zeitz, Fischlandschmuck Ribnitz empfing die ZSG Burg, Rheinmetall Sömmerda spielte gegen Aktivist Steinkohle Zwickau, und Aufbau Klosterfelde hatte es daheim mit der SG Voran Friedrichshain zu tun. Klosterfelde musste sich mit 3:5 geschlagen geben. In der Chronik wird das Erreichen jener ersten Hauptrunde als größter Erfolg der Vereinsgeschichte vermerkt. Mit dem Holzverarbeitungswerk Klosterfelde als Trägerbetrieb konnte sich die BSG Aufbau Klosterfelde immerhin ein paar Jahre in der Bezirksliga Frankfurt festbeißen. Erstmals war Klosterfelde in der Saison 1953/54 dabei, letztmals in der Nachwende-Spielzeit 1990/91.

Abgelegt wurde das „Aufbau“, wieder aufgegriffen wurde „Union“. Schließlich war der Verein einst im September 1919 als Union Klosterfelde ins Leben gerufen worden.

Als SG Union 1919 Klosterfelde tauchte man in den 1990er-Jahren jedoch ab in den Niederungen des Brandenburgischen Ligensystems. Wieder Fahrt aufgenommen wurde ab 2010. Mit 29 Siegen in 30 Spielen wurde Union Klosterfelde souveräner Meister in der Barnimliga. Einen Partymarathon, eine Bierdusche und Freibier in Strömen gab es 2014, als der nächste Aufstieg gefeiert wurde. Der Stamm blieb beisammen, zwei Jahre später konnte die nächste Party steigen. Gemeinsam mit Einheit Bernau ging es nun hoch in die Brandenburgliga. Vor 684 Zuschauern wurde das entscheidende „6-Punkte-Spiel“ beim FSV Bernau mit 3:0 gewonnen. Wieder wurde mit Bier und Sekt geduscht, die Haare des Klosterfelder Trainers wurden klitschnass.

Und auch im Ligaalltag blieb es unterhaltsam. Das erste Heimspiel in der Brandenburgliga endete gegen Schwarz-Rot Neustadt auf dem Sportplatz Mühlenstraße 4:4. Wer diesem Verein einen Besuch abstatten möchte, kann getrost mit der Bahn anreisen. Der Sportplatz liegt in Sichtweite des Bahnhofs. Im dortigen Fanshop kann sich dann mit Erinnerungsstücken versorgt werden. So gibt es Ehrenmedaillen zum 100. Geburtstag des Vereins für schlappe sechs Euro und die Hymne „Wir sind Union“ auf CD für fünf Euro.

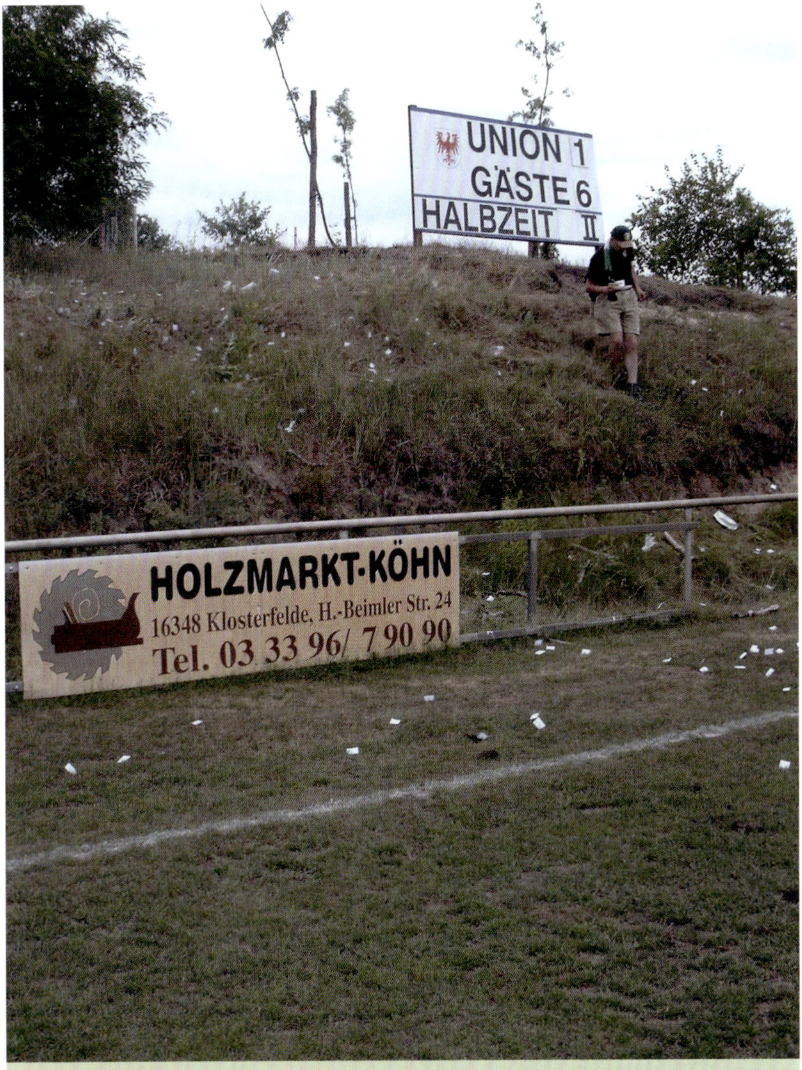

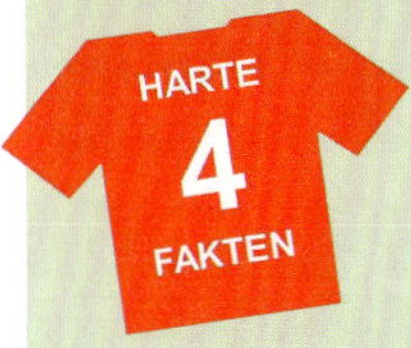

FDGB-Pokalteilnahme: 1950 gegen Voran Friedrichshain

Spielstätte: Sportplatz Mühlenstraße

Hymne: „Wir sind Union“

Aktuelle Spielklasse: Brandenburgliga

Königs Wusterhausen 053

Stadion der Freundschaft

Fußball unter dem Funkmast

An Königs Wusterhausen habe ich früheste Kindheitserinnerungen. Immer wenn ich mit meinen Eltern vom Wochenendgrundstück meiner Großeltern in Zeesen im Skoda zurück nach Hause düste, fuhren wir an den hohen Funkmasten der Sendeeinrichtung in KW vorbei. Vergessen werde ich auch nicht einen kürzlichen Besuch am Stadion der Freundschaft. Eintracht Königs Wusterhausen spielte gegen den SV Waßmannsdorf, und ich schnappte den kleineren Sohnemann und spazierte mit ihm von Zeesen aus nach KW, um die Kreisoberligapartie zu sehen und Fotos für dieses Buch anzufertigen.

Als wir eintrafen, fragte der Dreijährige erstaunt, warum ich denn keine Wurst kaufe. Tja, ich hatte mich verguckt. Das Spiel fand am Sonntag statt und nicht am Samstag. So was passierte mir in 30 Jahren bei über 1.000 Partien eher selten. Spielplatz statt Fußballplatz. Dem Mini war es auch recht.

Ich ärgerte mich schon, denn in den Spielen zuvor trat Eintracht KW in Zeesen an, und auch der Verein Deutsch Wusterhausen tritt in der Regel auf einem anderen Sportplatz an.

Der FSV Eintracht 1910 Königs Wusterhausen hat die berühmten Funkmasten sogar im Vereinswappen und hatte seine Geburtsstunde am 4. November 1910. Gemeinsam mit ansässigen Handwerkern und Gewerbetreibenden gründete Paul Günzel den „Fußball-Spiel-Club Grün-Weiß Eintracht 1910 Königs Wusterhausen“.

Nach dem Zweiten Weltkrieg kamen nicht selten bis zu 2.000 Zuschauer zu den Heimspielen des SC Eintracht Königs Wusterhausen. Ab 1956 wurde als SG Einheit Königs Wusterhausen zuerst geraume Zeit in Berlin, dann wieder im Bezirk Potsdam gespielt. Mitte der 1970er wurden die Eintracht-Fußballer in die SG Dynamo Königs Wusterhausen eingegliedert, bis 1984 war diese mit dabei in der Bezirksliga Potsdam. Zu DDR-Zeiten schafften mehrere Talente den Sprung in die Nachwuchsabteilung des BFC Dynamo und der BSG Stahl Brandenburg.

Im Februar 1990 wurde beschlossen, wieder den alten Vereinsnamen zu verwenden. Größter sportlicher Erfolg im Neuen Jahrtausend war der Aufstieg in die Landesliga im Frühjahr 2002.

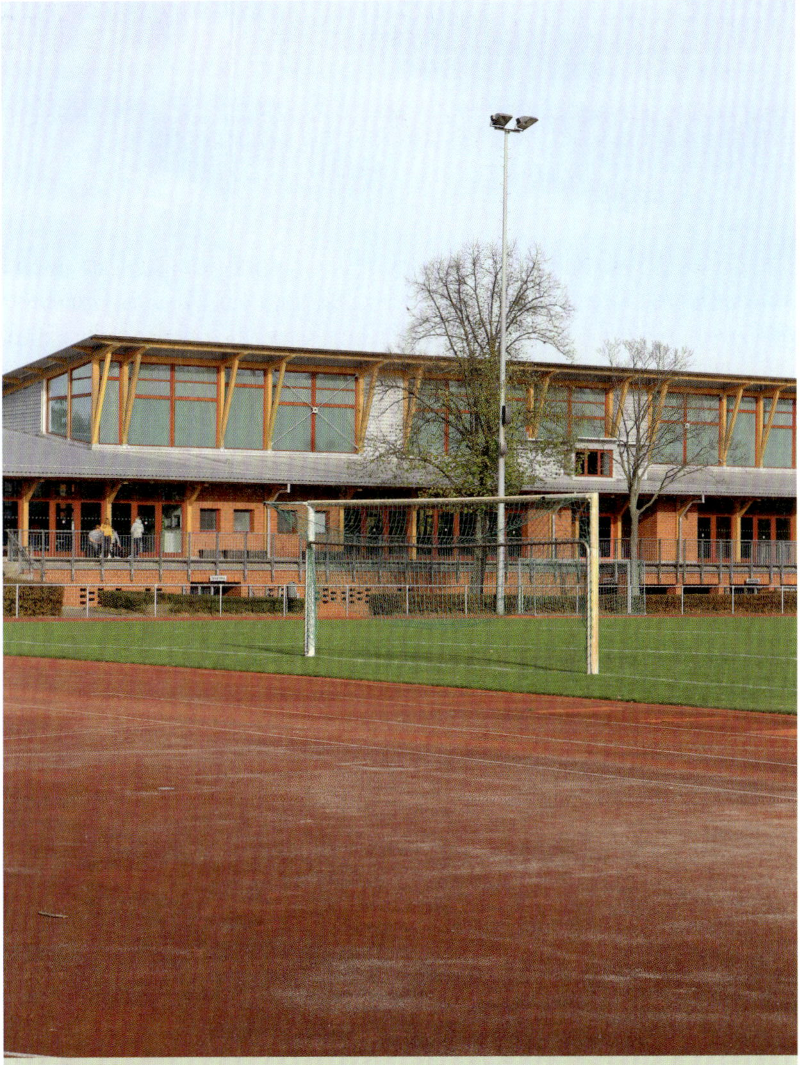

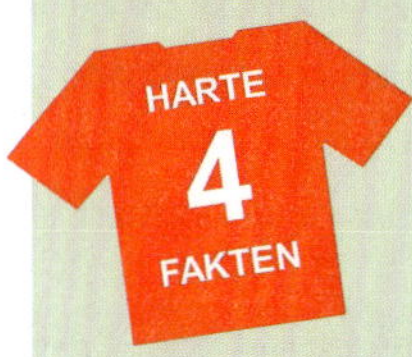

Adresse: Cottbuser Straße 38, 15711 KW

Spielt nur noch selten dort: Eintracht Königs Wusterhausen

Funkerberg: 68 Meter hohe Erhöhung im Nordwesten

22. Dezember 1920: Erste deutsche Rundfunksendung

Lübben 054

Sportstätte Völkerfreundschaft

SV Grün-Weiß Lübben

Groß war der Jubel bei den Spielern und den 250 Zuschauern, als am 16. November 2019 der FV Preussen Eberswalde mit 4:1 bezwungen und somit der Einzug in das Landespokalhalbfinale geschafft wurde. Vollauf zufrieden war auch Trainer Vragel da Silva, der im Sommer zuvor nach Lübben kam. Der 1974 im brasilianischen Campo Grande geborene da Silva stand von 2001 bis 2009 beim FC Energie Cottbus als Spieler unter Vertrag, im Anschluss trainierte er die U17 und U23 der Lausitzer, zwischenzeitlich war er Co-Trainer der U19. In Erinnerung blieb er den Fans aufgrund seiner immensen Kopfballstärke. Genau solch ein wuchtiger Kopfballtreffer gegen 1860 München sorgte am 14. Mai 2006 mit dafür, dass Energie Cottbus den Aufstieg in die 1. Bundesliga feiern durfte.

Beim SV Grün-Weiß Lübben wurde der letzte Aufstieg am 17. Juni 2017 gefeiert, nachdem auswärts beim BSC Preussen 07 Blankenfelde-Mahlow mit 2:1 gewonnen und somit Wacker 09 Cottbus-Ströbitz auf Abstand gehalten wurde. Zwei Jahre zuvor gelang der Sprung von der Landesklasse in die Landesliga – und das mit 27 Siegen in 28 Spielen!

Gegründet wurde der SV Grün-Weiß Lübben im Sommer 1991, als Motor Lübben und Dynamo Lübben zusammengeführt wurden.

Der SG Dynamo Lübben gelang 1977 und 1979 der Aufstieg in die DDR-Liga. Die Heimspiele in der Sportstätte Völkerfreundschaft wurden im Schnitt von 1.400 bzw. 1.150 Fußballfreunden besucht. Es blieb allerdings jeweils bei einem einjährigen Zweitligaabenteuer. Immerhin blieb sicherlich das Aufeinandertreffen mit der BSG Energie Cottbus am 20. April 1980 in guter Erinnerung. Vor heimischer Kulisse verkaufte man sich teuer und musste sich nur knapp mit 1:2 geschlagen geben. Die 3.400 Zuschauer bei jener Partie bedeuten den Zuschauerrekord in der 1950 eröffneten Sportstätte.

Ein Wiedersehen gab es am 20. August 2016, als in der Landespokalrunde Lübben auf Cottbus traf. Vor 1.150 Zuschauern gab es exakt das gleiche Ergebnis wie 36 Jahre zuvor in der DDR-Liga. Erst zwei Minuten vor Schluss konnte Energie dank eines Elfmeters den Sieg in trockene Tücher bringen.

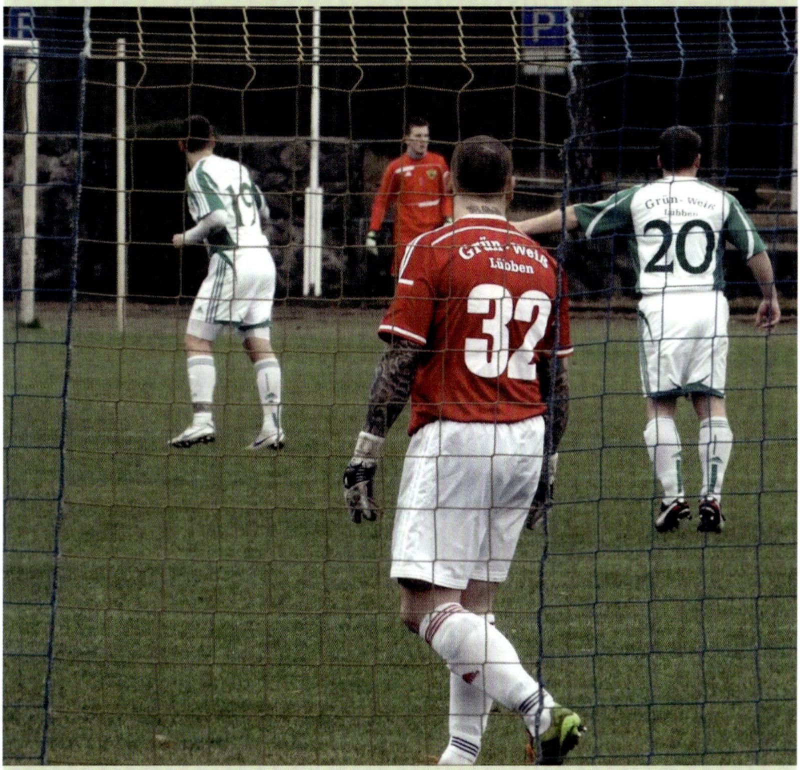

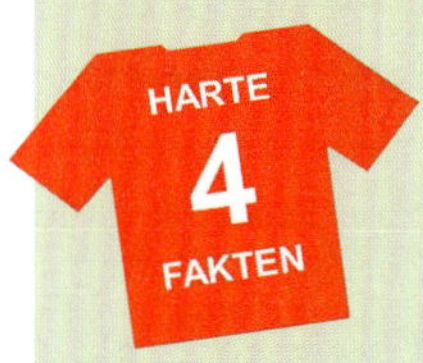

DDR-Liga: 1977/78, 1979/80

FDGB-Pokal: 1974/75, 1978/79, 1980/81

Fusion von Motor & Dynamo: Sommer 1991

Aktuelle Spielklasse: Brandenburgliga

FSV 63 Luckenwalde

Unter Märkischen Kiefern

Direkt hinter der Haupttribüne des Werner-Seelenbinder-Stadions lässt der Wind die Wipfel der märkischen Kiefern hin und her wiegen. Stattet man dem FSV 63 Luckenwalde einen Besuch ab, so fühlt man sich wirklich mittendrin in Brandenburg. Und wer sich für Geschichte interessiert, dem sei ein Abstecher ins südlich gelegene Kloster Zinna zu empfehlen.

Was den Fußball betrifft, so ist möglich, dass es in naher Zukunft in Luckenwalde wieder Regionalliga zu sehen gibt, derzeit ist der FSV 63 in der Südstaffel der NOFV-Oberliga gut dabei. Von 2015 bis 2018 wurde bereits in der Regionalliga gespielt, in den Jahren zuvor hatte man sich von der Landesliga stetig hochgearbeitet.

Vor 1945 war einer der späteren Fusionspartner als BV 06 Luckenwalde hauptsächlich in der Berliner Fußball-Oberliga vertreten. In der Saison 1933/34 wurde in der Gauliga Berlin-Brandenburg gespielt, Rang zehn reichte jedoch nicht für den Klassenerhalt. Die Luckenwalder Turnerschaft spielte indes bis 1933 in der Meisterschaft des ATSB.

1963 schlossen sich die beiden Nachfolgevereine BSG Motor Luckenwalde und BSG Fortschritt Luckenwalde zum TSV Luckenwalde zusammen. In der Folgezeit gelangen keine großen Sprünge, überwiegend war Luckenwalde in der Bezirksliga vertreten. Immerhin wurde zweimal das Finale des Potsdamer Bezirkspokal erreicht, in den Endspielen unterlag man jedoch Chemie Velten und Motor Hennigsdorf.

Den heutigen Namen erhielt der Verein im Jahr 1990, zehn Jahre später gelang der Sprung in die Verbandsliga Brandenburg. Einen großen Tag erlebte der FSV 63 Luckenwalde am 16. Mai 2006, als im Rahmen der WM-Vorbereitung in Mannheim gegen die deutsche Nationalmannschaft gespielt werden durfte. Diese einmalige Möglichkeit erhielt Luckenwalde dank des Gewinnspiels „Klub 2006 – Die FIFA WM im Verein". Oliver Bierhoff zog aus 3.400 Amateurmannschaften den FSV 63 Luckenwalde. Die Mannschaft schlug sich auf dem Rasen wacker und verlor nicht zweistellig. 0:7 lautete der Endstand. Asamoah, Schweinsteiger (2x), Hitzlsperger, Neuville, Klose und Hanke erzielten die Treffer.

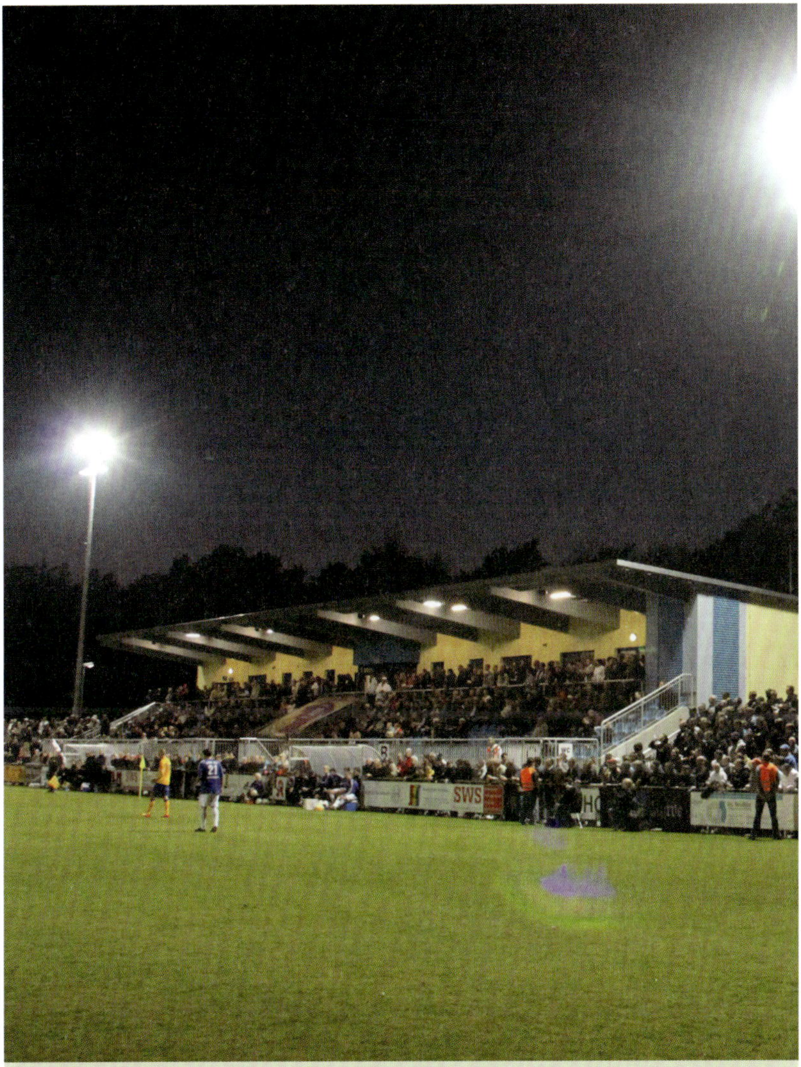

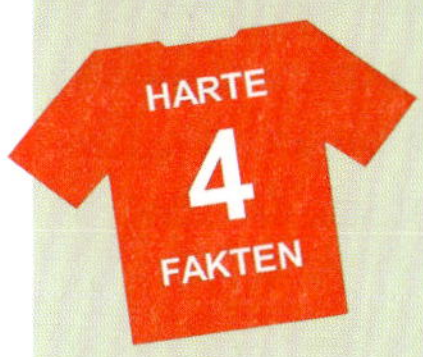

Spielstätte: Werner-Seelenbinder-Stadion
Vereinsfarben: Blau & Gelb
Name von 1963 bis 1990: TSV Luckenwalde
Regionalliga Nordost: 2015 bis 2018

Ludwigsfelde 056

Waldstadion

W50, L60 und „Harter Kern“

W50 und L60 – diese Lastkraftwagenmodelle kannte wohl jedes DDR-Kind. Schließlich gab es den W50 auch als Spielzeug-Kipper, an deren roter Ladefläche sich manch ein Sprössling hübsch die Schienbeine zerschrammte. Der IFA L60 wurde 1987 als Ergänzung zum IFA W50 eingeführt und sollte diesen eines Tages ablösen. Wofür das „L60“ stand? Für „Ludwigsfelde 60 Dezitonnen“. Hergestellt wurden sowohl der W50 als auch der L60 im VEB IFA-Automobilwerke Ludwigsfelde. Motoren wurden in Ludwigsfelde bereits vor dem Zweiten Weltkrieg produziert, und zwar bei der 1936 gegründeten Daimler-Benz Motoren GmbH.

Damit die Daimler-Mitarbeiter den Ball rollen lassen konnten, ergriff 1938 der Kaufmann Erich Vogler die Initiative und rief den VFB Ludwigsfelde ins Leben, der im Jahr darauf in Rot-Weiß Ludwigsfelde umbenannt wurde. Vogler war es auch, der nach dem Krieg die SG Vorwärts Ludwigsfelde gründete. Nachdem kurze Zeit der Verein BSG Traktor und BSG Aufbau hieß, wurde schließlich von 1953 bis zur Wende als BSG Motor Ludwigsfelde Fußball gespielt. Und nicht nur das: Auch Handball, Leichtathletik, Radsport, Boxen und Judo wurden angeboten. So wurde kein geringerer als Henry Maske zwischen 1972 und 1978 von Hans Hörnlein in Ludwigsfelde trainiert.

Die Fußballer der BSG Motor waren insgesamt fünf Spielzeiten in der DDR-Liga vertreten, die erfolgreichste Zeit waren ganz klar die späten 1980er, als in der FDGB-Pokal-Saison 1988/89 das Viertelfinale erreicht wurde. Erst in Karl-Marx-Stadt fand der Siegeszug sein Ende. Im Ligaalltag kamen immerhin im Schnitt 1.026 Zuschauer zu den Heimspielen ins Waldstadion.

Der heutige Ludwigsfelder FC entstand 1996 durch die Abspaltung von der SG Motor, die schmucke Haupttribüne wurde 2010 fertiggestellt. Auf dieser ist der Fanclub „Harter Kern“ anzutreffen, der für Stimmung sorgt und für seine Trinkfestigkeit berühmt ist. Das sportliche Highlight der jüngeren Vergangenheit war ganz klar das DFB-Pokalspiel gegen den SV Werder Bremen am 30. August 2003. Den Ehrentreffer erzielte Andreas Fricke, der Endstand vor 4.200 Zuschauern lautete 1:9.

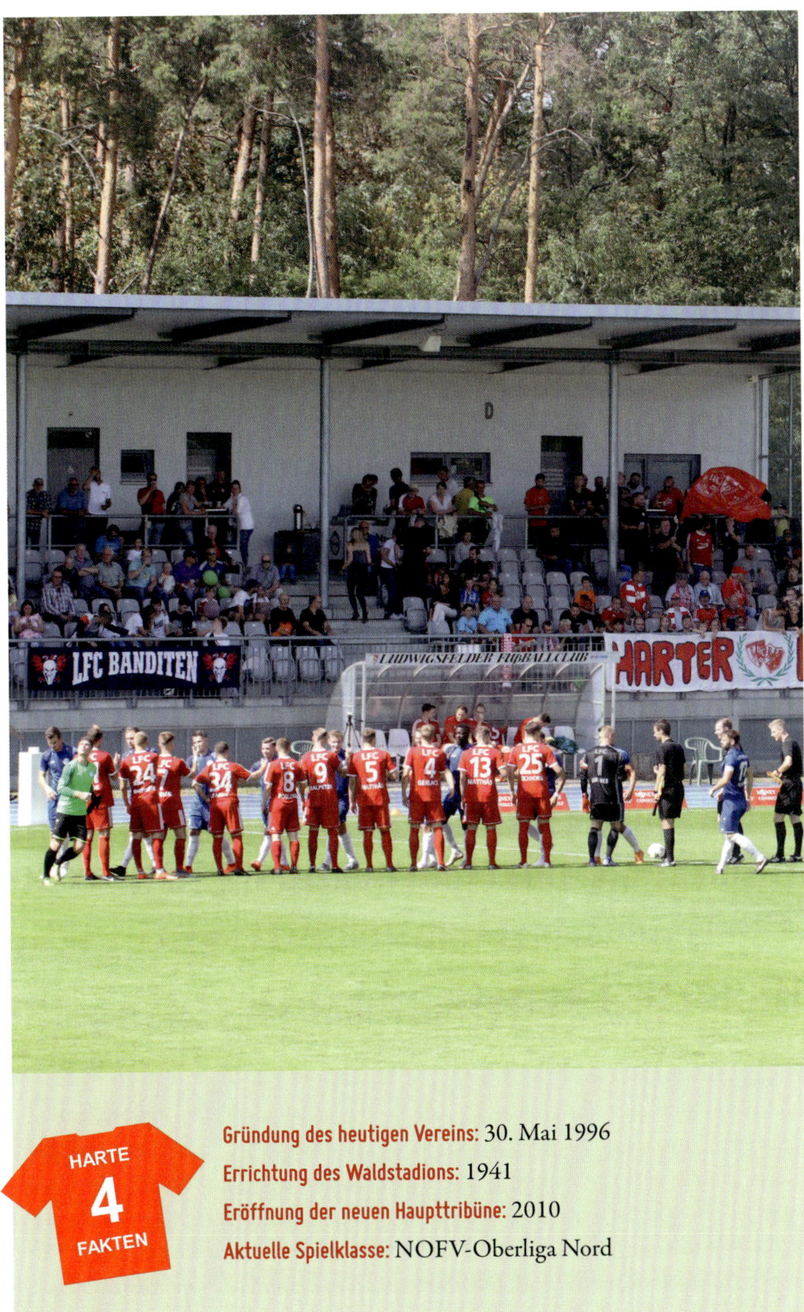

HARTE 4 FAKTEN

Gründung des heutigen Vereins: 30. Mai 1996
Errichtung des Waldstadions: 1941
Eröffnung der neuen Haupttribüne: 2010
Aktuelle Spielklasse: NOFV-Oberliga Nord

FC Concordia Buckow/ Waldsieversdorf 03

Bierchen zischen mit „Blondcordia“

In der Märkischen Schweiz wird gefeiert wie ein Weltmeister! Unvergessen blieb ein Ausflug zum Heimspiel gegen den FC Eisenhüttenstadt II. Zuerst wurde mit den Damen hinter dem Blondcordia-Banner nett geplauscht, später floss mit der Mannschaft das Bier in Strömen. Und das bis spät in die Nacht! Au ja, an einem Sommerabend kann man auf dem Waldsportplatz Waldsieversdorf versacken. Im Mai 2018 war der FC Concordia Buckow/ Waldsieversdorf 03 auf Aufstiegskurs. Hoch ging es in die Landesklasse Ost, im Jahr darauf wurde sogleich der nächste Aufstieg gefeiert.

Wer einmal bei einem Heimspiel dabei sein möchte, dem sei die Anfahrt mit der seit 1897 bestehenden Buckower Kleinbahn wärmstens empfohlen. Vorher sollte jedoch unbedingt geschaut werden, wo gespielt wird, denn manchmal wird auch das Friedrich-Ludwig-Jahn-Stadion im wunderschönen Buckow genutzt. Beide Spielstätten sind ringsherum von Wald umgeben und bieten sich geradezu für einen Fußballausflug an.

Gegründet im Jahre 1909 wurde der Fußballclub Marcow Helvetia Buckow, das erste Derby gegen Müncheberg wurde 1920 ausgetragen. Am 10. Mai 1950 erfolgte die Gründung der SG Buckow im Hotel „Zur Märkischen Schweiz“, fünf Jahre später wurde mit dem Bau des dortigen Stadions begonnen. 1958 wurde etwas südlich die ASG Vorwärts Waldsieversdorf ins Leben gerufen, 1961 spielte die SG Buckow gegen – man staune – die DDR-Nationalmannschaft. Eine erste Zusammenarbeit zwischen Buckow und Waldsieversdorf erfolgte 1974, 1990 kam es zur Fusion. Den heutigen Namen erhielt der Verein am 22. April 2003, als die Abteilung Fußball aus dem SF Concordia Buckow/Waldsieversdorf 1861 e.V. herausgelöst wurde. 2005 erhielt der Verein von der Gemeinde den Waldsportplatz, drei Jahre später bekam dieser eine Flutlichtanlage. 2019 marschierte Concordia erstmals in die Landesliga. Keine Frage: Concordia und „Blondcordia“ sind bereit für große Taten! Und eine Nationalspielerin hat Concordia auch hervorgebracht! 2017 wurde Lea Bahnemann U17-Europameisterin.

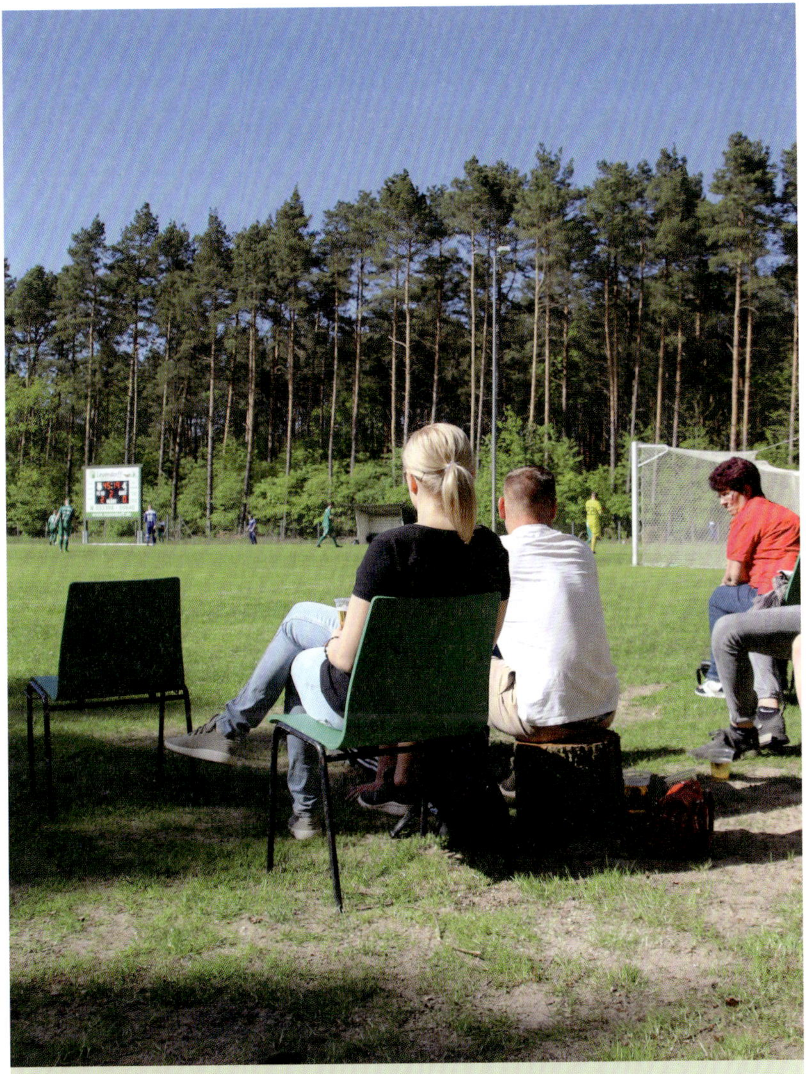

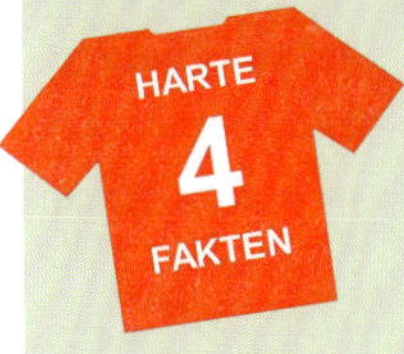

Spielstätte 1: Sportplatz Waldsieversdorf

Spielstätte 2: Jahn-Stadion in Buckow

Anreise: mit der Buckower Kleinbahn

Gefahr des Versackens beim Bierchen: Sehr hoch!

Sportplatz am Wüstermarker Weg

Goldene Zeiten und neu gemischte Karten

Mit manchen Orten verbindet man ganz besondere Kindheitserinnerungen. So segelte ich das erste Mal in meinem Leben auf dem Zeuthener See. Das war bei guten Freunden Ende der 1980er-Jahre. Drei Jahrzehnte später kehrte ich zurück, doch ging es vom Bahnhof aus in die andere Richtung. Sportplatz statt See, Fußball statt Segeln. Zu Fuß ging es im Gemeindeteil Miersdorf am Naturschutzgebiet Höllengrund und dem Badesee vorbei bis zum knapp außerhalb liegenden Sportplatz am Wüstermarker Weg, der mit einer netten überdachten Tribüne mit alten S-Bahnsitzen für Freude bei den Besuchern sorgt.

Gefeiert werden sollte nach 2012 im Mai 2019 wieder der Aufstieg in die Brandenburgliga, was am Ende gegen den Breesener SV Guben Nord auch gelang. Freibier und Sektschäumen auf der Anzeigetafel waren nach Abpfiff angesagt.

Die Geschichte des Vereins geht indes weit zurück. Am 1. Juli 1912 wurde im Miersdorfer Dorfkrug neben der alten Feldsteinkirche von den Bewohnern der SC Eintracht gegründet. Eine „goldene Ära" gab es für die Miersdorfer in den 1950ern. 1957 gelang der Aufstieg in die Bezirksliga, ein Jahr später wurde mit einem 2:0 gegen Stahl Hennigsdorf der Bezirkspokal geholt. 1964/65 wechselte man in den (Ost-)Berliner Spielbetrieb und wurde dort in die Stadtklasse eingegliedert. Eintracht Miersdorf arbeitete sich wieder hoch in die Bezirksliga und spielte in dieser bis zur Wende. Gegner waren unter anderem Bergmann-Borsig, KWO Berlin, Motor Lichtenberg, Turbine Treptow und Eiche Köpenick.

Nach dem Fall des Eisernen Vorhangs wurden die Karten neu gemischt. Im Frühjahr 1991 wurde heiß über eine mögliche Fusion der Vereine Eintracht Miersdorf und SG Zeuthen diskutiert. Vor allem stand die Frage im Raum: Wie soll der zukünftige Name lauten? Am Ende wurde eine Lösung gefunden, und auf den beiden Mitgliederversammlungen am 7. und 9. Juni 1991 gab es grünes Licht. Die folgenden Jahre wurde als SC Eintracht Miersdorf/Zeuthen in Berlin gespielt, ab dem Jahr 2000 nahm der Verein wieder am Spielbetrieb in Brandenburg teil.

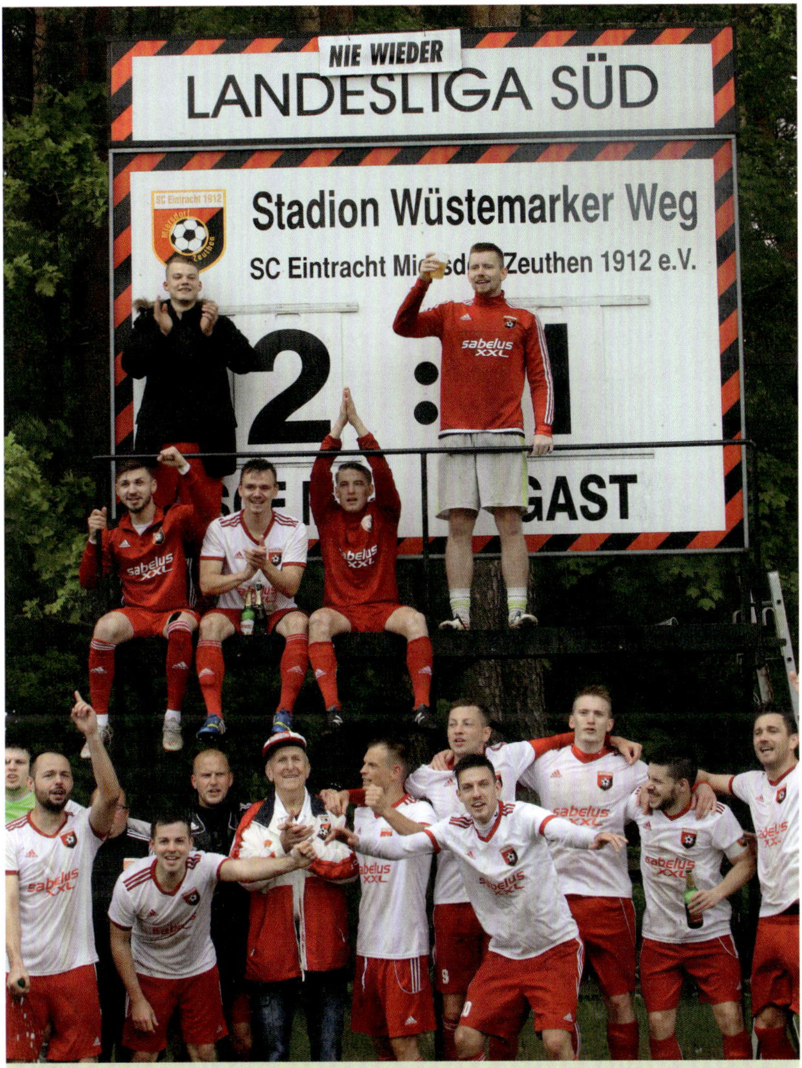

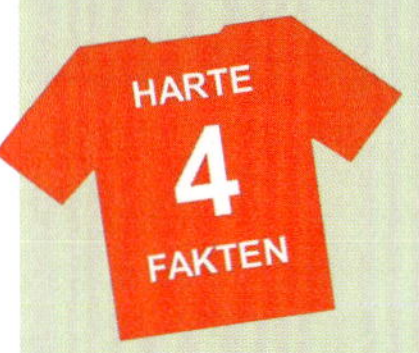

Hingucker: alte S-Bahnsitze auf der Haupttribüne

Auslauf für Kinder: perfekt

Fusion zum heutigen Verein: Juni 1991

Spielbetrieb in Brandenburg: seit 2000

SG Müncheberg

Fußball am Tor zur Märkischen Schweiz

Höre ich Müncheberg, denke ich an die Ausflüge Ende der 1970er mit meinen Eltern, als es von Strausberg aus im dunkelgrünen Bummelzug der Deutschen Reichsbahn gen Osten ging. Reist man auf dem Schienenweg in die Märkische Schweiz, so steigt man gewöhnlich in Müncheberg aus und nutzt von dort aus die historische Kleinbahn oder die eigenen Füße. Die Kleinstadt liegt etwas südlich vom Bahnhof und wurde bereits im Jahre 1233 erstmals unter dem Namen Municheberg erwähnt. Das aktuelle Stadtwappen ziert unter anderem ein Mönch mit silberner Kutte und schwarzem Skapulier auf einem grünen Berg. In den Händen hält er einen silbernen Schild mit rotem goldbewehrtem Adler und einen silbernen besternten Stab. Jener Mönch mit Schild und Stab ist auch im Vereinswappen der SG Müncheberg zu finden, die auf dem Sportplatz am Wasserturm ihre Heimspiele austrägt. Und wen wundert es? Auch auf dem eher schlichten Wasserturm prangt das Wappen mit dem Mönch.

Nach dem Zweiten Weltkrieg neu gegründet wurde der Verein am Tag der Arbeit 1950. Zu den damaligen Initiatoren gehörten Heinz Fuhr, Leo Skutlarek und Horst Wendt, die den Fußball aus dem Schatten des in Müncheberg dominierenden Handballs holen wollten. Einen ersten großen Erfolg unter Trainer Bialucha gab es am 8. Mai 1951 zu feiern, als um die Kreismeisterschaft der II. Kreisklasse Seelow gespielt wurde. Mit 5:1 konnte die SG Marxwalde bezwungen werden. 1952 gelang dann sogar der Sprung in die Bezirksklasse Staffel B.

Von 1973 bis 1975 wurde das Sportlerheim errichtet. Einen Meilenstein gab es, als am 6. Dezember 1980 die DDR-Nationalmannschaft am Wasserturm auflief und sich die Müncheberger wacker mit 0:5 schlugen. Damals als Trainer mit dabei war Hermann Pschebezin, der in jüngerer Vergangenheit ein kleines Museum im Vereinsheim eingerichtet hat.

Nach einem sportlichen Durchhänger gab es 2017 wieder Licht am Horizont. Die SG Müncheberg wurde Meister in der Kreisliga Mitte, 2019 folgte der Meistertitel in der Ostbrandenburgliga. Gespielt wird aktuell in der Landesklasse Ost.

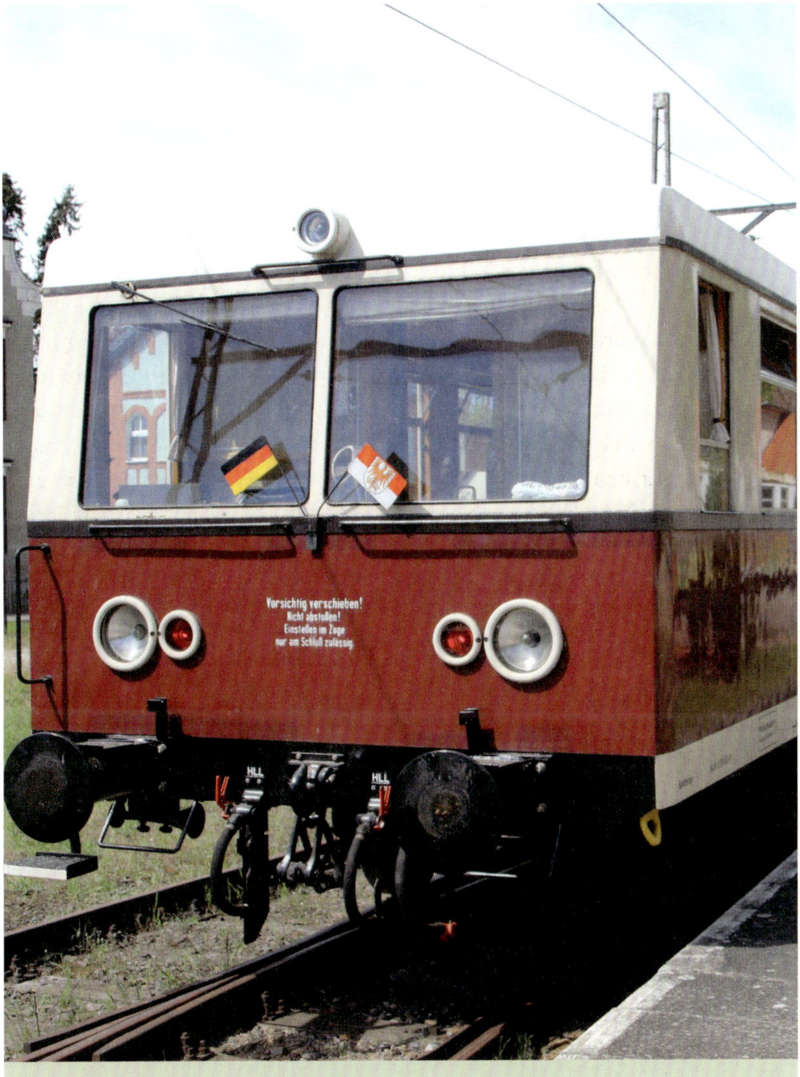

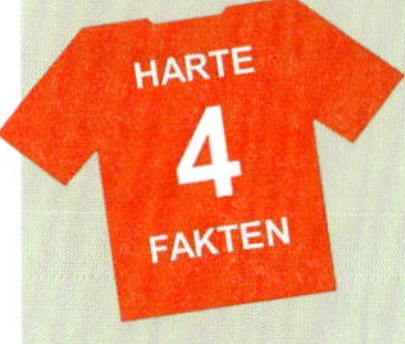

Vereinsgründung: 1. Mai 1950

Auftritt der DDR-Nationalmannschaft: 6. Dezember 1980

Fußweg vom Bahnhof zum Sportplatz: 3 km

Ausflugsstipp: Wanderung in die Märkische Schweiz

Neuenhagen 060

Jahnsportplatz

Zweimal Rot-Weiß in der Gemeinde

Mit damals rund 9.000 Einwohnern galt Neuenhagen bei Berlin als größtes „Dorf" der DDR. In der Gegenwart hat die Gemeinde Neuenhagen mal eben doppelt so viele Bewohner. Und so lag es irgendwie nahe, dass Neuenhagen auch mehr als einen Fußballverein verträgt. So gibt es neben der SG Rot-Weiß Neuenhagen, deren Wurzeln bis ins Jahr 1913 zurückgehen, seit dem 28. Dezember 2010 noch den Fußballclub Rot-Weiss Neuenhagen. Beide Vereine tragen ihre Heimspiele auf dem in den 1920er-Jahren angelegten Sportplatz in der Jahnstraße aus, und in der Kreisoberliga-Saison 2017/18 kam es zuletzt zu echten Derbys.

Das Hinspiel verlor die SG Rot-Weiß gegen den Fußballclub vor 110 Zuschauern mit 0:5, das Rückspiel konnte der Fußballclub vor 50 Zuschauern sogar mit 7:0 für sich entscheiden. Es war die Saison der Wachablösung – und das mit zwei echten Paukenschlägen. Während der Fußballclub Tabellenzweiter wurde, stieg der Rivale als Letzter ab. In der Saison zuvor gelang dem aufstrebenden Fußballclub Rot-Weiß das Kunststück in der Kreisliga ungeschlagen Meister zu werden – und das mit 30 Siegen in 30 Partien. Zudem gab es bei diesem recht jungen Verein ein Kuriosum. Bei der Mitgliederversammlung im Jahr 2017 wurde auch allen minderjährigen Kindern durch ihren Erziehungsberechtigten ein eigenes Stimmrecht eingeräumt. Der Verein wollte auf diese Weise auch den zahlreichen jüngeren Mitgliedern die Möglichkeit schaffen, die Ausrichtung und das Geschehen des Vereins aktiv mitzubestimmen.

Beim Rivalen SG Rot-Weiß muss indes die weitere sportliche Talfahrt verhindert werden, was auch ganz gut gelingt. Nach dem bitteren Abstieg aus der Ostbrandenburgliga musste sich die SG in der Kreisliga Nord erst einmal wieder stabilisieren. Ein Angriff nach oben folgt gewiss in naher Zukunft.

Einst in den 1920er-Jahren ließ man als Arbeitersportverein Neuenhagen den Ball rollen, den heutigen Namen erhielt der Verein 1992. Im Zuge dessen wechselten die Abteilungen Fußball, Handball und Kegeln von der in Köpenick ansässigen BSG Energie Berlin wieder zur SG Rot-Weiß Neuenhagen über. Beim heutigen SV Energie Berlin wird noch fleißig gerudert.

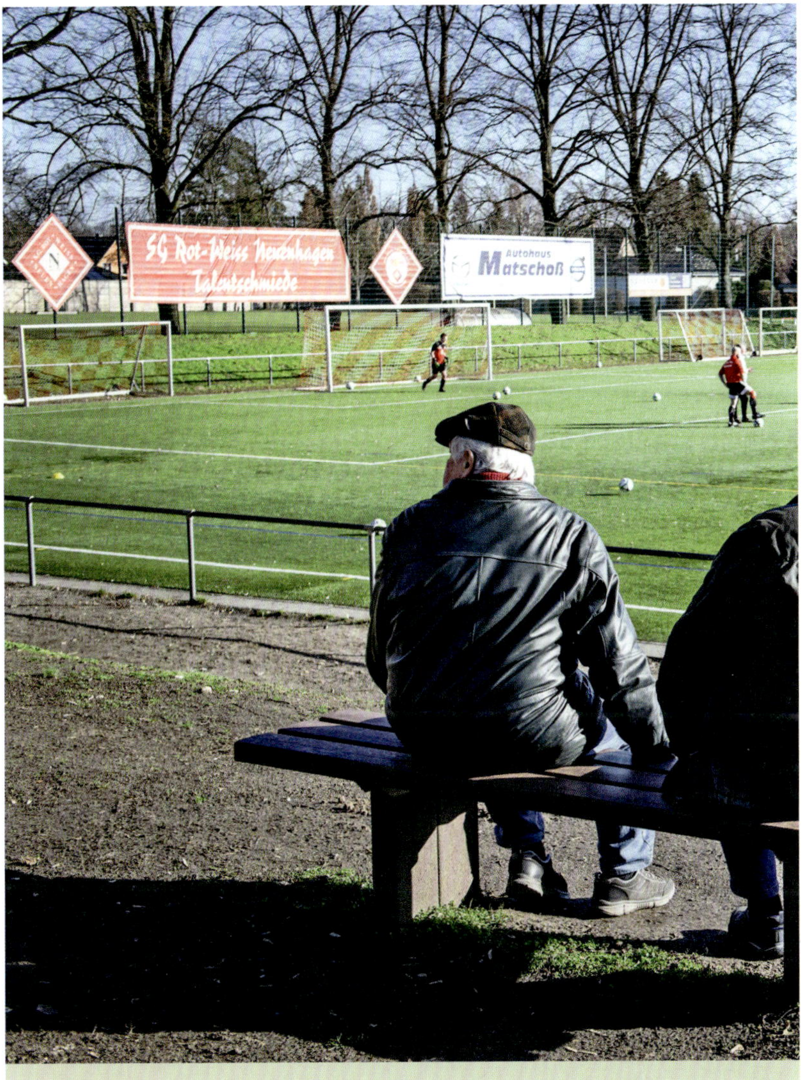

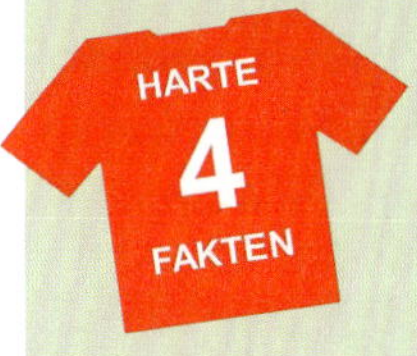

Platzhirsch: SG Rot-Weiß Neuenhagen

Seit 2010 am Start: Fußballclub Rot-Weiss Neuenhagen

Aktuelle Spielklasse SG Rot-Weiß: Kreisliga Nord

Aktuelle Spielklasse Fußballclub: Ostbrandenburgliga

MSV 1919 Neuruppin

Als Bayern das miese Los wurde

Das muss man sich einmal auf der Zunge zergehen lassen. Als Amateurverein bist du in der ersten Runde des DFB-Pokals! Und welche Kugel wird dir zugelost? Der große FC Bayern München! Volltreffer! Die große Bühne! Kasse machen! Kurzerhand wurde am 21. August 2005 ins Berliner Olympiastadion umgezogen. Schließlich würden die Bayern immer die Ränge füllen, und zudem munkelte man, dass die Bayern gegen kleine Vereine schon mal auf einen Teil der Einnahmen verzichtet haben.

Der MSV 1919 Neuruppin hatte damals große Pläne und wollte in den bezahlten Fußball. Da schien ein gemietetes Olympiastadion ein prima Testballon. Letztendlich fanden sich 33.189 Zuschauer im weiten Runde ein. Keine schlechte Nummer. Und auch auf dem Rasen schlug sich Neuruppin wacker, 0:4 ging das Ganze aus. Der böse Hammer folgte im Nachgang. Dass Bayern auf die Einnahmen verzichten würde, blieb ein Gerücht. Das Olympiastadion war eine Nummer zu groß, überall mussten finanzielle Dellen ausgeglichen werden. Dietmar Lenz war damals Vizepräsident und zugleich Chef der Stadtwerke Neuruppin. Immer wieder versuchte er, die Löcher mit Sponsorenzahlungen der Stadtwerke zu stopfen. Logisch, dass das nicht auf Dauer gut gehen konnte.

Es war nicht nur das vermeintlich große Los gegen die Bayern, vielmehr lebte der Verein generell auf zu großem Fuße. Die Notbremse musste 2007 gezogen werden, der MSV 1919 Neuruppin ging in die Insolvenz und musste fortan kleinere Brötchen backen. Dietmar Lenz wurde damals wegen Untreue und Vorteilsnahme angeklagt, das Urteil wurde im März 2009 bekannt: zwei Jahre Freiheitsstrafe auf Bewährung. Im Dezember 2009 nahm er sich das Leben.

Zu DDR-Zeiten spielte der im Herbst 1919 gegründete Verein unter verschiedenen Namen: ZSG Neuruppin, Nordwest Neuruppin, Mitte Neuruppin, Konsum Neuruppin, Empor Neuruppin und Electronic Neuruppin. In jüngerer Vergangenheit stand Neuruppin im Frühjahr 2005 mit einem Bein in der Regionalliga, scheiterte jedoch in der Relegation am FC Carl Zeiss Jena.

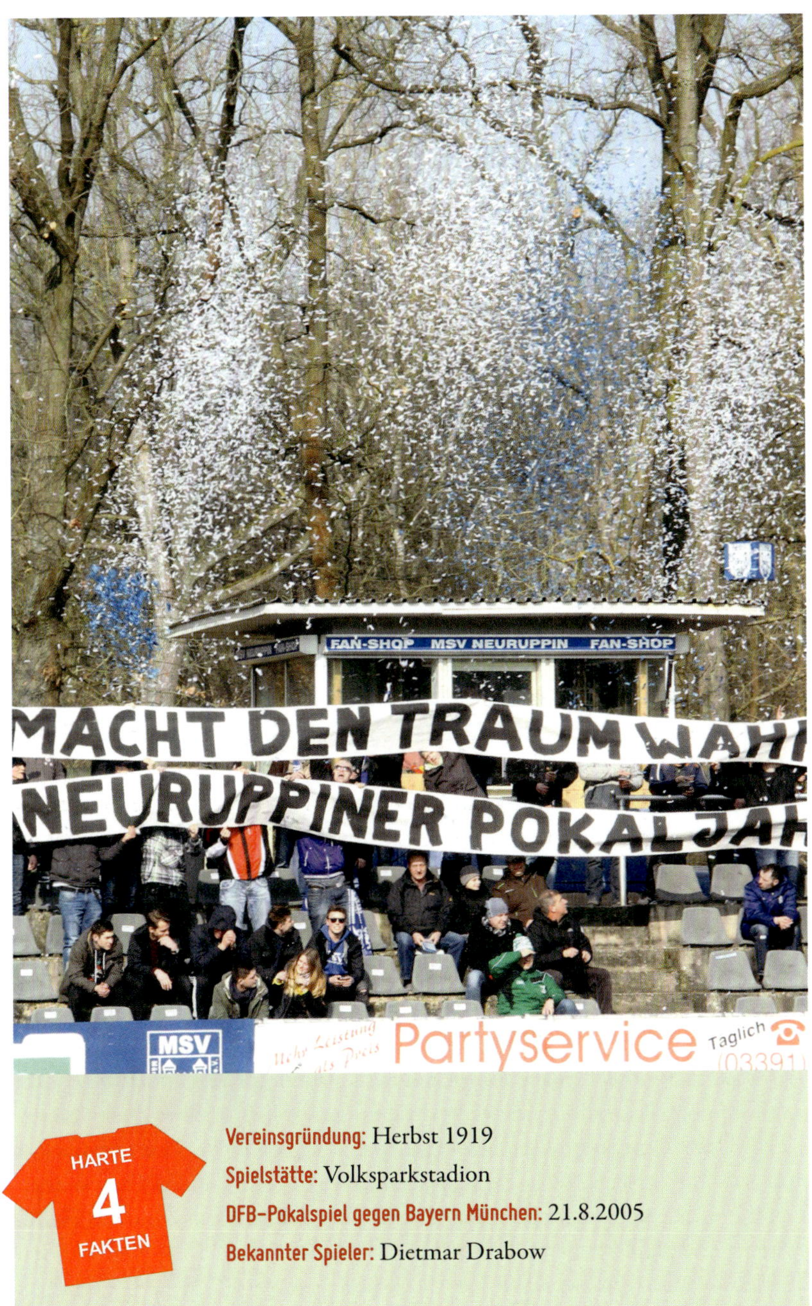

Vereinsgründung: Herbst 1919
Spielstätte: Volksparkstadion
DFB-Pokalspiel gegen Bayern München: 21.8.2005
Bekannter Spieler: Dietmar Drabow

Neustadt (Dosse) 062

Sportplatz Neustadt

Das Erbe von Paul Sobania

In Neustadt (Dosse) geht es tierisch zur Sache. Seit Januar 2000 trägt die Stadt den Beinamen „Stadt der Pferde", im Stadtwappen gibt es einen Löwen und einen Elch zu sehen. Glücklicherweise blieb die Sportanlage Schulstraße des SV Schwarz-Rot Neustadt bislang – soweit bekannt – von einem Einfall der Wildschweine verschont.

Der Verein beruft sich in seiner Historie auf den Köritzer Sport-Club, der im Jahre 1922 im heutigen Ortsteil von Neustadt gegründet wurde. 1948 wurde in Köritz der Verein als BSG Lokomotive Köritz neu ins Leben gerufen. Nach der Eingemeindung von Köritz in Neustadt (Dosse) wurde der Name im Mai 1956 in BSG Lokomotive Neustadt/Dosse geändert. Nachdem bis 1978 die Deutsche Reichsbahn der Trägerbetrieb war, kam der Verein in der Folge in die Obhut der Zwischengenossenschaftlichen Bauorganisation. Demzufolge wurde nun als BSG Landbau weiter gespielt. Als damaliger Leiter der Zwischengenossenschaftlichen Bauorganisation (ZBO) sorgte Paul Sobania unter anderem dafür, dass der Sportplatz zu einem ordentlichen Sportkomplex ausgebaut wurde. Kein Wunder also, dass der SV Rot-Schwarz Neustadt seinem Sportgelände den Namen „Paul-Sobania-Sportanlage" verleihen möchte.

Offiziell wird der Sportplatz noch als Hans-Beimler-Stadion geführt, doch gesprochen wird meist nur von „Sportplatz Neustadt". In jüngerer Vergangenheit kam jedoch ein neuer Vorschlag rein. Wie wäre es mit „Prinz-von-Homburg-Stadion"? Friedrich II. von Hessen-Homburg sorgte schließlich 1664 dafür, dass Neustadt das Stadtrecht erhielt.

Um zum Sportlichen zurückzukommen, zwischen 1993 und 1996 spielte Rot-Schwarz Neustadt in der NOFV-Oberliga, 2000/01 folgte nochmals ein einjähriges Abenteuer in der Oberliga. In der Saison 1994/95 wurden sogar mit dem 1. FC Magdeburg die Klingen gekreuzt. Ältere FCM-Fans werden sich mit Grauen an jene triste Spielzeit erinnern. Neustadt gewann das Heimspiel gegen Magdeburg mit 3:1, im Ernst-Grube-Stadion holte Neustadt vor 400 Zuschauern ein 2:2, am Ende der Saison wäre der FCM noch fast abgestiegen.

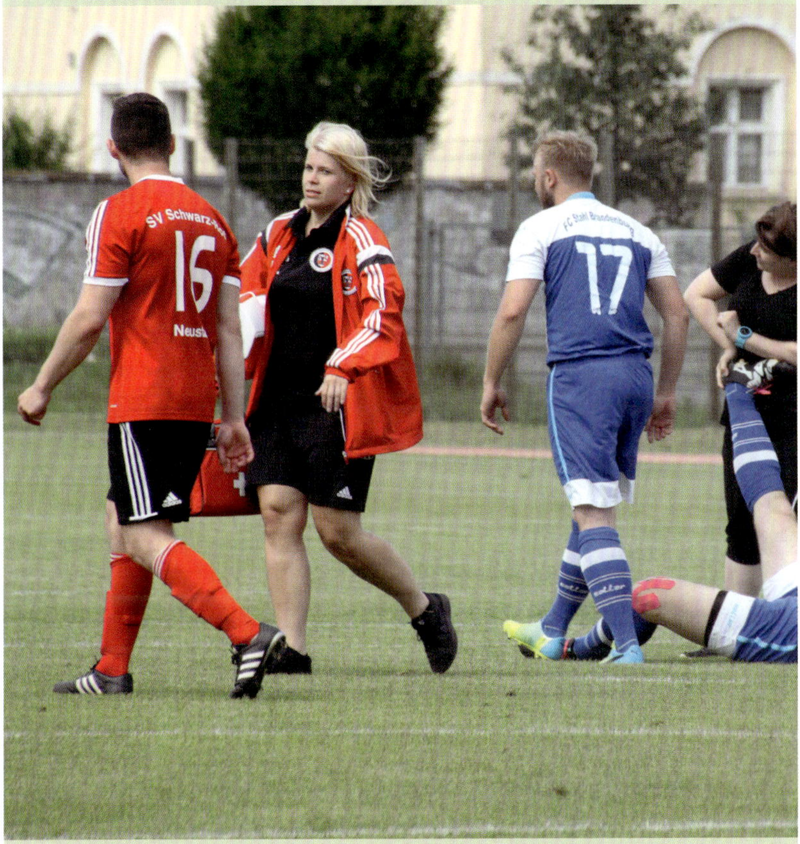

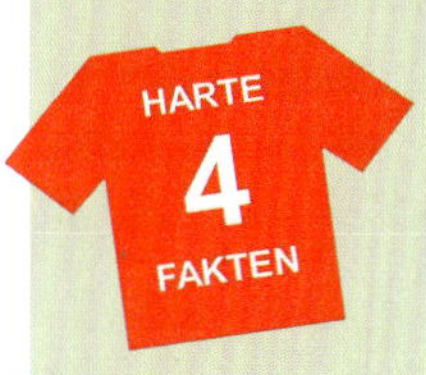

Dosse: 96 km langer Nebenfluss der Havel
„Stadt der Pferde“: seit 1. Januar 2000
Paul Sobania: ehemaliger Leiter der ZBO
Aktuelle Spielklasse: Landesliga Nord

OFC Eintracht 1901 & TuS 1896 Sachsenhausen

Derby-Fieber in der sechsten Liga

„100% Anti TuS! 110% nur der OFC!!!", stand auf einem Spruchband geschrieben. Gelber Rauch stieg am anderen Ende von Carollis Toleranz Arena auf. Arg erhitzt ging es beim Derby im September 2013 zu, und es sollten noch einige weitere umkämpfte Stadtduelle zwischen dem Oranienburger FC Eintracht und TuS 1896 Sachsenhausen folgen. Nicht selten wurde die 1.000er Zuschauermarke geknackt, nicht selten gab es eine fette Nachspielzeit aufgrund der einen oder anderen Unterbrechung.

Ähnlich wie in Bernau kamen beide Vereine aus den unteren Ligen. Oranienburg packte 2006 den Sprung in die Brandenburgliga, zwei Jahre später zog Sachsenhausen nach. Bereits bei den Aufeinandertreffen in der Landesliga kamen mitunter über 1.000 Fußballfreunde. Und das Interesse lässt kaum nach, so sahen in der inzwischen Orafol-Arena heißenden Spielstätte 880 Zuschauer am 20. Oktober 2019 ein umkämpftes 1:1, bei dem der OFC in der 90. Minute ausgleichen konnte.

Worauf man bei TuS 1896 Sachsenhausen stolz ist, ist die Tatsache, dass man in der DDR keine BSG, sondern eine unabhängige Sportgemeinschaft war. In den 1970ern wurde in der Bezirksliga Potsdam gespielt, zu der goldenen Ära des Vereins zählen auch die 1920er-Jahre.

Als Oranienburger Fußballclub Oranien wurde am 27. März 1901 der Stadtrivale ins Leben gerufen, bereits drei Jahre später wurde er vom DFB aufgenommen. 1933 erfolgte die Fusion mit dem SC Eintracht 1913, nach dem Krieg ging es zunächst als SG Eintracht Oranienburg weiter. 1959 kam das „Einheit", zehn Jahre später das „Stahl" in den Namen.

1983 und 1984 nahmen die Oranienburger an den Aufstiegsspielen zur DDR-Liga teil, doch waren Motor Ludwigsfelde bzw. Motor Süd Brandenburg jeweils eine Nummer zu groß. Ebenso eine Nummer zu groß war die NOFV-Oberliga, in die der OFC im Frühjahr 2002 aufgestiegen war. Als Tabellenletzter ging es 2003 wieder runter.

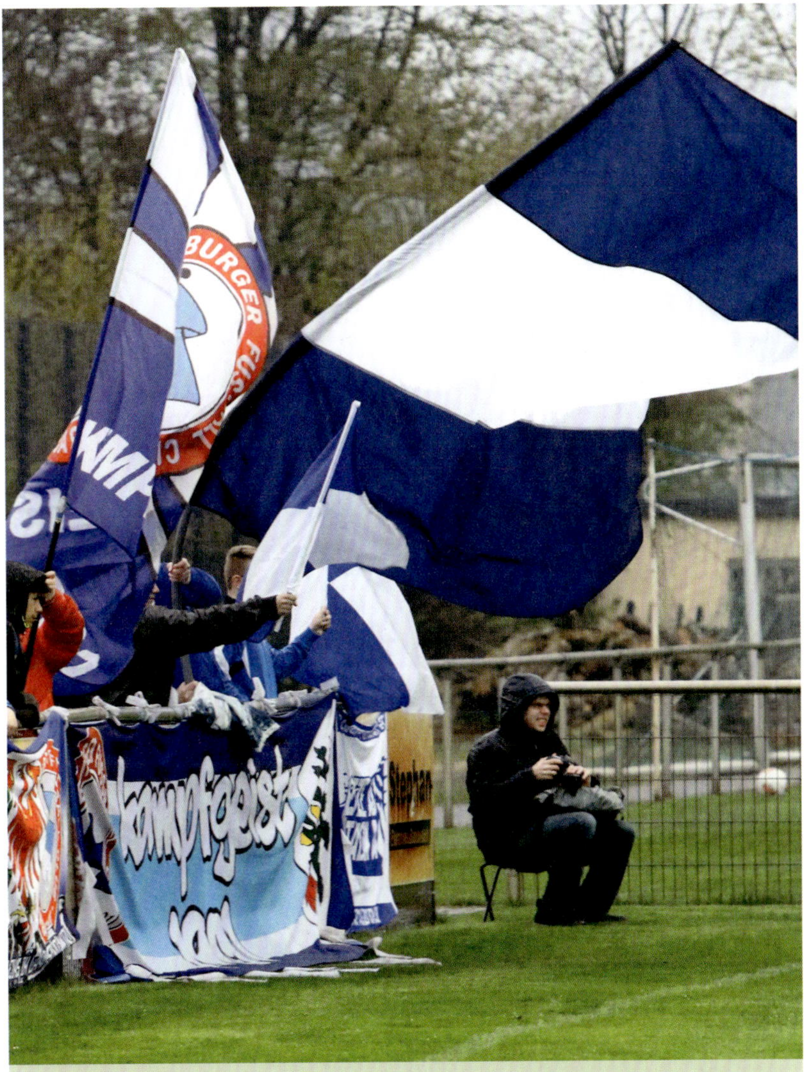

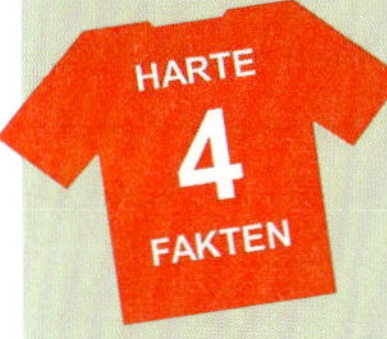

Betriebstemperatur bei den Derbys: arg erhöht!
Zuschauerzahlen bei den Derbys: bis zu 1.000
Spielstätte OFC Eintracht 1901: Orafol-Arena
Spielstätte TuS 1896 Sachsenhausen: Elgora-Stadion

SSV Einheit Perleberg

Mal Mecklenburg, mal Brandenburg

Der Landesligist SSV Einheit Perleberg hat online zwei Hingucker. Zum einen ein Aufmacherbild auf der Webseite mit dem Eingangstor des Friedrich-Ludwig-Jahn-Sportparks im rötlichen Abendlicht, zum anderen das obere Bannerfoto auf der Facebook-Seite. Fans lassen hinter aufgehängten Stoffen roten und weißen Rauch aufsteigen. Das Foto wurde am 13. März 2012 reingestellt. Da es inzwischen acht Jahre alt ist, muss es sich um eine Aufnahme von einem wirklich erinnerungswürdigen Spiel handeln.

Apropos alt. Recherchiert der neugierige Fußballfreund zur Geschichte von Einheit Perleberg, kommt er schnell ins Stutzen. So ist Einheit Perleberg beispielsweise 1985/86 in der Tabelle der Bezirksliga Schwerin zu finden. Wie jetzt? Schwerin?! Nachdem 1952 in der DDR die alten Länder aufgelöst und die neuen Bezirke gebildet wurden, wurde Perleberg kurzerhand dem Bezirk Schwerin zugeordnet. Nach der Wende wurde die dortige Region um Perleberg, nachdem eine Volksabstimmung durchgeführt wurde, wieder Brandenburgisch.

1991 schloss Einheit Perleberg noch die Saison in der Bezirksliga Schwerin mit Rang fünf ab, 1992/93 ließ Einheit Perleberg in der Landesliga den Ball rollen. So wurde am 10. Oktober 1992 bei Kickers Oderberg mit 4:2 gewonnen. Genutzt wurden die offenen Räume, nach zwei scharfen Hereingaben machte Kickers-Verteidiger Neumann zwei Eigentore. Das Rückspiel konnte Perleberg mit 9:1 gewinnen. In Eberswalde-Finow wurde in einer Zeitung von einem ganz tiefen Oderberger Sturz mit einer Ladung voll „fauler Eier“ berichtet.

Sich einen Namen machte in den 1960er und 1970er-Jahren noch ein anderer Verein in Perleberg. Die ASG Vorwärts Perleberg spielte 1962/63 in der II. DDR-Liga, 1970/71 und 1975/76 wurde zudem am FDGB-Pokal teilgenommen. 1970 musste man sich Dynamo Schwerin mit 0:4 geschlagen geben, 1975 wurde mit 1:3 gegen die TSG Bau Rostock verloren. Zu jenem Zeitpunkt allerdings als ASG Vorwärts Glöwen. Wenig später wurde die Mannschaft vom Spielbetrieb zurückgezogen. Zuvor hatte es in der Bezirksliga Schwerin noch Stadtduelle zwischen Einheit und Vorwärts gegeben.

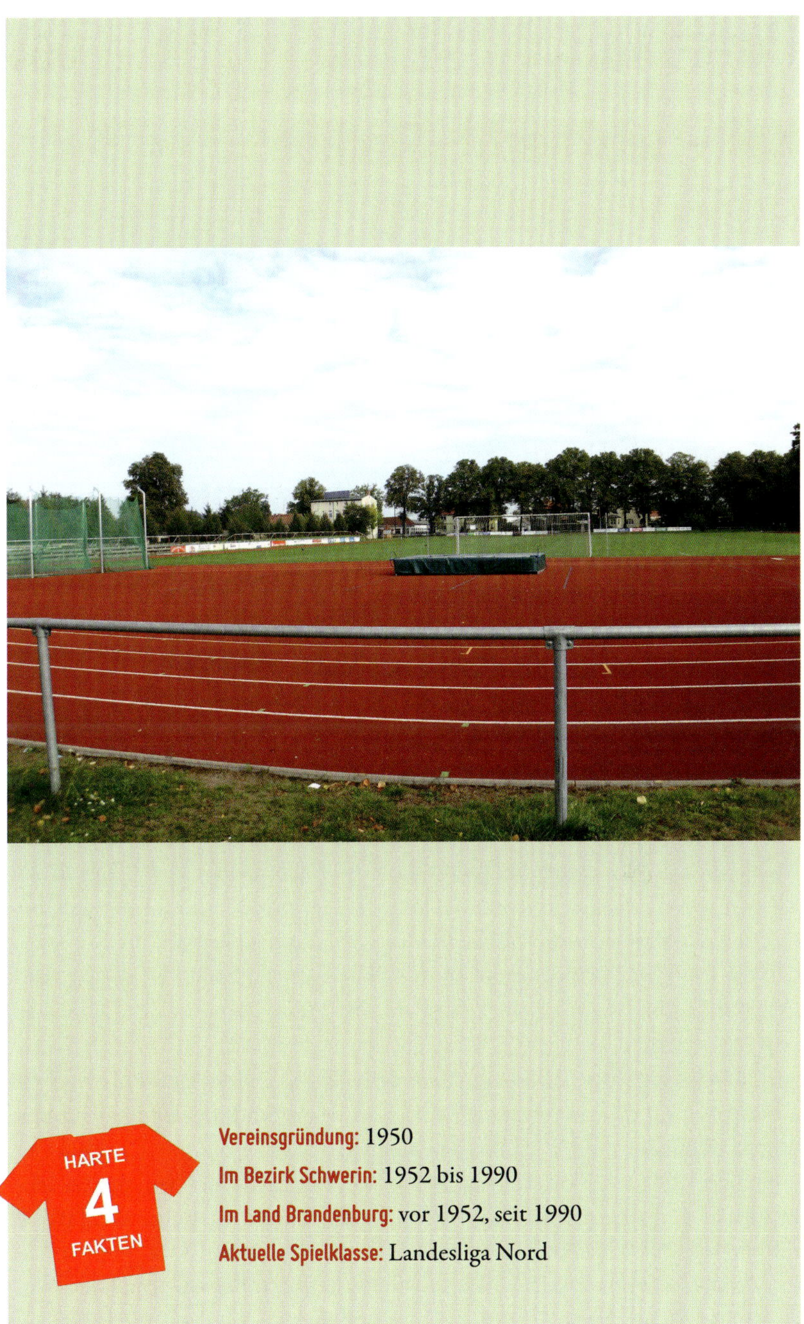

Vereinsgründung: 1950
Im Bezirk Schwerin: 1952 bis 1990
Im Land Brandenburg: vor 1952, seit 1990
Aktuelle Spielklasse: Landesliga Nord

Karl-Liebknecht-Stadion

SV Babelsberg 03

Das war echt ein Ding! Am Ende der Regionalliga-Saison 2000/01 stieg Babelsberg 03 gemeinsam mit dem 1. FC Union Berlin in die 2. Bundesliga auf. Waren die Duelle in der Aufstiegssaison schon eine gute Hausnummer, so wurden die Aufeinandertreffen 2001/02 legendär. Unvergessen, als Nulldrei am 18. August 2001 vor 14.490 Zuschauern im „KarLi“ die Eisernen nach 0:2-Rückstand mit 3:2 bezwingen konnte. Hatten viele in der Region bislang den SV Babelsberg 03 kaum oder sogar gar nicht auf dem Schirm, so wurde Nulldrei im neuen Jahrtausend eine feste Fußballgröße.

Einst gründeten sieben Männer aus Nowawes im Jahre 1903 den Sport-Club Jugendkraft 1903, am 15. Februar 1919 wurde aus ihm der SV Nowawes 03, der 1928/29 von Sepp Herberger trainiert wurde. Bereits vor dem Zweiten Weltkrieg hieß der Verein kurzzeitig SV Babelsberg 03 (später dann Sportvereinigung Potsdam 03).

Zu DDR-Zeiten wurde zunächst als BSG Karl Marx Babelsberg gespielt, 1950 erfolgte die Umbenennung in BSG Motor Babelsberg. Am 8. Januar 1966 wurde die Fußballsektion des SC Potsdam, der 1961 gegründet wurde und eigentlich ein dauerhaftes Leistungszentrum werden sollte, in die BSG Motor Babelsberg eingegliedert, sodass die Babelsberger den Platz in der DDR-Liga einnehmen konnten. In jener Saison waren sowohl Energie Cottbus und Vorwärts Cottbus als auch Union Berlin die Gegner.

Von 1966 bis 1990 pendelte Motor Babelsberg zwischen DDR-Liga und Bezirksliga, insgesamt spielten die Babelsberger 20 Jahre in der DDR-Liga und absolvierten in dieser 502 Spiele. Ins Achtelfinale des FDGB-Pokals zog Motor Babelsberg 1984 ein. Nachdem zuvor EAB 47 Berlin, Fortschritt Wittstock und Motor „Fritz Heckert“ Karl-Marx-Stadt bezwungen wurden, war dann bei der BSG Wismut Aue Schluss.

In den 1990ern arbeitete sich der SV Babelsberg 03 hoch von der Bezirksliga bis in die Regionalliga Nordost. Nach dem Zweitligaabenteuer 2001/02 folgten von 2010 bis 2013 drei spannende, lebhafte Jahre in der 3. Liga.

Gespielt wird im Karl-Liebknecht-Stadion, das 1976 mit der Partie Fußball-Olympiaauswahl der DDR vs. Motor Babelsberg eingeweiht wurde.

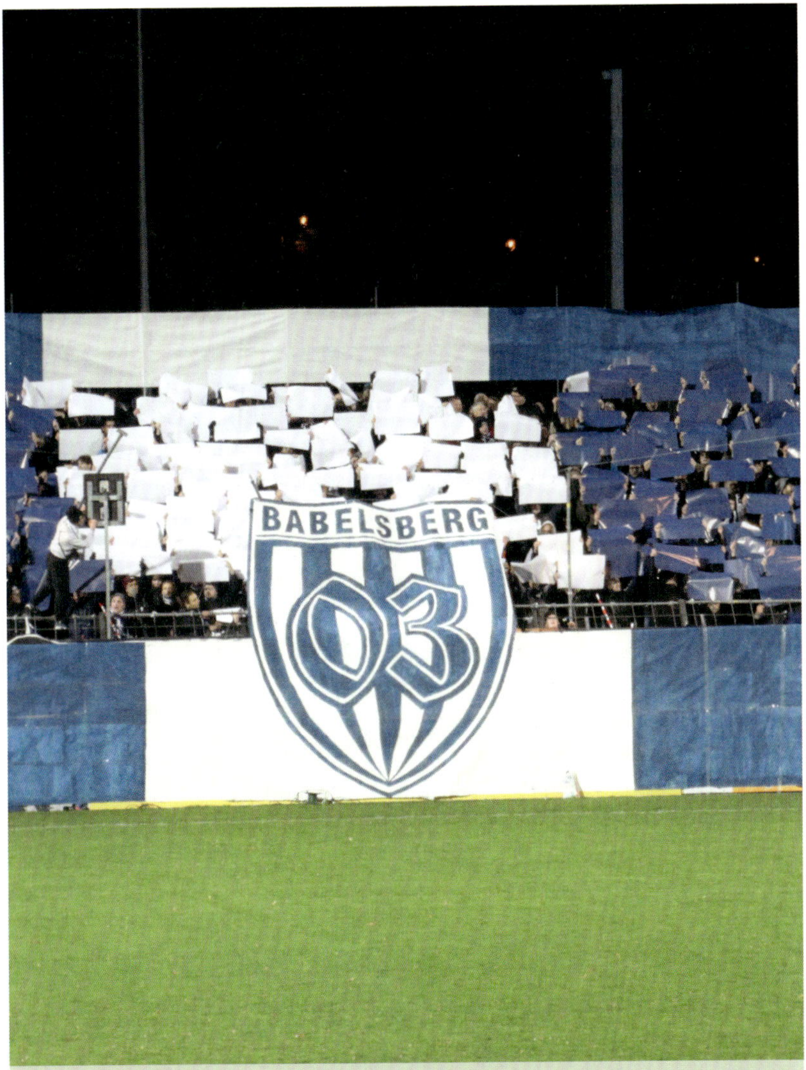

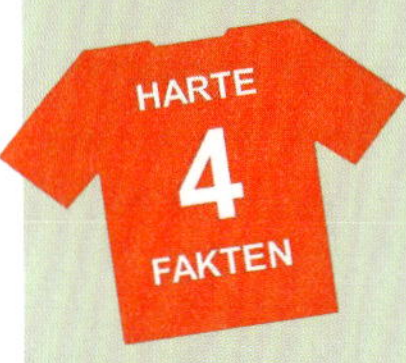

Vereinsfarben: Blau und Weiß

Name zu DDR-Zeiten: BSG Motor Babelsberg

Teilnahme am DFB-Pokal: elfmal

2. Bundesliga: 2001/02

Nordkurve des KarLi

Filmstadt Inferno '99

Gästefans schwärmen stets von der Atmosphäre im Karl-Liebknecht-Stadion. Ränge, die dicht dran liegen am Rasen. Zwischen Gästeblock und der Babelsberger Nordkurve besteht direkter Blockkontakt. Allzu oft hatten sich die jeweiligen Fanlager einiges zu erzählen. Bereits seit nunmehr 21 Jahren gibt es die Gruppierung „Filmstadt Inferno 99", die daheim im „KarLi" auf der Gegengerade optische und akustische Akzente zu setzen weiß. Immer wieder wurden Choreographien umgesetzt und gab es sehenswerte Pyro-Aktionen sowie zahlreiche Spruchbänder zu sehen.

Ins Leben gerufen wurde das „FI 99" einst von Jugendlichen, die damals bereits zur Verbandsliga-Saison 1995/96 zu Nulldrei gingen. Nach den Aufstiegen in die NOFV-Oberliga und die Regionalliga wuchs der Wunsch, sich stimmungstechnisch und auch politisch mehr einzubringen. Nachdem 1998 der Fanclub „Munke" gegründet wurde, folgte am 28. September 1999 die Geburtsstunde des „Filmstadt Inferno 99". Was sich von Beginn an auf die Fahnen geschrieben wurde: Man wolle ganz klar ultraorientiert, gewaltfrei und antirassistisch sein. Gegenwind bekam das „Filmstadt Inferno 99" immer wieder zu spüren. Mal gab es vom eigenen Verein Ärger wegen des Abbrennens von Pyrotechnik, mal Diskussionen wegen diverser politischer Aktionen und Spruchbänder.

Trotz etlicher Angriffe, Überfälle und all der Diskussionen konnte sich das „Filmstadt Inferno 99" bis heute behaupten, sicherlich auch Dank der festen Freundschaft mit den Ultras des FC St. Pauli, die ihren Freunden aus der Filmstadt jederzeit zur Seite stehen.

Einer der größten Momente in der Historie des „FI 99" war das Freundschaftsspiel gegen den FK Partizan Minsk im März 2013, das auf dem vom Schnee freigeräumten Nebenplatz ausgetragen wurde. Was im Ligabetrieb nicht möglich ist, durfte an diesem Abend ohne Angst vor Repressalien ausgelebt werden. In der Halbzeitpause flogen auf den dunklen Stufen der Nordkurve die Schneebälle, mit Bengalos in der Hand wurde zudem der Zwischenzaun „erstürmt". Im Anschluss zeigte das Filmstadt Inferno, was man mit Rauch und Feuer alles zaubern kann.

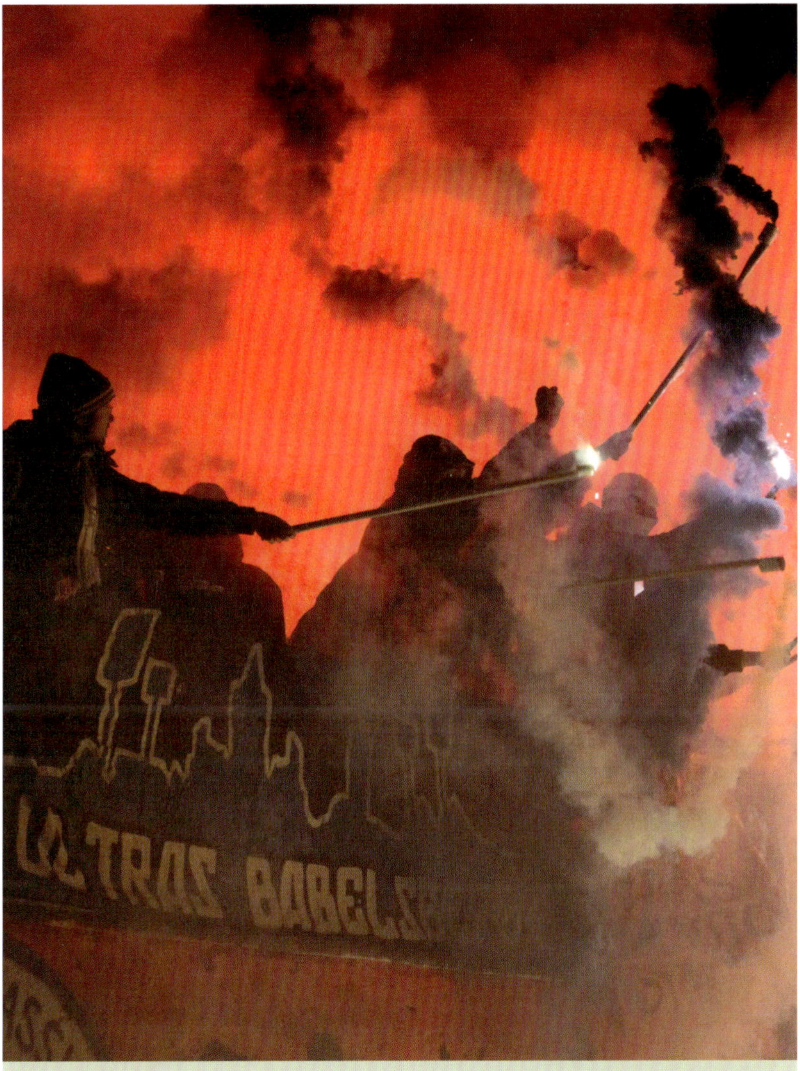

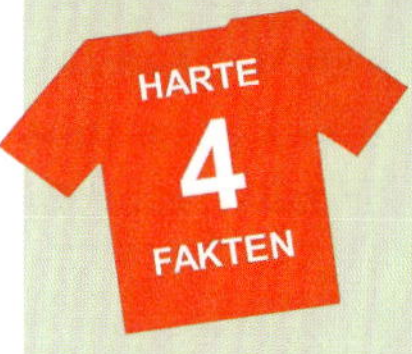

Gründung des Filmstadt Inferno 99: 28. September 1999
Standort im Karl-Liebknecht-Stadion: Nordkurve
Freundschaft: mit Ultrà Sankt Pauli 2002 (USP)
Genialer Auftritt: gegen FK Partizan Minsk (März 2013)

Stern-Sportplatz

BSG Rotation Babelsberg/Fortuna Babelsberg

Ein Blick auf die Tabelle der DDR-Oberligasaison 1949/50 – und es springt der Name BSG Rotation Babelsberg (zuvor BSG Märkische Volksstimme Babelsberg) ins Auge. Die Vermutung liegt nahe, dass es sich um den heutigen SV Babelsberg 03 handeln könnte. Dem ist jedoch nicht so! Vielmehr ist es ein anderer Verein, der 1949 gegründet und 1990 aufgelöst wurde. Nach dem Fall der Mauer verließ die Fußballabteilung den Verein und gründete als Nachfolger Fortuna Babelsberg, der in der Landesliga Nord spielt und seine Heimspiele auf dem Stern-Sportplatz austrägt.

Schaut man auf dem Stern-Sportplatz vorbei, so kann man auf einer Wand eines alten Funktionsgebäudes „Rotation" und „DEFA" lesen.

1949 qualifizierte sich die nach dem Krieg gegründete SG Babelsberg für die Oberliga, als in BSG Märkische Volksstimme Babelsberg umgewandelter Verein ging es schließlich ins Rennen. Mit Rang sieben war man gut dabei, nach der Saison erfolgte die Umbenennung in BSG Rotation Babelsberg. In der Saison 1950/51 wurde Rotation Tabellenachter, Torschützenkönig wurde Johannes Schöne mit 38 (!) Treffern. Rekord!

Runter in die DDR-Liga ging es 1958, einen Bruch gab es 1961, als die erste Mannschaft in den neu geschaffenen SC Potsdam eingegliedert wurde. Zurückgestuft in der II. DDR-Liga musste ein Neustart vollzogen werden, 1963 rutschte der Verein ab in die Bezirksliga. Einen Weg nach oben gab es nicht mehr, dafür jedoch einen Wechsel des Trägerbetriebes am 3. Mai 1969. Als BSG DEFA Babelsberg wurde weiterhin Bezirksliga und Bezirksklasse gespielt, 1984 erfolgte der Abstieg in die Kreisklasse.

Zwei Jahre später musste der Verein vom Karl-Liebknecht-Stadion, in dem in der Regel die Heimspiele ausgetragen wurden, an den Stern-Sportplatz umziehen. Genau dort, wo als Fortuna Babelsberg noch heute der Ball rollen gelassen wird. Der Verein, dessen Vorgänger einst 1905 als FC Fortuna 05 Nowawes ins Leben gerufen wurde, ist nun der „Der Fußballverein vom Stern". Der Straßenbelag der anliegenden Straßen erinnert indes noch ein wenig an alte Zeiten.

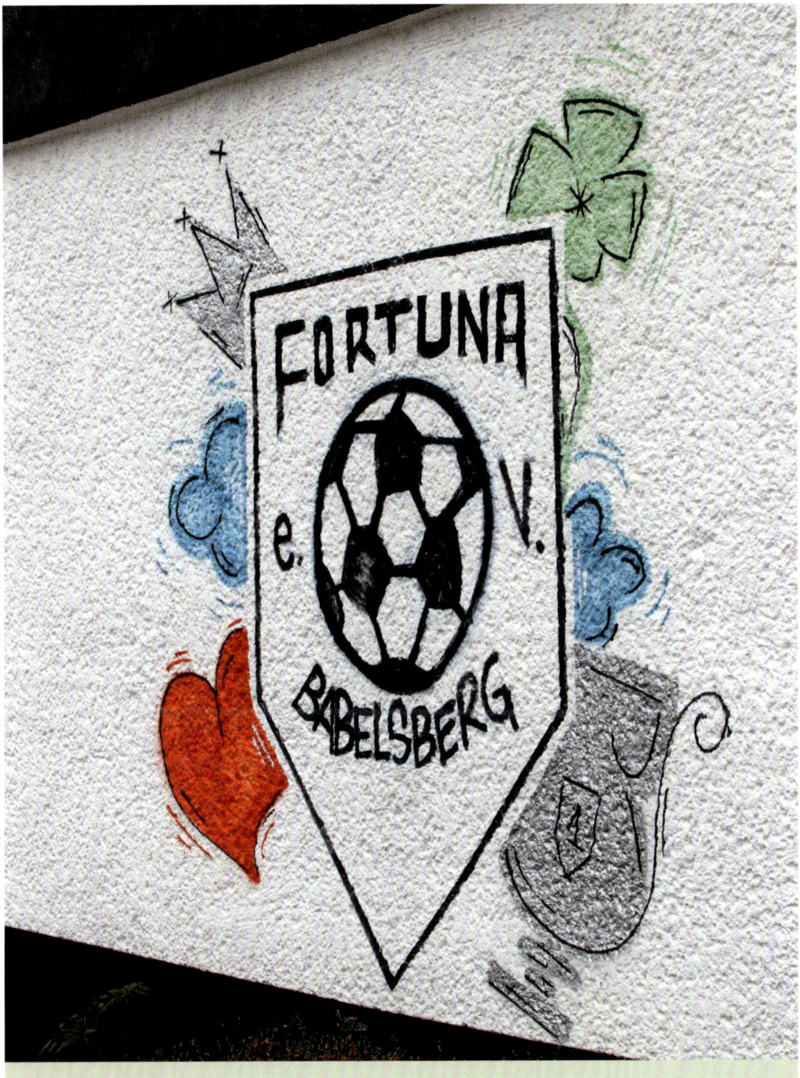

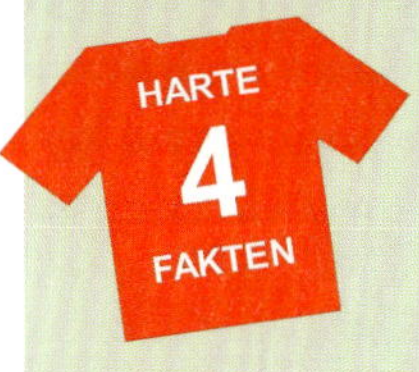

Goldene Ära: 1950er-Jahre

Rückschlag: Delegierung zahlreicher Spieler zum SC Potsdam

Name 1969 bis 1990: BSG DEFA Babelsberg

Bekannte Spieler: Karl-Heinz Wohlfahrt, Johannes Schöne, Willi Marquardt

Sportplatz Rudolf-Breitscheid-Straße

FSV Babelsberg 74

Es goss in Strömen, doch an Spielunterbrechung war nicht zu denken. Der Schiedsrichter ließ die Partie gegen Stahl Brandenburg auf dem klitschnassen Kunstrasen weiterlaufen. Wahrscheinlich ahnte er, dass wenig später wieder die Herbstsonne zwischen den Wolken hervorlugen würde. Zeit für einen Rundgang! Das Vereinsgebäude, die Gehwegplatten, die Zäune und Geländer erinnern an alte DDR-Zeiten. Ganzer Stolz sind die beiden Kunstrasenplätze. Den vorderen hatte die Stadt finanziert, der hintere wurde dank eigener Mittel und der Lottostiftung bezahlt. Ins Auge fallen die breiten flachen Betonstufen am Rande des hinteren Platzes. In absehbarer Zeit soll dort eine kleine Tribüne entstehen, erklärte ein Babelsberger nach dem Spiel.

Die Fußballsektion der bereits bestehenden Hochschulsportgemeinschaft Wissenschaft Babelsberg wurde im Juni 1974 ins Leben gerufen. Ab 1975/76 nahmen die Mannschaften auf Kreisebene am Spielbetrieb teil. Nach der Wende wurde der Verein aufgelöst und von ehemaligen Spielern unter dem heutigen Namen neu gegründet. 2010/11 erfolgte der Aufstieg von der Kreisliga Havelland-Mitte in die Landesklasse, zwei Jahre später glückte der Sprung in die Landesliga Nord. Bekannt dürfte der Verein auch Dank des Frauenfußballs sein, in der Saison 2016/17 spielte das Frauenteam immerhin in der Regionalliga Nordost. Gegner waren unter anderem Viktoria 1889 Berlin, der 1. FFV Erfurt und Erzgebirge Aue. Die erste Männermannschaft spielt aktuell in der Landesliga Nord und hat es neben Stahl Brandenburg und dem FC 98 Hennigsdorf mit dem Stadtrivalen Fortuna Babelsberg und der zweiten Mannschaft des SV Babelsberg 03 zu tun.

Ein Besuch des Sportplatzes in der Rudolf-Breitscheid-Straße ist in jedem Fall zu empfehlen. Vom Bahnhof Griebnitzsee ist es nur ein Sprung, und Vereinsheim und Terrasse laden zu einem Bierchen ein. Mit etwas Glück ergattert man auch ein Gläschen Wein, der nach Spielschluss schon mal verteilt wird. Und bei Regen lässt sich unter den Sonnenschirmen das in der Ferne laufende Spiel verfolgen.

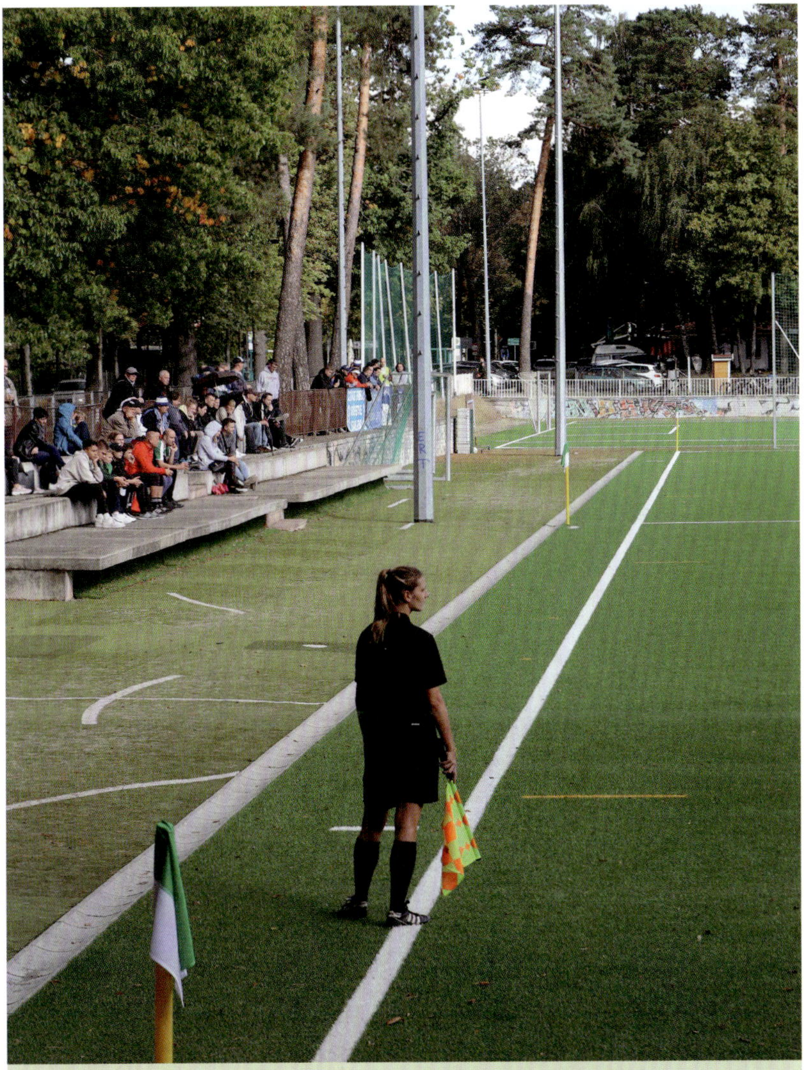

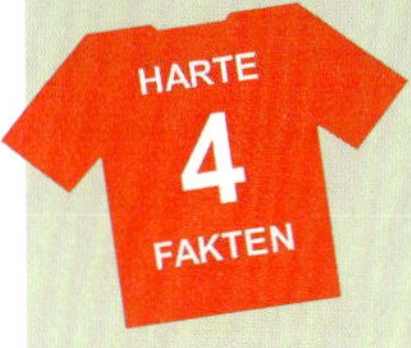

Gründung als HSG Wissenschaft Babelsberg: Juni 1974
Neugründung: 21. September 1990
Aktuelle Spielklasse Männer: Landesliga Nord
Aktuelle Spielklasse Frauen: Landesliga Brandenburg

Stadion Luftschiffhafen

Das Schmuckstück der Landeshauptstadt

Beim ersten Blick auf die alte hölzerne Haupttribüne des Stadions Luftschiffhafen ist man als Besucher wirklich baff. Was für ein Schmuckstück! Aufgrund der weißen Sitze und Geländer könnte man meinen, es handle sich um eine Galopprennbahn. Errichtet wurde das Stadion Mitte der 1920er-Jahre im Zuge des Baus der gesamten Anlage, die auch eine riesige Regattastrecke und ein Schwimmbad beinhaltete. Bereits 1912 wurde dort die größte Luftschiffhalle Deutschlands gebaut, doch mussten nach dem Ersten Weltkrieg sämtliche Produktionsstätten der Luftschiffe abgerissen werden.

Bereits zu DDR-Zeiten hatte das Stadion Luftschiffhafen eine Tartanbahn, ab 1952 trainierten auf dem dortigen Gelände Sportler der Kasernierten Volkspolizei und später der Nationalen Volksarmee. Ins Leben gerufen wurde der ASK Vorwärts Potsdam, der seit 1990 den Namen Olympischer Sportclub Potsdam-Luftschiffhafen trägt. Ende der 1970er entstand dort zudem die Kinder- und Jugendsportschule (KJS) Potsdam. Genutzt wurde das Stadion in der Vergangenheit eher für Leichtathletikveranstaltungen, doch spielt es auch im Fußball eine Rolle. So nutzte im Juni 2006 die ukrainische Nationalmannschaft das Stadion für ihre WM-Vorbereitung. Zudem dient das Stadion den Spielerinnen des 1. FFC Turbine Potsdam als Trainingsstätte.

Wer einmal einen Besuch des Stadions mit einem Ligaspiel verbinden möchte, kann beim Landesklasse-Vertreter Potsdamer Kickers 94 vorbeischauen. Allerdings nutzt dieser Verein für seine Heimspiele in der Regel einen nebenan befindlichen Kunstrasenplatz.

Gleich neben dem Stadion befindet sich die MBS Arena, die am 18. Januar 2012 eröffnet wurde. In ihr werden in jedem Winter die Potsdamer Hallenmasters ausgetragen. Beim Hallenturnier im Januar 2013 sorgten die Fans von Polonia Bytom für eine Hallenräumung, nachdem sie einige Bengalfackeln gezündet hatten und somit der Feueralarm ausgelöst wurde. Seitdem ist der Veranstalter vorsichtiger, was die Zusammenstellung des Teilnehmerfeldes angeht.

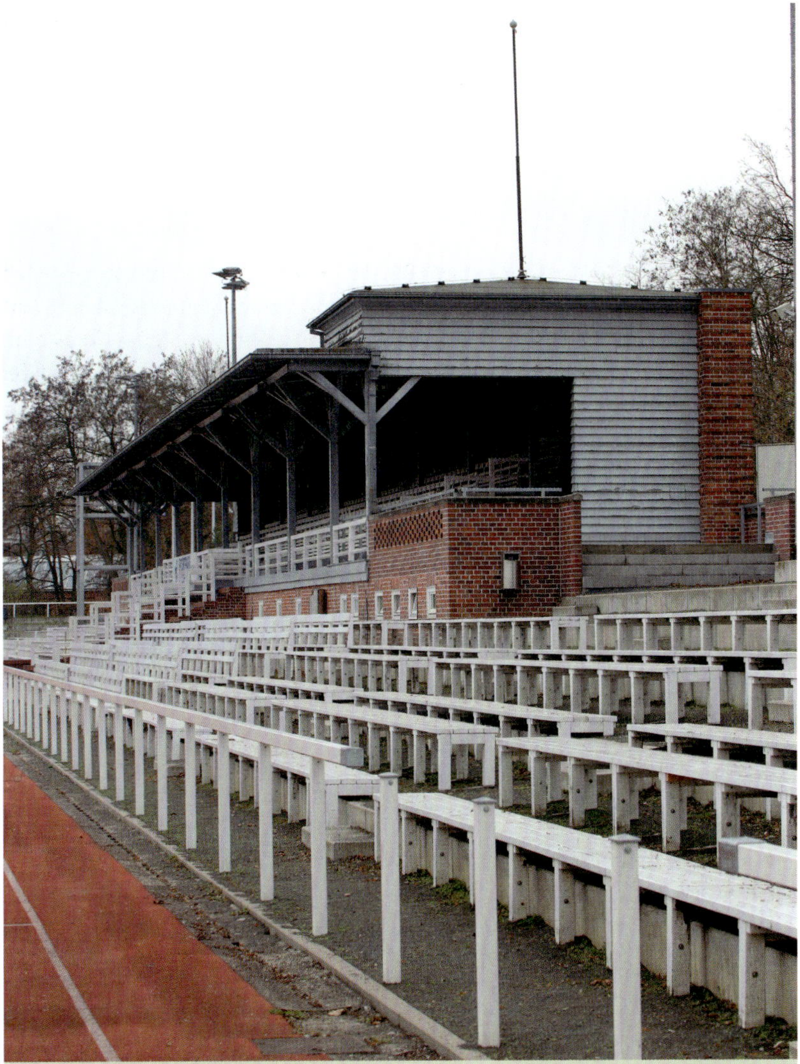

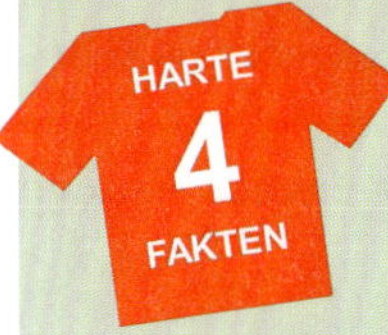

Eröffnung der Anlage: 1927

Zuschauerkapazität: 13.000

Juni 2006: Trainingsstätte der ukrainischen Nationalmannschaft

Aktuell: Trainingsstätte des 1. FFC Turbine Potsdam

Sportplatz an der Sandscholle

Massive Bäume auf alten Rängen

„Sandscholle? Mensch ja, da hatte ich 1974 mal Motor Babelsberg gegen Union Berlin gesehen ...", erklärte mir neulich ein älterer BFCer. Und richtig, bis zur Einweihung des neu gebauten Karl-Liebknecht-Stadions am 10. Juli 1976 spielte die BSG Motor Babelsberg auf dem Sportplatz an der Sandscholle. Als Aufsteiger in die DDR-Liga konnte damals 1973/74 denkbar knapp die Klasse gehalten werden, zum besagten Heimspiel gegen die Eisernen kamen zirka 2.000 Zuschauer.

Das Nutzungsrecht erhielt die BSG Motor Babelsberg bereits im Jahre 1952. Zahlreiche Sportler der BSG beteiligten sich damals an einem freiwilligen Einsatz zum Ausbau der Sportanlage. Am 8. Februar 1954 konnte der Sportplatz an der Sandscholle dem Betrieb übergeben werden. Im Jahr darauf wurde auch die Motor-Sporthalle eingeweiht. 1958 wurden neue Umkleide-, Dusch- und Aufenthaltsräume gebaut.

In jüngerer Vergangenheit trug die zweite Mannschaft des SV Babelsberg 03 ihre Heimspiele auf dem Sportplatz an der Sandscholle aus, seit der Landesliga-Saison 2014/15 wird jedoch auf einem Kunstrasenplatz am Karl-Liebknecht-Stadion gespielt. Seitdem wird die Sandscholle nur noch von den Nachwuchsmannschaften von Nulldrei genutzt. Aber auch hierbei sollte vorher geschaut werden. Während die A-Junioren schon mal auf dem Rasenplatz der Sandscholle auflaufen, spielen die B-Junioren mitunter auf einem Kunstrasenplatz am Karl-Liebknecht-Stadion.

Zu finden ist der sehr nostalgisch wirkende Sportplatz an der Sandscholle auf der südlichen Seite der S-Bahn in der Franz-Mehring-Straße. Die alten flachen Ränge und die inzwischen massiven Bäume auf den schiefen Stufen bieten ein 1a Fotomotiv, und wer diese ablichten möchte, muss sich beeilen. Ganz vom Tisch ist der mögliche Neubau einer Schule auf dem Sportgelände noch nicht!

Aber was ist eigentlich die „Sandscholle"? Diese war eine trockene sandige Erhebung im sumpfigen Gebiet der Nuthetalniederung. Einst war die dortige „Große Sandscholle" stark bewaldet, 1918 erwarb Paul Neumann (Gemeindevorsteher von Nowawes) das Gelände für den Wohnungsbau.

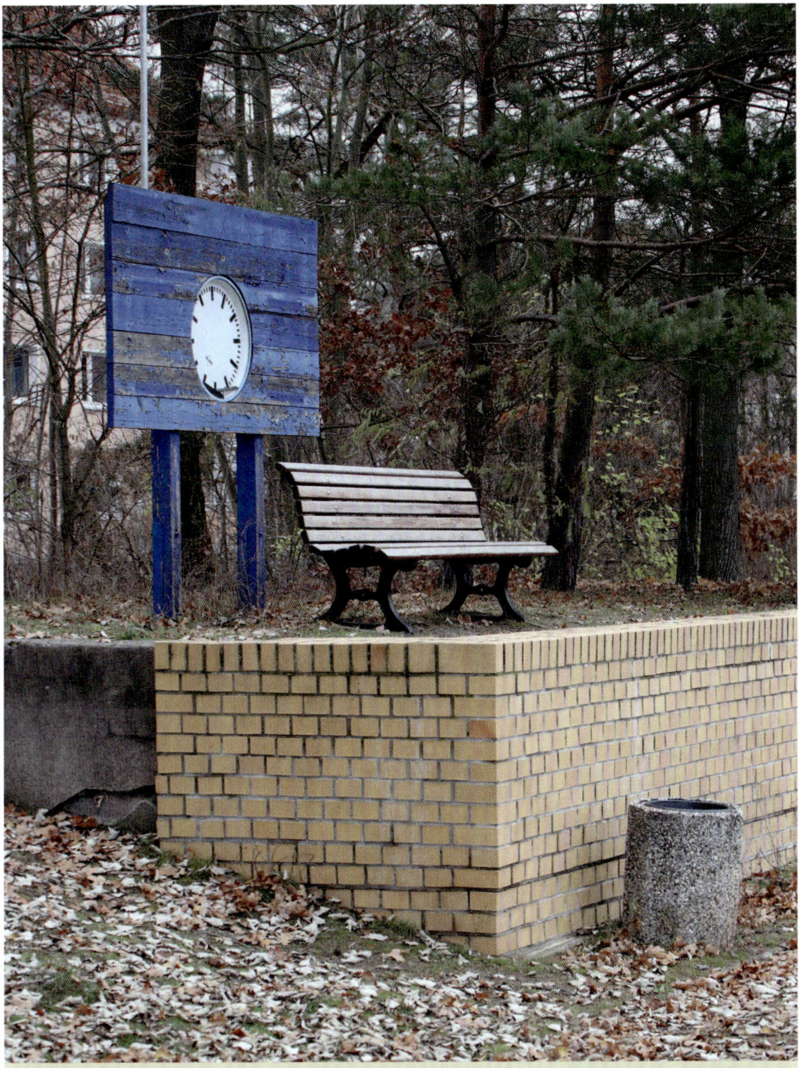

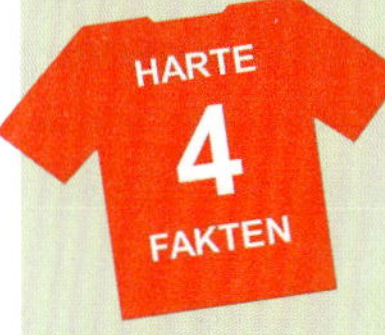

Wehmutsfaktor: sehr hoch
Skurril: die alten Bäume auf den Stufen
Ausbau der Anlage: 1952 bis 1954
Aktuelle Nutzung: Nachwuchs des SV Babelsberg 03

Potsdam 071

Turbine Potsdam

Aushängeschild des Frauenfußballs

Wir notieren: Sechsmal DDR-Meister, sechsmal Deutscher Meister, dreimal Deutscher Pokalsieger, siebenmal DFB-Hallenpokalsieger, zweimal UEFA-Women's-Cup-/Champions-League-Sieger. Es steht außer Frage, dass der 1. FFC Turbine Potsdam zu den erfolgreichsten Vereinen im deutschen und europäischen Frauenfußball gehört.

1955 wurde die BSG Turbine Potsdam gegründet, Trägerbetrieb war der VEB Energieversorgung. Eher schlecht als recht kickten die männlichen Spieler Fußball, was bei einer Silvesterfeier des Betriebs angesprochen wurde. Sich zu Wort meldende Mitarbeiterinnen wurden indes forsch zurückgewiesen. Als Reaktion darauf hing wenig später ein anonym verfasster Zettel an einer Wandzeitung: „Gründen Frauen Fußball Mannschaft. Bitte melden. 3. März 1971. 18 Uhr im Klubhaus Walter Junker." Den Worten folgten Taten. Am besagten Märztag wurde die Sektion Frauenfußball gegründet. Bereits damals war Bernd Schröder der Trainer. Von 1971 bis 1992 sowie von 1997 bis 2016 übte er diese Tätigkeit aus.

Am 25. Mai 1971 trugen die Fußballerinnen der BSG Turbine Potsdam ihr erstes Pflichtspiel auswärts bei der BSG Empor Tangermünde aus. Jene Partie wurde mit 3:0 gewonnen – und es sollten viele weitere Siege folgen. Der erste DDR-Meistertitel wurde 1981 eingefahren, 1982 und 1983 folgten sogleich die Titel Nummer zwei und drei.

Als es 1990/91 um die Qualifikation für die Bundesliga ging, wurde diese mit Rang drei verpasst. Der Sprung nach oben gelang schließlich am Ende der Regionalliga-Spielzeit 1993/94. Fortan wurde nonstop in der Bundesliga gespielt, und Turbine Potsdam entwickelte sich zu einem europäischen Spitzenteam.

Am 12. März 1999 beschloss die Frauenfußballabteilung die Loslösung vom SSV Turbine Potsdam, am 1. April 1999 – kein Aprilscherz – wurde der 1. FFC Turbine Potsdam ins Leben gerufen. Fünf Jahre später durfte der erste Deutsche Meistertitel gefeiert werden, 2005 gab es den ersten Pokal auf europäischer Bühne. In den Finalspielen setzte sich Turbine gegen Djurgården Damfotboll durch. Das Heimspiel wollten 8.677 Zuschauer sehen.

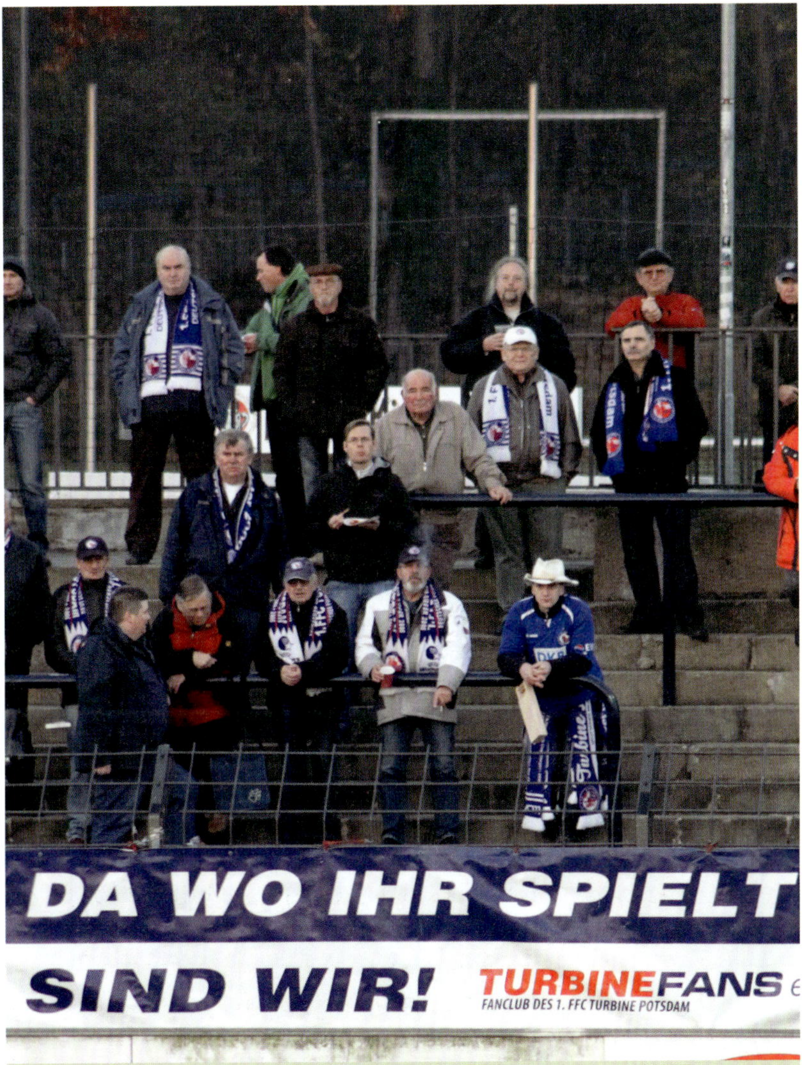

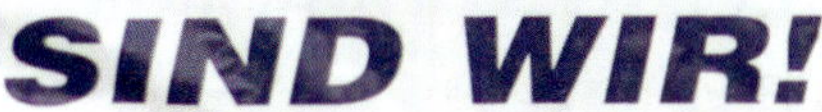

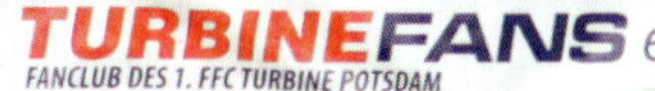

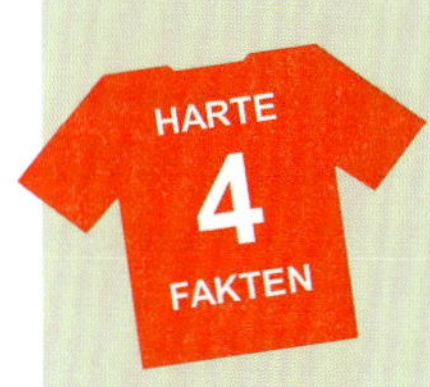

Gründung: 3. März 1971

Neugründung: 1. April 1999

DDR-Meister: 6

Deutscher Meister: 6

Lok-Platz an der Glienicker Brücke

Freundschaft mit dem TSV Uesen

41-mal Gold bei Weltmeisterschaften, 46-mal Gold bei Deutschen Meisterschaften, 141-mal Gold bei DDR-Meisterschaften. Die Leichtathleten des Eisenbahner-Sportverein Lokomotive Potsdam konnten in all den Jahren zahlreiche Titel einfahren. Etwas überschaubarer sieht die Auflistung bei der Fußballabteilung des 1953 ins Leben gerufenen Vereins aus. 1962 konnte der Georg-Linke-Pokal geholt werden, in den 1970er-Jahren wurde Lok Potsdam mehrmals Stadtmeister. 1998 erspielte sich Lok Potsdam den dritten Platz bei den Eisenbahner-Bezirks-Meisterschaften.

Aktuell ist der ESV Lokomotive Potsdam in der Landesklasse West zu finden, die Heimspiele werden auf dem Lok-Platz ausgetragen, der sich ganz in der Nähe der historisch bedeutsamen Glienicker Brücke befindet. Bemerkenswert ist, dass der Lok-Platz der einzige Sportplatz in der Stadt Potsdam ist, der sich nicht in kommunaler Hand befindet, sondern ausschließlich vom Eisenbahner-Sportverein Lokomotive betrieben wird.

Zum Sportplatz gehört auch die im Vereinsheim ansässige Gaststätte „LOKalität", zu der auch ein Tagungs- und Clubraum mit 30 Plätzen sowie eine Kegelanlage mit vier Bahnen gehören. Gut Holz! Kein Wunder also, dass der ESV Lok auch eine Abteilung Kegeln hat, bei der fünf Mannschaften im ständigen Spielbetrieb auf Kreis-und Landesebene (Männer, Frauen, Senioren) aktiv sind.

Eine lange Freundschaft wird mit dem TSV Uesen (südöstlich von Bremen) gepflegt. 1956 nahmen Sportsfreunde aus dem Ortsteil Achim Kontakt auf zu Lok Potsdam. In der Folge gab es zwei Freundschaftsspiele in Potsdam und auch einen Gegenbesuch in Niedersachsen. Noch vor dem Mauerbau fror der Kontakt ein. Im Januar 1990 nahm Günter Fehsenfeld aus Uesen auf dem Postweg wieder Kontakt auf. Mit Erfolg, die Freundschaft wurde wiederbelebt. Allerdings war es vor allem in Uesen schwer, die jüngeren Vereinsmitglieder für die 30 Jahre ruhende Freundschaft zu begeistern. In einem war der TSV Uesen in jedem Fall behilflich – und zwar beim Aufbau neuer Vereinsstrukturen nach dem Mauerfall.

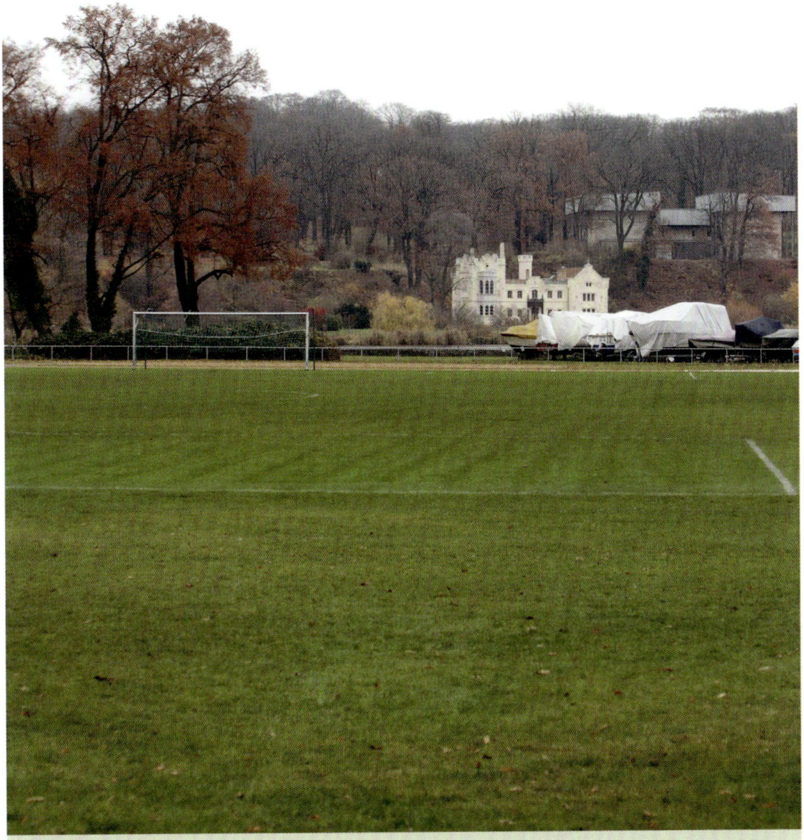

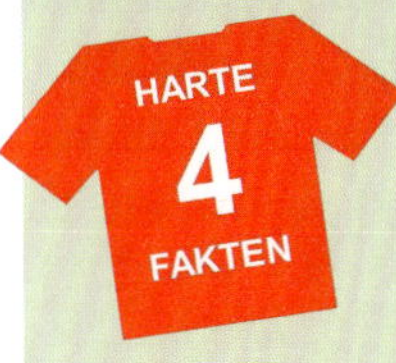

Freundschaft mit TSV Uesen seit: 1956

Entfernung zur Glienicker Brücke: 500 Meter

Aktuelle Spielklasse: Landesklasse West

Das Aushängeschild des Vereins: die Leichtathleten

Ernst-Thälmann-Stadion

Ersatzloser Abriss im Jahre 1999

Mit ganz viel Fantasie könnte man sich ausmalen, dass die angrenzenden Stufen im Potsdamer Lustgarten einst in irgendeiner Form zum Ernst-Thälmann-Stadion gehörten. Genauer gesagt: Nicht die Stufen, sondern einfach nur die Erhebung. Ansonsten erinnert nichts mehr an das Stadion, das bereits 1948/49 errichtet und im Jahr 1999 dann ersatzlos abgerissen wurde.

Eröffnet wurde es am 3. Juli 1949, und es war – man staune – der erste große Sportstättenneubau Deutschlands nach dem Zweiten Weltkrieg! 45.000 freiwillige Arbeitsstunden bedurfte es, auf dem einstigen Exerzier- und Paradeplatz das 15.000 Zuschauer fassende Stadion zu errichten. Genutzt wurden für die Ränge die Trümmer der ringsherum im Krieg zerstörten Gebäude. Zwar wurde das Ernst-Thälmann-Stadion vor allem für Leichtathletikwettkämpfe genutzt, doch trug auf dem dortigen Rasen Anfang der 1950er-Jahre die 1948 gegründete SG Volkspolizei Potsdam (1950 bis 1952 in der DDR-Liga) ihre Heimspiele aus. In der Saison 1950/51 wurde Volkspolizei Potsdam punktgleich hinter der BSG Anker Wismut in der Staffel Nord Tabellenzweiter. Das entscheidende Aufstiegsspiel zur DDR-Oberliga wurde denkbar knapp mit 1:2 verloren.

Und was wohl kaum jemand auf dem Schirm hat: Potsdam war die Top-Adresse des Rugbys in der DDR. Bereits 1963 wurde an der damaligen Pädagogischen Hochschule Potsdam eine Rugbyabteilung gegründet, später wurde als SG Dynamo Potsdam im Ernst-Thälmann-Stadion das „Ei“ geworfen. Vor mitunter vollen Rängen spielten in den 1970ern und 1980ern im dortigen Stadion auch die Frauen der BSG Turbine Potsdam.

Verrückt: Als im April 1991 die belgische Königin Beatrix im Helikopter zu Besuch nach Potsdam kam, wurden durch die Verwirbelungen der Rotoren Flutlichtlampen zerstört, zudem kam es zu weiteren Schäden am Stadion. Nachdem Potsdam den Zuschlag für die Bundesgartenschau 2001 erhielt, war das Ende des Stadions endgültig besiegelt. Die Abrissarbeiten gingen 1999 über die Bühne und hinterließen ein klaffendes Loch in der Sportlandschaft.

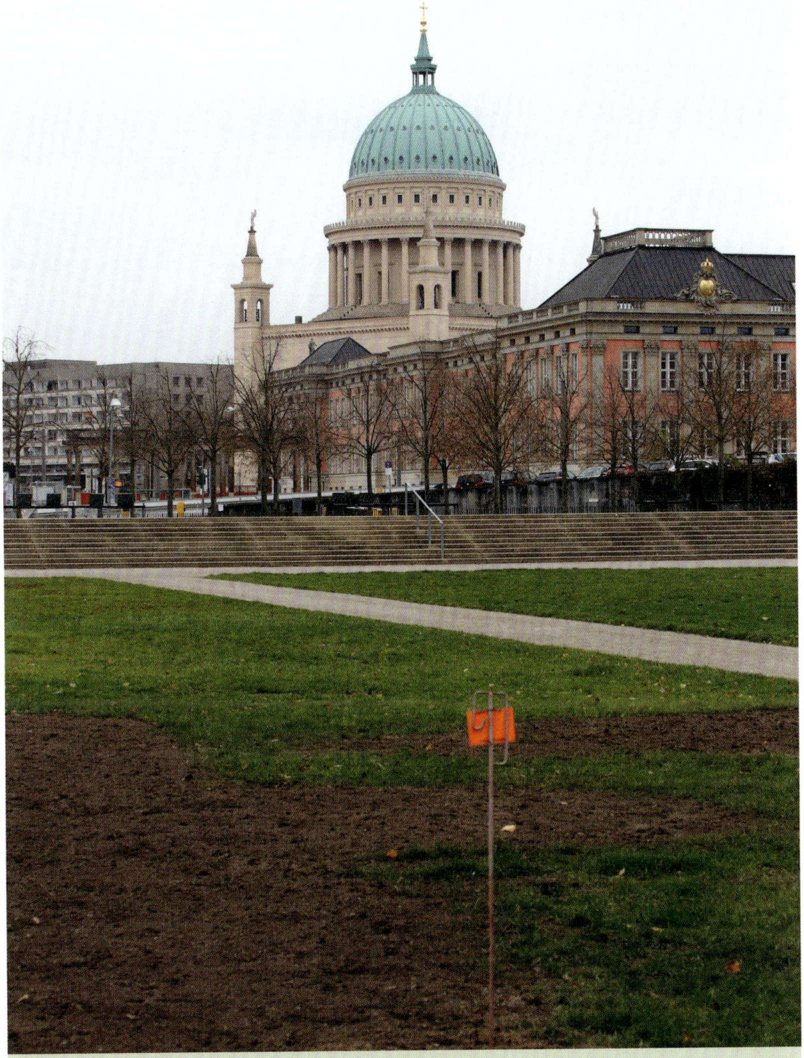

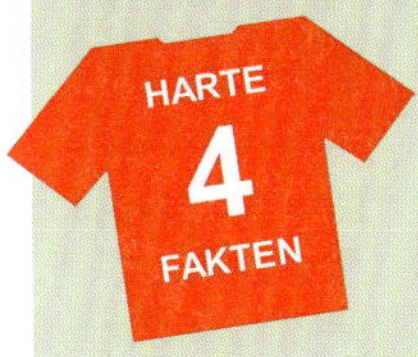

Rekord: Erster großer Stadionneubau nach dem 2. Weltkrieg

Eröffnung: 3. Juli 1949

Nutzer: Dynamo Potsdam & Turbine Potsdam

Abriss: 1999

Stadion der Chemiearbeiter

Bewahrung der Tradition

Da lacht das Herz des Nostalgikers! Das geschwungene „C" ziert noch heute das Wappen des TSV Chemie Premnitz, die Heimspiele werden im Stadion der Chemiearbeiter ausgetragen. Für Furore sorgten zu DDR-Zeiten sowohl die Fußballer als auch die Handballer. Während die Handballer insgesamt neun Jahre in der DDR-Oberliga spielten und dreimal (1971, 1972, 1973) den Pokal holen konnten, waren die Fußballer immerhin acht Jahre in der DDR-Liga dabei. Neunmal wurde am FDGB-Pokal teilgenommen. 1968 trug man gegen die ASG Vorwärts Stralsund zwei große Schlachten aus (0:0 n.V. und 1:2 n.V.). 1983 wurde in der ersten Runde bei Lok Stendal mit 1:0 und in der Zwischenrunde mit 2:1 bei ISG Schwerin gewonnen, im Anschluss war der BFC Dynamo eine Nummer (1:5) zu groß.

Anfangs ging man noch als BSG Kunstseidewerk Premnitz ins Rennen. Als 1967 zum ersten Mal der Sprung in die Zweitklassigkeit gelang, traten bereits die Chemiker gegen den Ball. Gleich in der ersten Saison ballerte sich Hans Böttcher mit 13 Treffern in der Torschützenliste auf Rang vier. Und was den Zuschauerschnitt betraf, so war Premnitz mit 2.560 wahrlich gut dabei. In jener Saison wurde in der Liga sogar gegen den BFC Dynamo gespielt (2:3 und 1:1), den es für eine Saison ins Unterhaus verschlug. In der letzten Liga-Saison 1983/84 kamen allerdings nur noch rund 1.000 Zuschauer im Schnitt.

Bis zur Wende wurde in der Bezirksliga gespielt, 1990/91 war Premnitz in der damaligen Landesliga dabei. Nach jener Saison bildeten die Premnitzer mit dem Brandenburger SC Süd 05 eine Spielgemeinschaft, wenig später wurde sich jedoch wieder abgespalten. Zwar erfolgte daraufhin eine Rückstufung in die Kreisliga Westhavelland, doch gelang 1995 die Rückkehr in die Landesklasse.

Mit Uwe Schulz, Eckart Märzke und Jörg Heinrich ließen gleich drei prominente Spieler ihre Karriere beim TSV Chemie Premnitz ausklingen. Märzke hatte zuvor unter anderem für Hansa Rostock und Stahl Brandenburg gespielt. Schulz war von 1981 bis 1987 eine feste Größe beim FC Vorwärts Frankfurt.

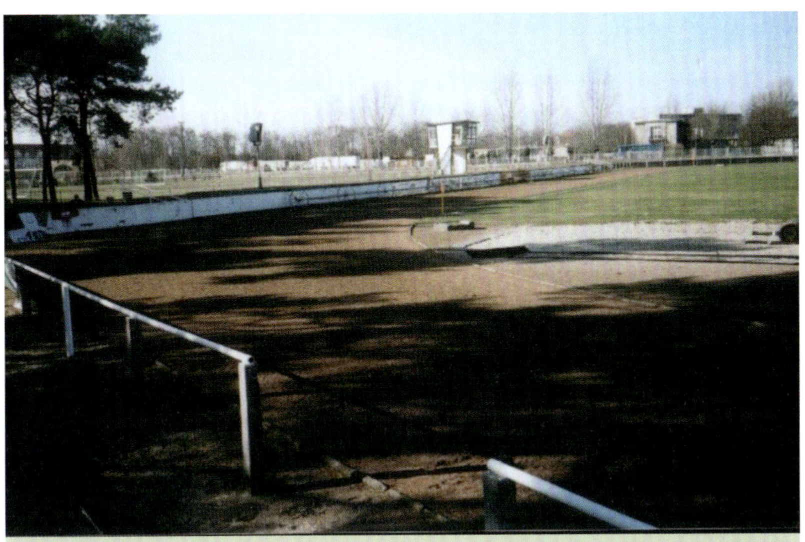

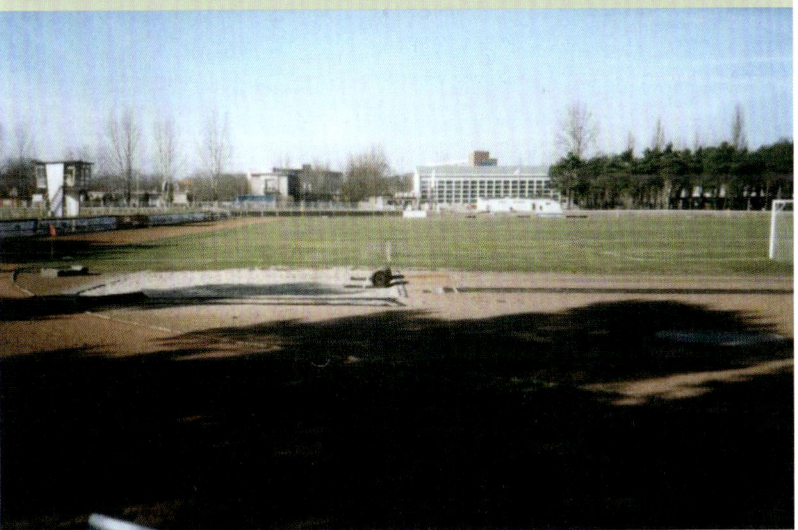

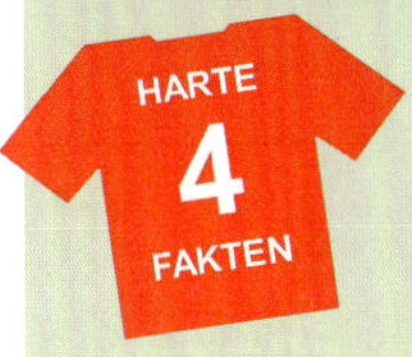

Lage: zwischen Rathenow und Brandenburg (Havel)
Hingucker: das Vereinswappen
DDR-Liga: acht Spielzeiten
FDGB-Pokal: neun Teilnahmen

Prenzlau 075

Uckerstadion

Kampf gegen Windmühlen

19.000 Einwohner hat Prenzlau, das im Mittelalter zu den vier größten Städten der Mark Brandenburg gehörte. Zu DDR-Zeiten sorgte die BSG Lok/Armaturen Prenzlau für positive Schlagzeilen, als 1982 der Aufstieg in die DDR-Liga gelang. In dieser war Prenzlau fortan sieben Spielzeiten mit von der Partie. Als FSV Rot-Weiß Prenzlau wurde von 1991 bis 1996 in der NOFV-Oberliga gespielt, anschließend begann der Niedergang. 2013 wurde der Verein in Prenzlauer SV Rot-Weiß umbenannt, zwei Jahre später gab es eine faustdicke Überraschung. Nahezu unbemerkt wurde im Januar 2015 der Name in Blau-Weiss Energie Prenzlau geändert. Ein Windpark-Betreiber aus Niedersachsen kam auf die Idee, den Klub umzugestalten.

Windparks und Uckermark? Ein echtes Reizthema. An einigen Stellen leisteten die Uckermärker erbitterten Widerstand gegen neue Windparks und gewannen sogar teilweise den Kampf. Die Region gilt als strukturschwach. Flächen ohne Ende stehen für Windparks zur Verfügung. Das Unternehmen, welches in Prenzlau in den Klub eingestiegen war, hatte dabei einen großen Anteil an diesen Anlagen in der Region. Es hätte einem Wunder geglichen, wenn man in Prenzlau das Angebot ignoriert hätte.

Inzwischen wurde auch die Tribüne des Uckerstadions erneuert, sodass hier auch locker Regionalliga gespielt werden könnte. Die soliden Grundlagen für ein Vordringen auf höhere sportliche Ebenen sind vorhanden. Infrastruktur und sportlicher Erfolg – in der Regel sind das keine Probleme für durch Investoren oder Politiker gesteuerte Klubs. Energie! Eine plumpe Hauruck-Aktion lag definitiv nicht vor. Auch die Gestaltung des Wappens orientierte sich am DDR-Stil. Der Großteil des Publikums machte noch ein paar DDR-Jahre mit. Die Idee war eigentlich gar nicht so schlecht. Dennoch gab es Widerstand.

Ein Happy End gab es so oder so nicht. Vor dem Start der Landesliga-Saison 2017/18 meldete der Verein seine Mannschaft ab. Im September 2017 folgte die Insolvenz und der Verein wurde aufgelöst. Im Nachwuchs und der Ü40 gehen die Teams aktuell als Rot-Weiß Prenzlau ins Rennen, bei den Herren gibt es eine Spielgemeinschaft Prenzlau/Dedelow.

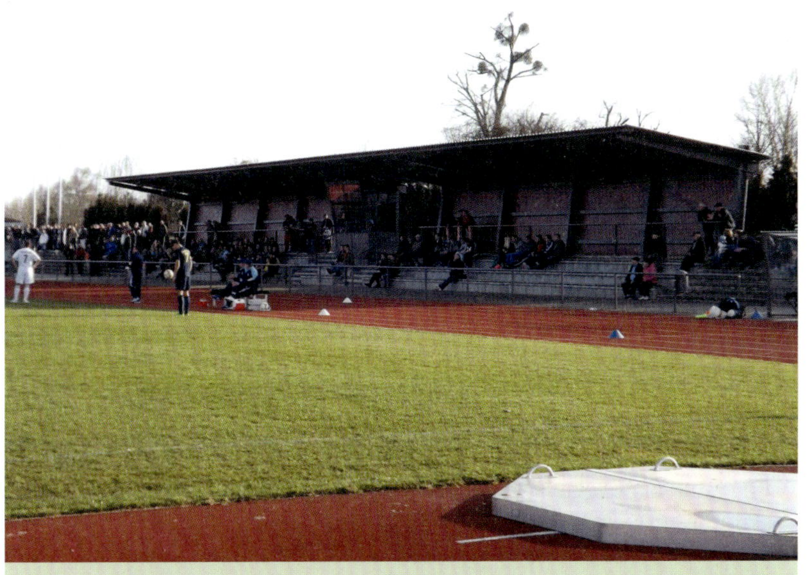

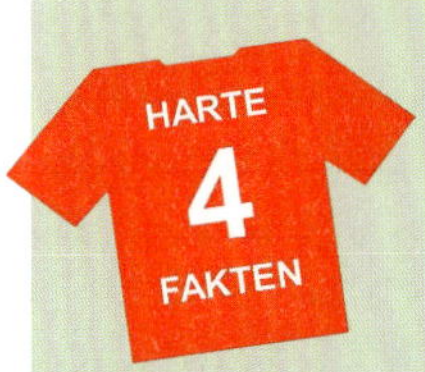

Bau des Uckerstadions: 1927/28

Ausbau des Stadions: 1969/70

DDR-Liga: 1982–1984, 1985–1988, 1989–1991

NOFV-Oberliga Nord: 1991–1996

FSV Optik Rathenow

Das Reich von Ingo Kahlisch

Der Weg zum Stadion Vogelsang ist legendär. Vom Bahnhof aus geht es zuerst durch ein Wohngebiet, dann spaziert man durch einen Wald. Früher hatte ich mir immer ausgemalt, wie man gegnerische Fans hübsch ins morastige Unterholz schubsen könnte. Aber gut, Ingo Kahlisch hätte einem was geflüstert. Vogelsang – das ist sein Herrschaftsrevier! Seit 1989 ist er Trainer beim derzeitigen Regionalligisten FSV Optik Rathenow. Lasst Euch das mal auf der Zunge zergehen! Seit über drei Jahrzehnten! Der FSV Optik – das ist quasi sein Lebenswerk. Kein Wunder also, dass er keinen Vertrag besitzt. Und wer den Charme des Ingo Kahlisch spüren möchte, der muss einmal eine Pressekonferenz besuchen. Das Räumchen ist dermaßen klein, dass es beim Täschen Kaffee richtig gemütlich wird. Und wehe, das Spiel lief mal richtig schlecht und man stellt eine dumme Frage. Davon ganz abgesehen, ist der Ingo wirklich sympathisch.

Als Ingo Kahlisch 1989 zum Verein kam, hieß dieser noch BSG Motor bzw. SV Optik Rathenow. Am 21. Februar 1991 entstand im Zuge der Herauslösung der Fußballabteilung der FSV Optik Rathenow. Bereits 1994/95 spielte Optik das erste Mal in der Regionalliga Nordost. Im Jahr darauf konnte daheim Dynamo Dresden mit 1:0 bezwungen werden, doch am Ende der Saison erfolgte der Abstieg in die NOFV-Oberliga. Von 2005 bis 2007 musste mit der Verbandsliga vorliebgenommen werden, in der Folgezeit schipperte Optik wieder in höheren Gewässern. Seit 2012 pendelte der Verein zwischen Oberliga und Regionalliga. Der Landespokalsieg konnte 2013 und 2014 gefeiert werden, die Gegner im DFB-Pokal waren der FSV Frankfurt und der FC St. Pauli.

Und ja, in Rathenow spielten einst echte Fußballgrößen. So schnürte von 1977 bis 1982 und 1988/89 der spätere CL- und Weltpokalsieger Jörg Heinrich die Fußballstiefel bei der BSG Motor Rathenow. Weitere bekannte Spieler in Rathenow waren unter anderem Uwe Schulz, Festus Agu und Chwitscha Schubitidse. Und was Ingo Kahlisch betrifft, so denkt dieser noch lange nicht ans Aufhören. Ein-, zwei DFB-Pokalteilnahmen dürfen es sicherlich noch sein.

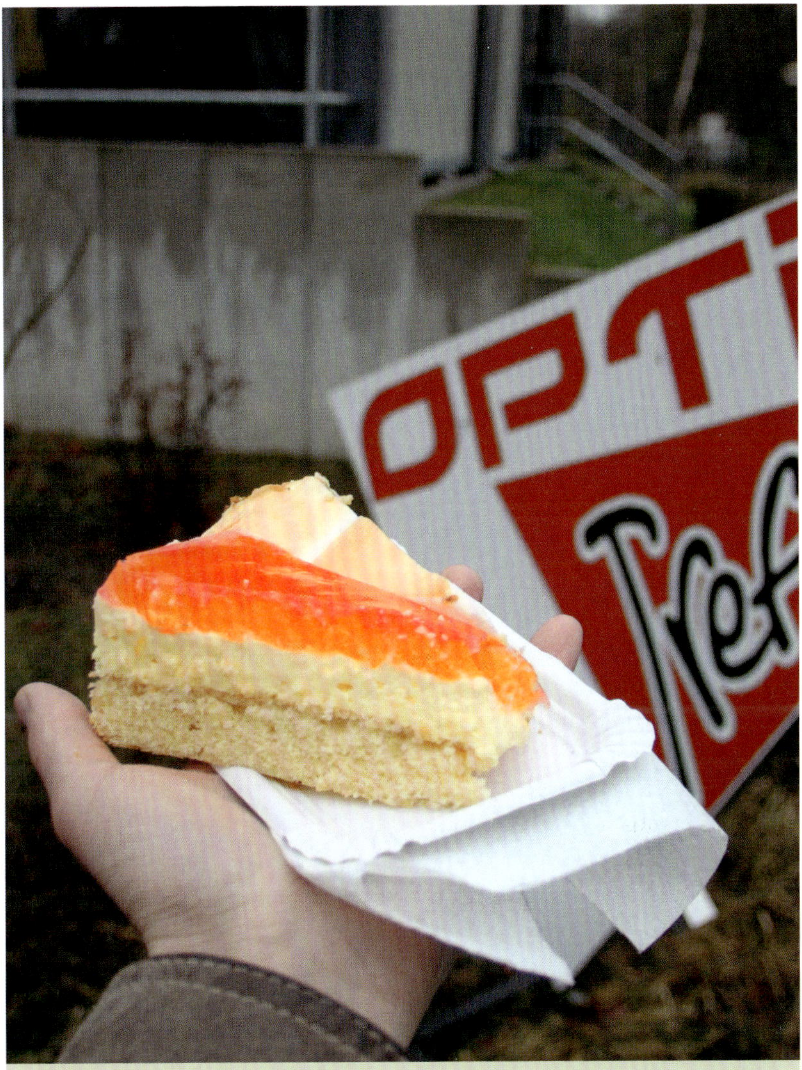

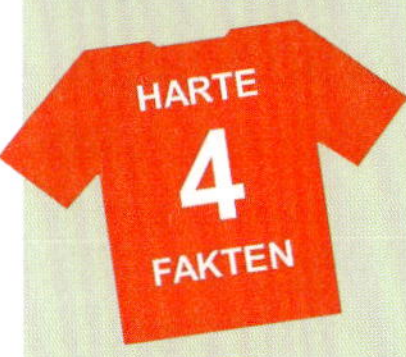

Spielstätte: Stadion Vogelsang

Regionalliga Nordost: bislang sieben Spielzeiten

Ingo Kahlisch: Rekordhalter in den oberen vier Ligen

Gemütlich: der kleine Presseraum

BSC Rathenow 1994

Wenn der Namensvetter ein Pokalheld wird …

Das Bauchgefühl sagte: Da würde was gehen gegen den Brandenburger SC Süd 05! Somit setzte ich mich am 2. September 2011 in den Regionalzug und düste nach Rathenow. Nicht das Stadion Vogelsang des Stadtrivalen, sondern der Sportplatz am Schwedendamm war das Ziel der Reise. Der Siebtligist BSC Rathenow 1994 versuchte sein Glück gegen den Oberligisten – und mit dabei war mein Namensvetter Marco Bertram mit der Rückennummer 27.

256 Zuschauer fanden sich ein, unter ihnen rund 70 Gästefans. Mit solch einer Kulisse war man ein wenig überfordert. Es hakte am Biernachschub. „Boah, haste jesehn, wie der zapft?", echauffierte sich ein jüngerer Zuschauer. Am Ende war auf Heimseite jedoch der Ärger verflogen. In Form eines 2:1-Sieges schafften die Rathenower die Sensation. Nachdem Altlüdersdorf rausgekegelt wurde, war im Achtelfinale Babelsberg 03 zu Gast. Und wieder roch es nach einer Sensation. Es dämmerte bereits, als es mit einem 0:0 in die Verlängerung ging. Am Ende mussten sich Marco Bertram & Co mit 0:1 geschlagen geben.

Längst spielt Marco nicht mehr dort, aktuell ist der BSC Rathenow 1994 nur noch in der Kreisliga A zu finden. Und dabei sah es mal fast so aus, als könnte der BSC Rathenow 94 zum FSV Optik Rathenow aufrücken. Der Reihe nach: 1954 wurde die BSG Aufbau Rathenow gegründet, 1989 wurde aus ihr der WSV Rathenow. Am 1. Juli 1994 erfolgte die Fusion mit der SG Motor Süd zum BSC Rathenow 1994.

Vor dem großen Sprung stand der BSC am Ende der Landesliga-Saison 2009/10. Unter den Trainern Michael Zugehör und Jörg Heinrich (1969 im Rathenower Ortsteil Böhne-Wilhelminenhof geboren) wurde prima Fußball gespielt, doch am Ende blieb es bei Rang zwei.

Den Weg nach unten musste der BSC am Ende der Saison 2012/13 antreten. Das „6-Punkte-Spiel" beim 1. FV Stahl Finow ging verloren, zudem konnte der TSV Chemie Premnitz sein Heimspiel gewinnen. 2015 ging es nach einem irren Finish noch einmal hoch, doch wurde ein Jahr später die erste Mannschaft zurückgezogen. Es erfolgte der Neustart in der Kreisliga.

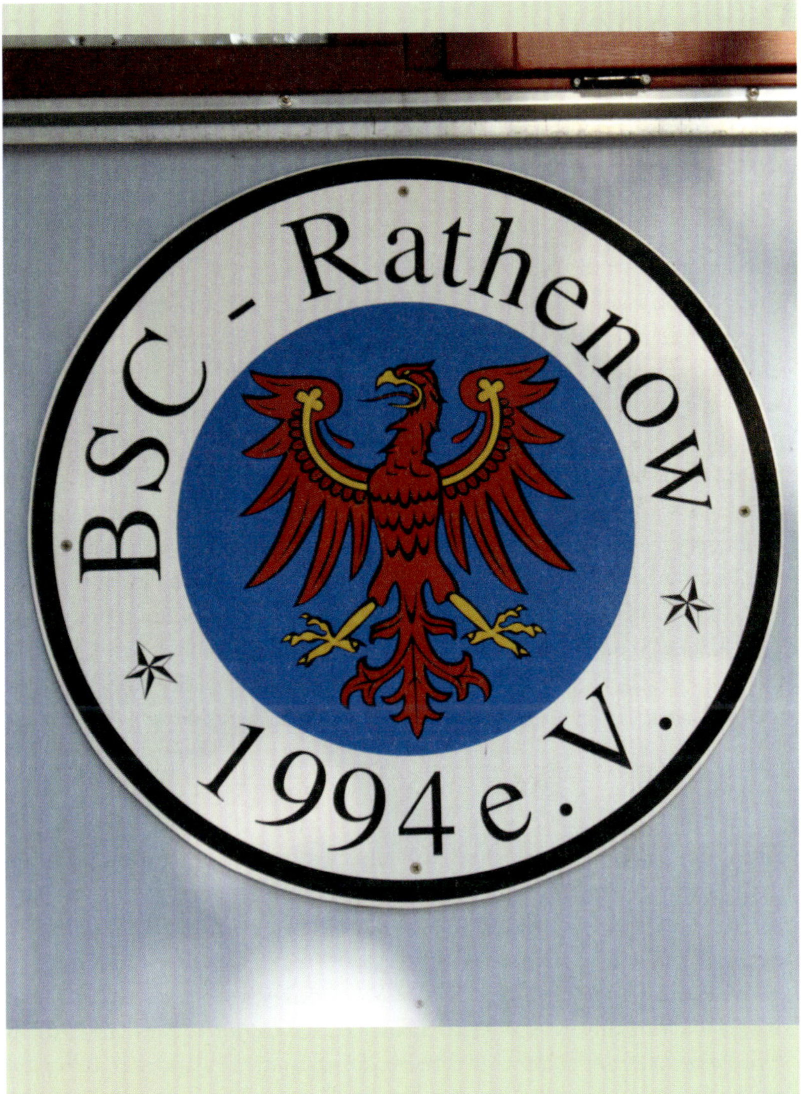

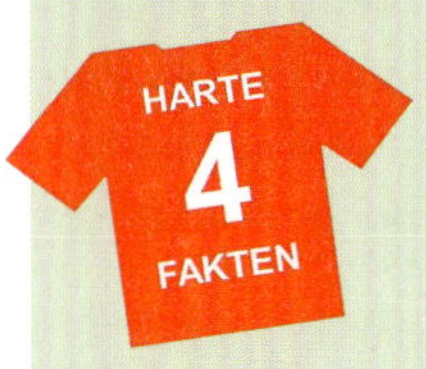

Gründung als BSG Aufbau: 1954
Fusion mit SG Motor Süd: 1. Juli 1994
Unvergessen: Landespokalspiele 2011/12
Marco Bertram: 2012 Wechsel zu Havelwinkel Warnau

Prignitzer Kuckuck Kickers

Tiefer Fall der Samba-Kicker

Seja bem-vindo! Herzlich willkommen in Kuckuck! Im Jahr 2004 traf der brasilianische Fußballspieler Carlos Augustos de Oliveira im kleinen Dorf Kuckuck, das zu Sadenbeck (Pritzwalk) gehört, ein. Später folgten viele weitere brasilianische Spieler, die beim am 14. Februar 2000 ins Leben gerufenen Verein Prignitzer Kuckuck Kickers ihr Glück versuchten und gar nicht mal schlecht verdienten. Man munkelte, dass Carlos Augustos de Oliveira, Renan de Souza Mucci Daniel, Thiago Schmidel de Freitas & Co. gratis Unterkünfte und Heimflüge zur Verfügung gestellt bekamen.

Bei den christlich geprägten Kuckuck Kickers waren es am Ende 15 südamerikanische Spieler, die den Verein ratzfatz hoch in die Brandenburgliga schossen. 2004/05 kamen im Schnitt 150 Zuschauer zu den Heimspielen in der Landesklasse, locker flockig wurde Carlos Augustos de Oliveira Torschützenkönig.

Es gab eine Partie, bei der zehn Brasilianer und der deutsche Spieler Paul Müller auf dem Platz standen. Das kam bei der Konkurrenz alles andere als gut an. Die Anfeindungen nahmen rapide zu. Regenschirme und sogar Messer sollen im Spiel gewesen sein, als die Spieler am 29. März 2009 auswärts bei Union Fürstenwalde nach Abpfiff mit einer brasilianischen Fahne ausgiebig den 3:2-Sieg gefeiert hatten. Zudem hatten die Kickers nicht nur Samba-Fußball gespielt, sondern gingen äußerst robust zu Werke. „Brasilianische Härte setzt dem FSV zu“, titelte damals die Märkische Oderzeitung.

Der Druck und die Kritik nahmen zu, bereits 2009 gab es bei den Kuckuck Kickers Überlegungen, sich zurückzuziehen, doch sollte es noch anderthalb Jahre dauern, bis dieser Schritt vollzogen wurde. Am 24. Januar 2011 wurde der Spielbetrieb eingestellt, schon bald verwaisten auch die offizielle Webseite und der Sportplatz. Das ambitionierte Projekt „Futebol Brasileiro do Prignitz“ war gescheitert, der viel zitierte Bogen war überspannt. Zehn hart spielende Samba-Kicker auf einen Schlag – das kannst du in der Brandenburgischen Provinz echt nicht bringen!

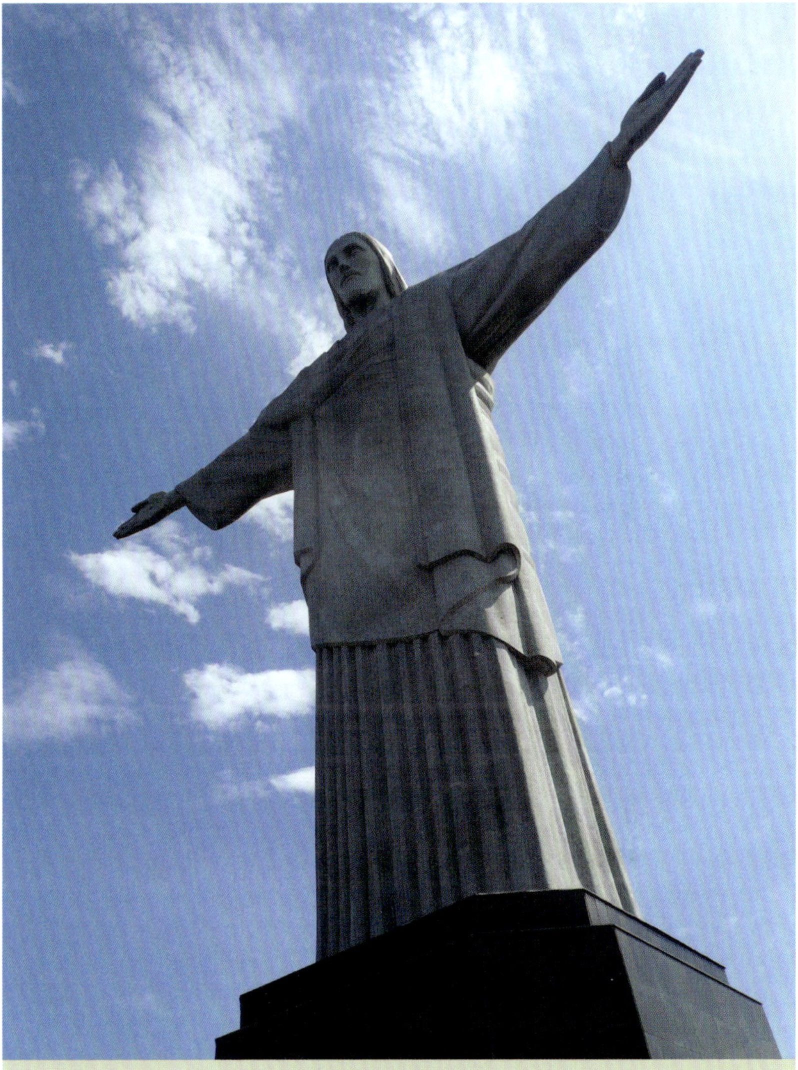

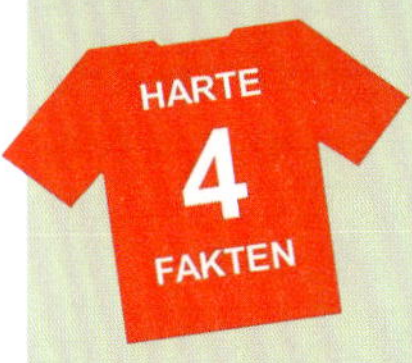

Gründung: 14. Februar 2000

Spielstätte: Sportplatz Kuckuck

Besonderheit: Rekordzahl an brasilianischen Spielern

Auflösung: 24. Januar 2011

TSV 1878 Schlieben

Der Acker bebt

Die Farben Schwarz und Gelb, im Wappen ein gehörntes Rind?! Sogleich musste ich an den 9. Mai 2012 denken. Damals verfolgte ich den Liveticker des Landespokalspiels Rot-Weiß Oberhausen vs. SV Hönnepel-Niedermörmter. Die Jungs vom „bebenden Acker" ließen es damals bei den Malochern im Niederrheinstadion krachen, nach dem Sieg im Elfmeterschießen zog der SV Hö-Nie ins Pokalfinale ein. Sechs Jahre später sah ich im Netz Aufstiegsfeier-Fotos eines anderen Kultvereins. Die Farben ebenso Schwarz und Gelb – dazu der Kopf eines Wiederkäuers. „Nobody can stop the Ochsen" war beim Heimspiel neben der Auswechselbank zu lesen. Dahinter ein gelbes Herz. Gebongt! Der TSV 1878 Schlieben muss beleuchtet werden!

2003/04 hatte Schlieben sogar in der Verbandsliga Brandenburg gespielt, und im Schnitt kamen 408 Zuschauer zu den Heimspielen, leider ging es dann wieder abwärts. Schlieben, das sich in der Nähe von Herzberg, Bad Liebenwerda und Luckau befindet, wurde im Jahre 973 erstmals erwähnt. Im Stadtwappen bildet ein Ochse mit goldenem Nasenring das zentrale Element, und genau dieser Ochse findet sich auch im Vereinsemblem des TSV 1878 wieder. Zu DDR-Zeiten zierte jedoch eine Mauerkelle das Wappen der damaligen BSG Aufbau Schlieben. Die Fußballabteilung des 1878 ins Leben gerufenen Vereins wurde bereits 1928 gegründet, diese ruhte jedoch nach dem Zweiten Weltkrieg. In Schwung kam das Ganze Anfang der 1980er-Jahre, den alten Namen nahm Schlieben 1990 an. Der Ochse kam jedoch erst später mit ins Wappen.

Während man im Netz von der BSG Aufbau nur die eine oder andere alte Anstecknadel findet, gibt es in der Gegenwart ein ganzes Repertoire an Fanartikeln, die sich sehen lassen können. Von den Armbändern und den Tassen über klassische T-Shirts und Streifenschals bis hin zu gelben Turnbeuteln und Babystramplern. Leidenschaft verbindet! Dazu der markante Kopf des Ochsen.

Apropos, neben Fußball gibt es auch Tischtennis und Kegeln. Letzteres seit den 1930ern, damals gekegelt wurde auf einer Bohlebahn im Saal der Gaststätte „Böttcher".

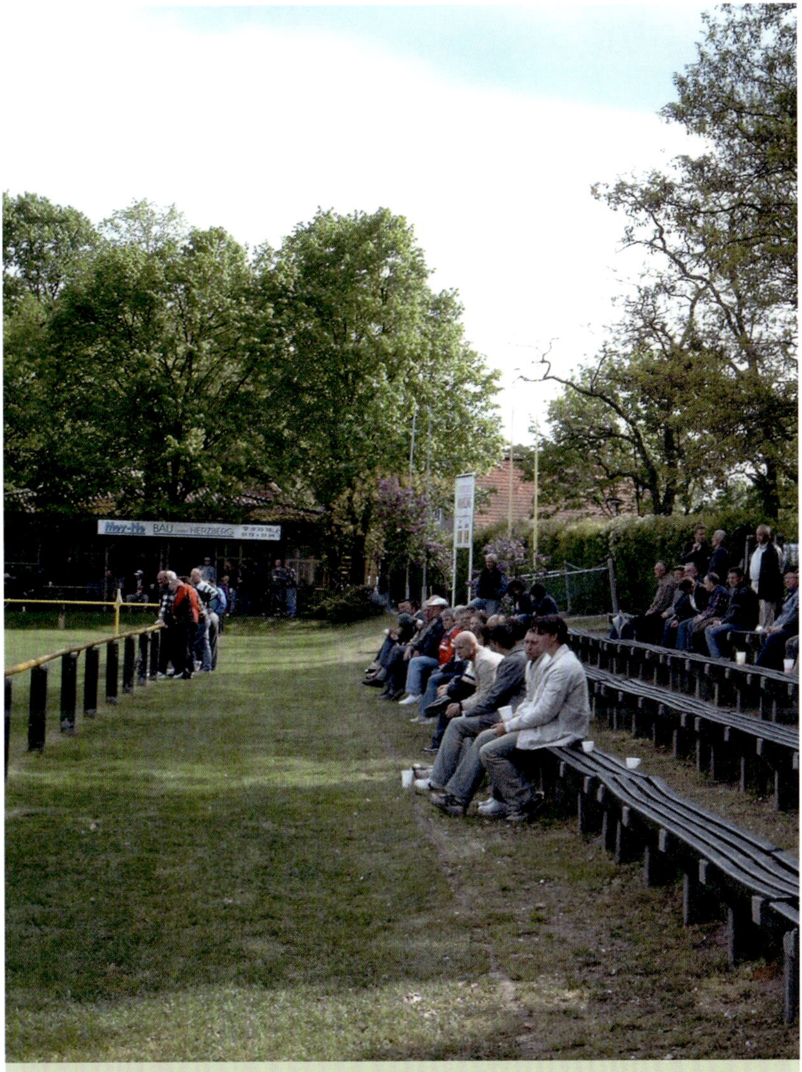

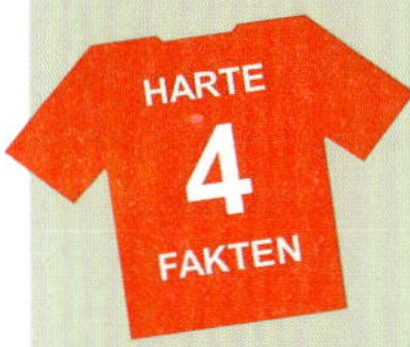

Assoziation zu: SV Hönnepel-Niedermörmter
Gründung des Vereins: 1878
Gründung der Fußballabteilung: 1928
Aktuelle Spielklasse: Landesliga Süd

SV Germania 90 Schöneiche

Mit der DDR-Straßenbahn zum Jahn-Sportplatz

„Roland hat die schönste Straßenbahn der Welt ...", stimmten die Babelsberger Fans im November 2014 lautstark an, als sie von Roland mit der extra bereitgestellten Straßenbahn zurück nach Friedrichshagen gekutscht wurden. Zuvor hatten die Fans auswärts ihre Mannschaft beim Landespokalspiel gegen SV Germania 90 Schöneiche unterstützt. Vor allem wegen der Anfahrt mit der alten DDR-Straßenbahn waren die Auswärtsspiele in Schöneiche für Gästefans überaus beliebt.

Diese Zeiten sind jedoch weitgehend vorbei. Nach dem Rückzug der ersten Mannschaft aus der NOFV-Oberliga wird seit 2017 nur noch in der Landesliga Süd gespielt. Immerhin von 2006 bis 2012 sowie von 2014 bis 2017 wurde in der Oberliga der Ball rollen gelassen. In der Saison 2006/07 war Germania Schöneiche hinter Cottbus, Babelsberg und Ludwigsfelde sogar der viertbeste Verein in Brandenburg.

Der erste Vorgängerverein wurde bereits 1894 als MTV Germania 1894 Kleinschönbeck-Schöneiche ins Leben gerufen, gespielt wurde in der Anfangsphase auf einem Kartoffelacker. In einer Lehmgrube, so besagt die Legende, wurden Turngeräte aufgestellt.

Zu DDR-Zeiten erfolgten zahlreiche Namensänderungen und Zusammenschlüsse. Gespielt wurde fortan als SG Schöneiche, BSG Lokomotive Schöneiche, BSG Motor Friedrichshagen, BSG Motor Ostend, TSC Oberschöneweide/Ostend, BSG Empor Köpenick, TSG Schöneiche und BSG ZBE Landbau Schöneiche. Als Motor Friedrichshagen wurde 1956 am FDGB-Pokal teilgenommen, doch scheiterte man in der ersten Qualifikationsrunde am Nachbarn Aufbau Rüdersdorf. 1978 erfolgte als Landbau Schöneiche der Sprung in die Bezirksliga Frankfurt (Oder). Nach dem Abstieg 1983 durfte 1989 der erneute Sprung nach oben gefeiert werden.

Im Frühjahr 2004 wurde als SV Germania 90 Schöneiche der Landespokal geholt, im DFB-Pokal hatte man es im Stadion An der Alten Försterei mit dem TSV 1860 München zu tun. Vor 2.800 Zuschauern musste man sich mit 1:2 geschlagen geben, Ronny Huppert erzielte vom Elfmeterpunkt aus einen Treffer für die Ewigkeit ...

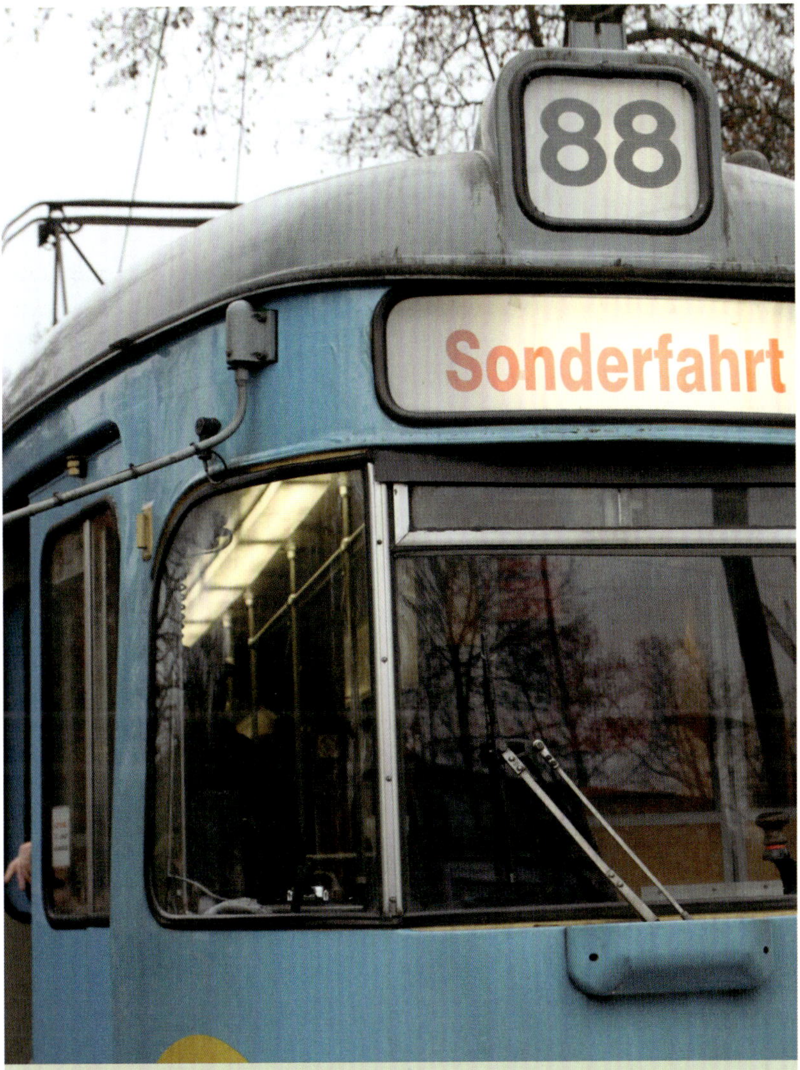

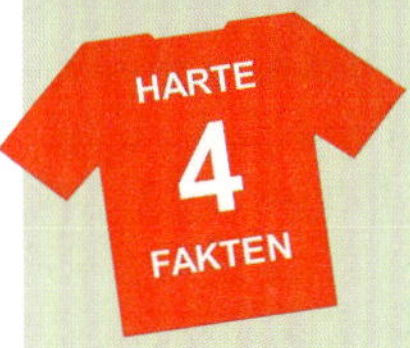

Germania-Treffer bei fussball.de: 256
Gründung des Vorgängervereins: 1894
Teilnahme am FDGB-Pokal: 1956
Anreise: Straßenbahnlinie 88

Schönow 081

Schönower SV

Bundesligaluft an der Ostgrenze

Die Uckermark ist nicht nur eine Landschaft, die sich über die Brandenburger Grenze hinaus nach Vorpommern erstreckt, sondern auch einer der größten Landkreise der gesamten Bundesrepublik. Im Landkreis spielt Fußball kaum eine große Rolle. Nur in Schwedt, Prenzlau und Templin lernten die Sportler höhere Sphären kennen. Am Ende der 2010er-Jahre schnupperte auch mal Angermünde etwas Landesliga-Luft, aber sonst sind hier kaum sportliche Erfolge zu verzeichnen.

In den Reigen der erfolgreichsten Fußballvereine der Region reiht sich zu den genannten auch noch der Schönower SV ein. Seit über 90 Jahren wird im Ort an der Grenze zu Polen dem Lederball hinterher gerannt, nach der Wende wurde sogar in der damals sechsthöchsten Liga (Landesliga Nord) um Punkte gekämpft.

Dem Verein gehört auch der ehemalige Bundesliga-Schiedsrichter Frank Fleske an, der 32 Erstligaspiele sowie mehrere DFB-Pokalspiele und Zweitligapartien leitete. Er und der Verein machten Schönow als das „Sportdorf" weit über Brandenburgs Grenzen hinaus bekannt. Fleske wurde am 16. April 1962 in Eisenhüttenstadt geboren, da hatte das traditionelle Pfingstsportfest des 1928 gegründeten SSV bereits zirka 30 Jahre auf dem Buckel.

Anfangs lud Schönow zum freundschaftlichen Test Vereine aus der Umgebung ein. Comet Stettin war beispielsweise ein beliebter Gegner auf dem Schönower Sportplatz, der heute nach dem Star-Spieler Friedrich Baumgarten, aktiv in den 1950ern, benannt ist. In den Zeiten, als der Rubel noch besser rollte, zog man sich zu Pfingsten auch Größen wie den FC Schalke 04 an Land (1997). Legenden wie Rudi Assauer, Huub Stevens und Charly Neumann und weitere Eurofighter des Jahres 1997 lobten unter anderem den gut gepflegten Rasen. Seit Jahren füllt auch schon traditionell das Kreispokalfinale die Ränge des Sportplatzes, der sich gästefanfreundlich unweit des Bahnhofs befindet. Das Kreispokalfinale der Uckermark wird immer am 1. Mai ausgetragen. Eine vierstellige Besucherzahl ist an diesem Tag keine Seltenheit.

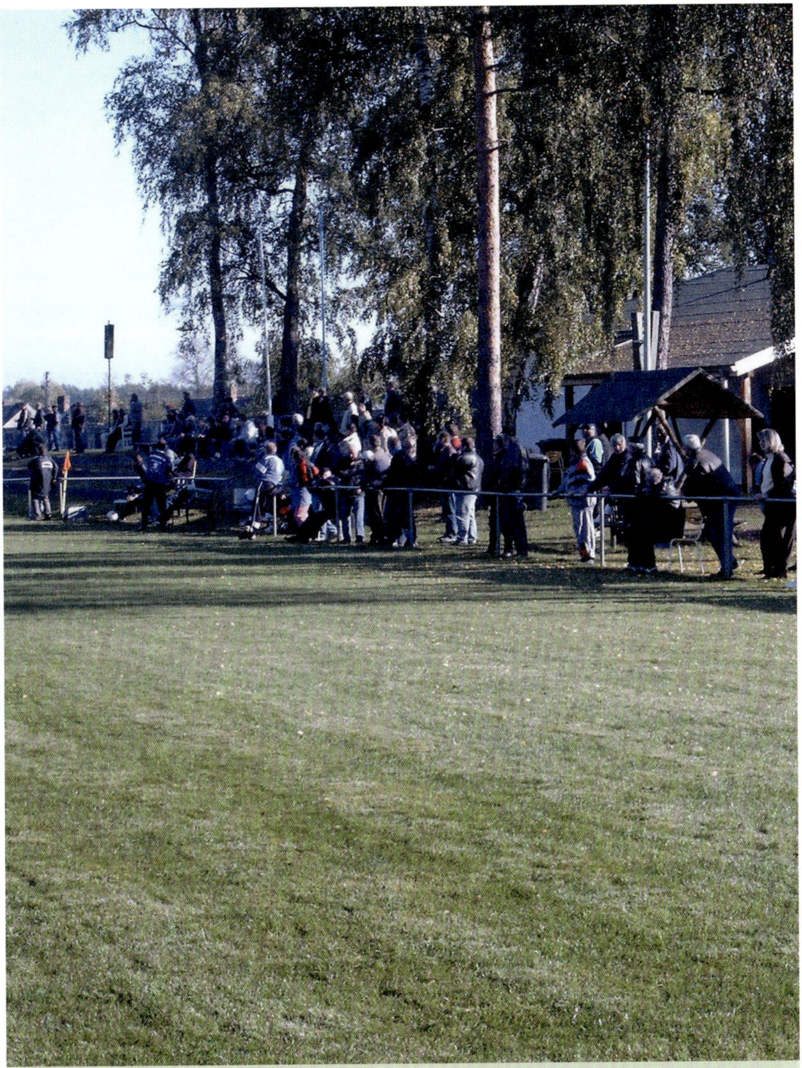

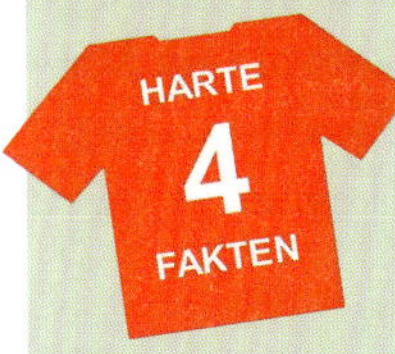

Geographische Lage: zwischen Prenzlau und Schwedt

Schiedsrichter-Einsätze von Frank Fleske: 249

Spielstätte: Friedrich-Baumgarten-Sportstätte

Aktuelle Spielklasse: Landesklasse Nord

Sportanlage am SeeCampus

BRABAG und Chemie

Im Oktober 1934 wurde die Braunkohle-Benzin AG (BRABAG) gegründet, bis 1945 wurden an den Standorten Böhlen, Magdeburg, Zeitz und Schwarzheide synthetische Kraftstoffe und Schmieröle hergestellt. Drei Jahre nach der Werksgründung wurde BRABAG Schwarzheide als Werksmannschaft ins Leben gerufen, doch sollte keine Teilnahme an der Gauliga Berlin-Brandenburg gelingen.

Nach dem Zweiten Weltkrieg wurde der Verein als SG Schwarzheide neu gegründet, und nachdem aus dem dortigen Werk das VEB Synthesewerk Schwarzheide wurde, ließ der Verein als BSG Chemie Schwarzheide recht erfolgreich den Ball rollen. 1958, 1959, 1960, 1961/62 und 1962/63 spielte die erste Mannschaft in der II. DDR-Liga, zudem wurde 1959, 1962 und 1964 am FDGB-Pokal teilgenommen. Und die Chemiker waren nicht nur als Statisten dabei. Im Mai 1959 wurde mit 2:1 n.V. bei Dynamo Frankfurt gewonnen, im März 1961 wurde die BSG Stahl Stalinstadt mit 6:1 aus dem Wettbewerb gekegelt. In der Runde darauf musste man sich allerdings denkbar knapp bei der BSG Motor Süd Brandenburg mit 3:4 geschlagen geben. Einen großen Gegner durfte man in der ersten Hauptrunde am 8. September 1963 begrüßen, als die SG Dynamo Dresden in Schwarzheide ihre Visitenkarte abgab. Chemie Schwarzheide schlug sich wacker, nach 90 Minuten hieß es 0:1.

In der Folge waren die großen Zeiten vorbei, nach der Auflösung der II. DDR-Liga wurde bis 1972 in der Bezirksliga Cottbus gespielt. In den späteren Jahren versank der Verein in der Bedeutungslosigkeit.

1990 wurde der Name in SG Chemie Schwarzheide geändert, ab 1994 ging es weiter als FSV Grün-Weiß Schwarzheide. Ähnlich wie in Leipzig-Leutzsch besann man sich auf die eigene Historie. So wurde im März 2010 beschlossen, dass ab dem Sommer 2010 der Verein wieder BSG Chemie Schwarzheide heißen soll. Allerdings steht das BSG nicht für Betriebssportgemeinschaft, sondern für Ballsportgemeinschaft. Begrüßenswert war dieser Schritt allemal, und auch sportlich ging es zuletzt wieder aufwärts. So wurde am 17. Juni 2018 der Aufstieg in die Kreisoberliga gefeiert.

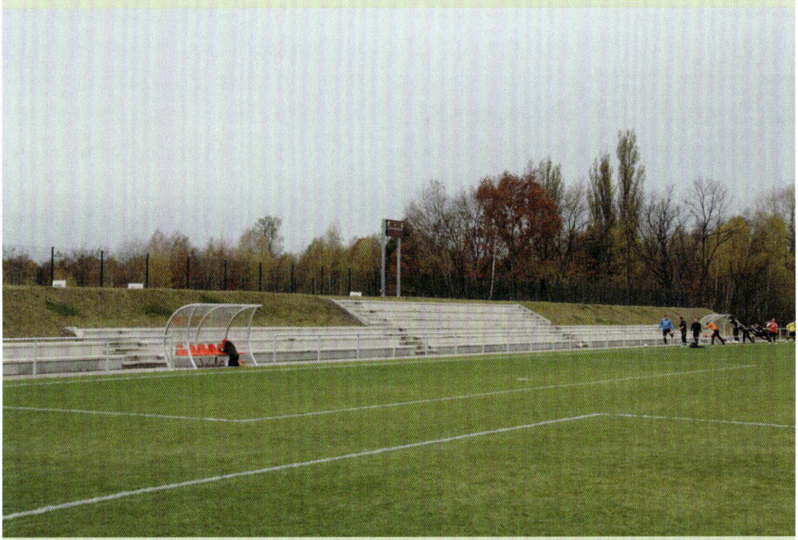

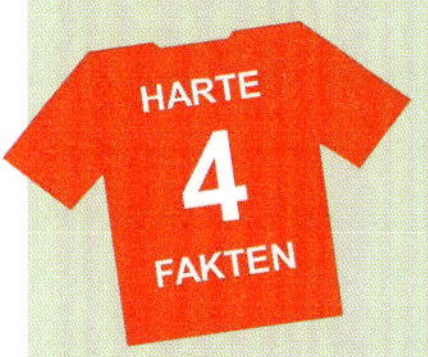

Teilnahme am FDGB-Pokal: 1959, 1962, 1964

Erfreulich: Wieder „Chemie" seit 2010

Spielstätte: SeeCampus

Aktuelle Spielklasse: Südbrandenburgliga

Stadion Heinrichslust

Als die Eisernen zu Gast waren

Früher ging es noch gegen den BFC Dynamo, den F.C Hansa Rostock oder den 1. FC Union Berlin ran. Heute plagt man sich gegen Speckgürtelvereine vom Rande Berlins oder denkt melancholisch ähnlich wie ebenfalls abgestürzte DDR-Klubs wie Chemie Premnitz an alte Zeiten, in denen Ausnahmezustand in der Plattenbaustadt herrschte, wenn die Eisernen aus Köpenick an der Oder antreten mussten. Damals dominierte die BSG Chemie PCK Schwedt das sportliche Geschehen in der Partnerstadt Leverkusens. Aktuell ist der FC Schwedt 02 der Verein, der als Landesligist am höchsten spielt. Nach Umbenennungen und Fusionen lässt sich zur BSG immerhin noch eine winzige Wurzel finden. Weder der 1. FC Schwedt noch der UFC Schwedt existierten lange. Für ein Weilchen fand gelegentlich noch das grün-weiße Banner der „Adventures Schwedt", den Fans des 1. FC Schwedt, den Weg an die mittlerweile leicht rostigen Stangen der Spielfeldbegrenzung.

Aus der Epoche des UFC Schwedt hält sich vielleicht bei ein paar älteren Stadiongängern noch die UFC-Hymne als Ohrwurm im Gedächtnis. „Und die Zukunft hat 'nen Namen – UFC – schwarz, rot sind die Farben". Die Textschreiber und der UFC selbst rechneten wohl nicht mit dem raschen Verfallsdatum.

Ins Leben gerufen wurde der FC Schwedt 02 am 1. Juli 2002 im Zuge der Zusammenlegung des UFC und des 1. FC Schwedt. Gespielt wurde seitdem in der Brandenburgliga und der Landesliga. Zu Gast war mitunter auch Union, allerdings nur Union Klosterfelde. Gegen den 1. FC Union Berlin trat man 1980/81 und 1981/82 in der DDR-Liga an. Am 20. September 1980 konnte sogar mit 2:1 im Stadion An der Alten Försterei gewonnen werden.

Die sportliche beste Saison war 1979/80, als in der Staffel B Rang zwei erreicht wurde – punktgleich mit dem Tabellenführer SG Dynamo Fürstenwalde. Der 1949 in Schwedt geborene Wolfgang Hefter war mit 12 Treffern der Torschützenkönig. Die größte Zuschauerkulisse jener Saison gab es beim Duell Chemie PCK Schwedt vs. ASG Vorwärts Neubrandenburg (1:1), das 3.200 Zuschauer sehen wollten.

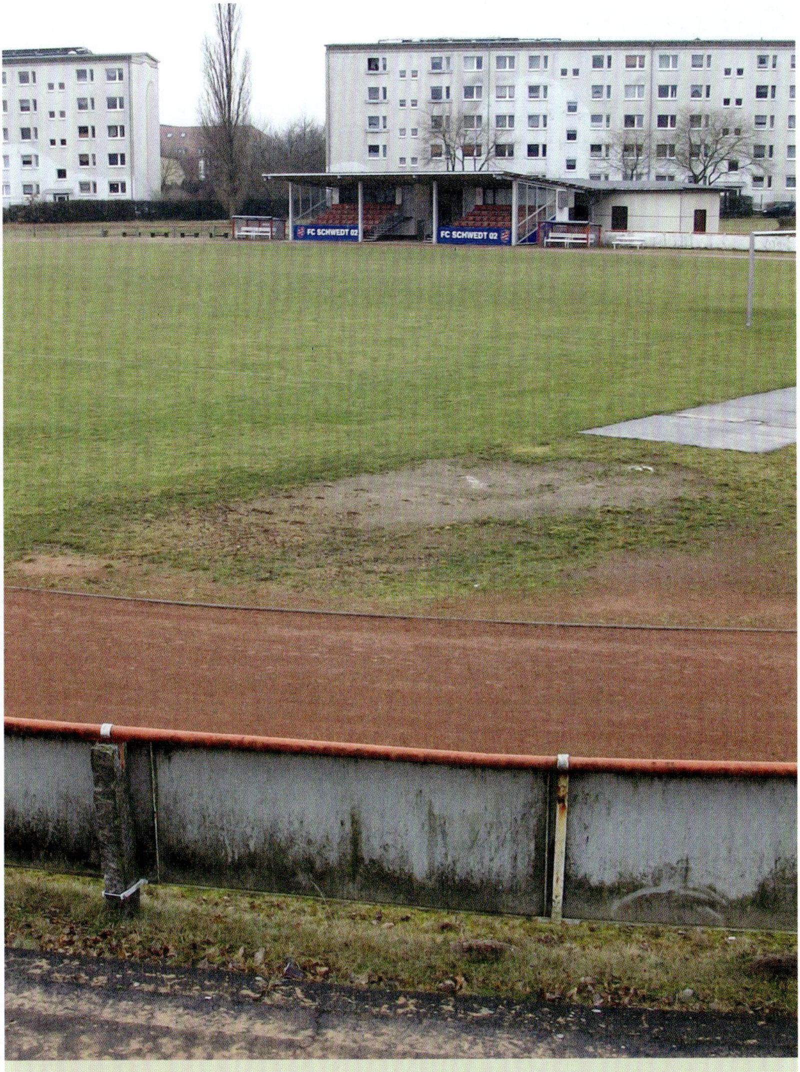

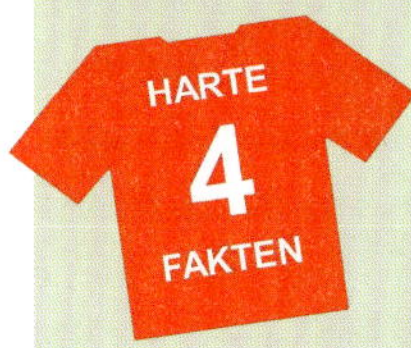

Hingucker: Wappen der BSG Chemie PCK Schwedt

Größter Erfolg: Rang 2 DDR-Liga Staffel B 1979/80

Einstiger Torgarant: Wolfgang Hefter (69 Treffer)

Aktueller Vereinsname: FC Schwedt 02

Seelow 084

Victoria Seelow

Im Schatten der Seelower Höhen

Der Mund wurde trocken, als im Vorführungsraum der Gedenkstätte Seelower Höhen der 1994 angefertigte Dokumentarfilm angeschaut wurde. Aus den Augenwinkeln bahnten sich Tränen ihren Weg, und kurzzeitig grübelte ich, ob das Mitnehmen des siebenjährigen Sohnes zur Filmvorführung so eine gute Idee war. Jedoch verwarf ich diesen Gedanken und erinnerte mich an meine eigene Schulzeit an der POS, als wir auch bereits in der 2. Klasse zu solchen Veranstaltungen mitgenommen wurden.

Die Gedenkstätte in Seelow sollte jeder einmal besucht haben, und bei Interesse kann der Ausflug mit einem Heimspiel des SV Victoria Seelow kombiniert werden. Dieser spielt derzeit immerhin in der NOFV-Oberliga, sodass unter anderem TeBe, Hansa Rostock II und Blau-Weiß 90 Berlin die Gegner sind. Leider spielt der 1. FC Frankfurt (Oder) derzeit nur in der Brandenburgliga, denn die Duelle gegen den südlichen Nachbarn gehörten in der Vergangenheit zu den Saisonhighlights. So auch im Februar 2018, als 520 Zuschauer zum EWE Sportplatz strömten. Gespielt wird allerdings in der Regel in der Sparkassenarena, in der man einen Blick auf die benachbarten Plattenbauten hat. Beim Heimspiel gegen Stahl Brandenburg präsentierten ein paar Gästefans ein Banner auf einem Dach jener Hochhäuser.

Die Schlacht auf den Seelower Höhen und der Vereinsname „Victoria" – das klingt nach Ironie des Schicksals. Allerdings gibt es Zeugnisse darüber, dass Victoria Seelow bereits vor 1920 existiert hatte. Eine Rivalität zu Frankfurt gab es bereits damals, der Kontrahent hieß Preußen Frankfurt. 1952 wurde die BSG Einheit Seelow gegründet, im Jahr darauf erfolgte ein Zusammenschluss, in dessen Folge der Meistertitel in Brandenburg errungen wurde. Mit dabei waren die berühmten Brüder Franz und Arthur Bialas, die später bei Empor Rostock spielten.

Am 20. Dezember 1960 vereinigten sich Aufbau, Einheit, und Traktor zur TSG Seelow. Den heutigen Namen erhielt der Verein am 30. September 1990, als 27 Fußballfreunde der TSG und der ASG Vorwärts einen Neubeginn beschlossen. 2015 gelang erstmals der lang ersehnte Sprung in die NOFV-Oberliga.

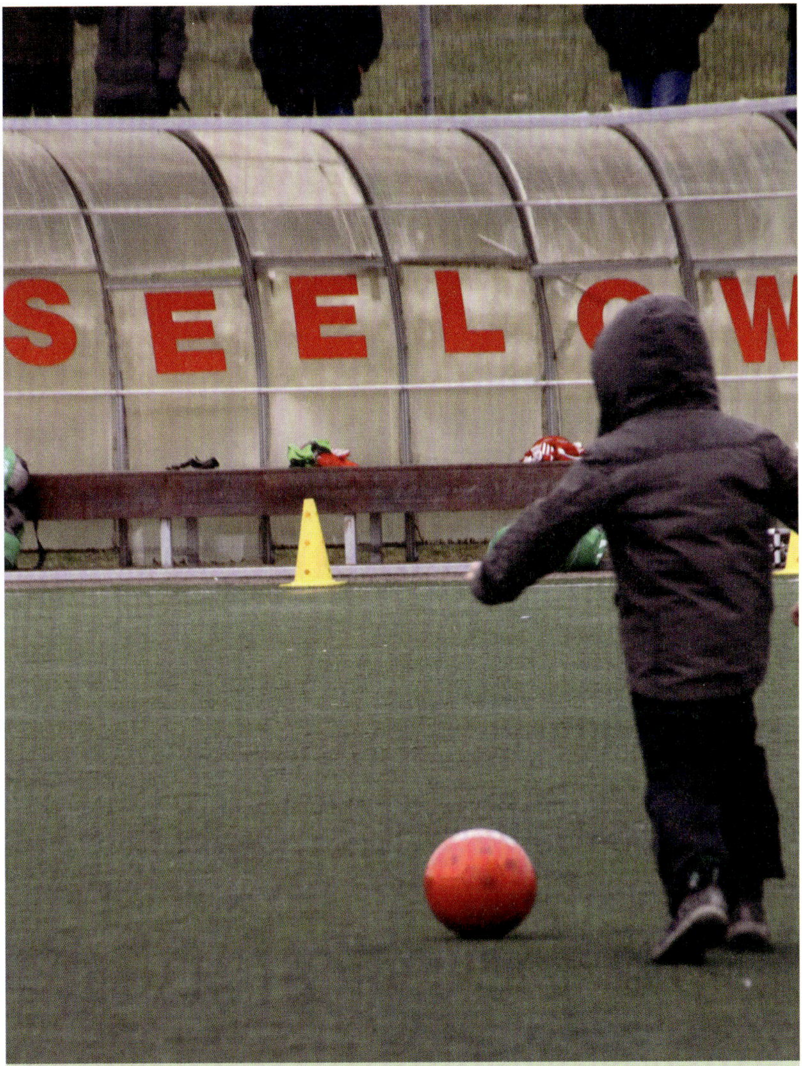

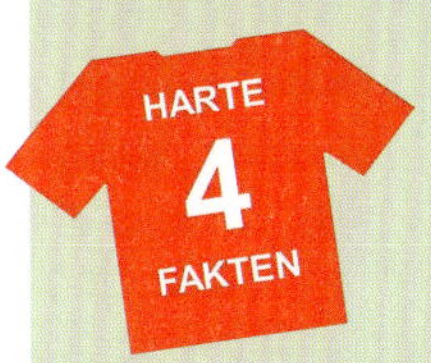

Fusion zur TSG Seelow: 20. Dezember 1960

Umbenennung: 30. September 1990

Spielstätte 1: Sparkassenarena Seelow

Spielstätte 2: EWE Sportplatz

Spremberg & Hoyerswerda 085

BSG Aktivist Schwarze Pumpe

Drücken Pumpe, drücken …

„Drücken Pumpe, drücken, zisch, zisch!“ Dieser Spruch war in den frühen 1990ern noch ein Running Gag. Wichtig: Beim „Zisch, zisch!“ musste entsprechend der rechte Arm bewegt werden. So, als wenn man an einem Kessel ordentlich den Hebel betätigen würde.

BSG Aktivist Schwarze Pumpe – genialer konnte wohl kaum ein Vereinsname sein. Gegründet wurde die Betriebsportgemeinschaft am 21. Januar 1956 für die Arbeiter des VEB Gaskombinat Schwarze Pumpe, der in Spremberg seinen Sitz hatte. Nachdem die BSG Aktivist „Spreetal“ angeschlossen und mit der BSG Einheit Spremberg fusioniert wurde, ging es sportlich rasch aufwärts. 1960 wurde in der II. DDR-Liga gespielt, viermal konnte der Aufstieg in die DDR-Liga gefeiert werden, insgesamt 22 Jahre konnte sich der Verein in der zweithöchsten Spielklasse halten.

Einen Rückschlag gab es im Sommer 1970. Wegen finanzieller Manipulationen in der zurückliegenden Saison wurde Aktivist Schwarze Pumpe in die Bezirksliga zurückgestuft, nur zwei Jahre später erfolgte jedoch die Rückkehr.

Für positive Schlagzeilen wurde in jener Zeit im FDGB-Pokal gesorgt. So zog Aktivist 1970/71 bis ins Viertelfinale ein. Zuvor wurde Wismut Aue mit 2:1 bezwungen, doch dann war Dynamo Dresden (0:2) eine Nummer zu groß. Im Ligabetrieb konnten 1981 bis 1984 mit jeweils Rang zwei die besten Resultate erzielt werden. Aktivist war nah dran am Aufstieg in die DDR-Oberliga, doch der große Sprung blieb dem Verein verwehrt. Zu den Heimspielen kamen zu jener Zeit im Schnitt 1.850 Zuschauer. 1982 gab es sogar den Saison-Liga-Rekord der Staffel D, als über 3.500 Fußballfreunde das Duell BSG Aktivist Schwarze Pumpe vs. BSG Stahl Riesa (0:2) sehen wollten.

Im Mai 1991 wurde aus Aktivist der FSV Hoyerswerda (seit der Bürgerbefragung 1990 gehört Hoyerswerda zu Sachsen), 1999 unterlag man in der Relegation zur Regionalliga dem FC Schönberg 95. 2002 erfolgte die Umbenennung in FC Lausitz Hoyerswerda, 2016 kam es zur Fusion mit dem Hoyerswerdaer SV 1919. Seitdem wird als Hoyerswerdaer FC in der Kreisoberliga Westlausitz gespielt.

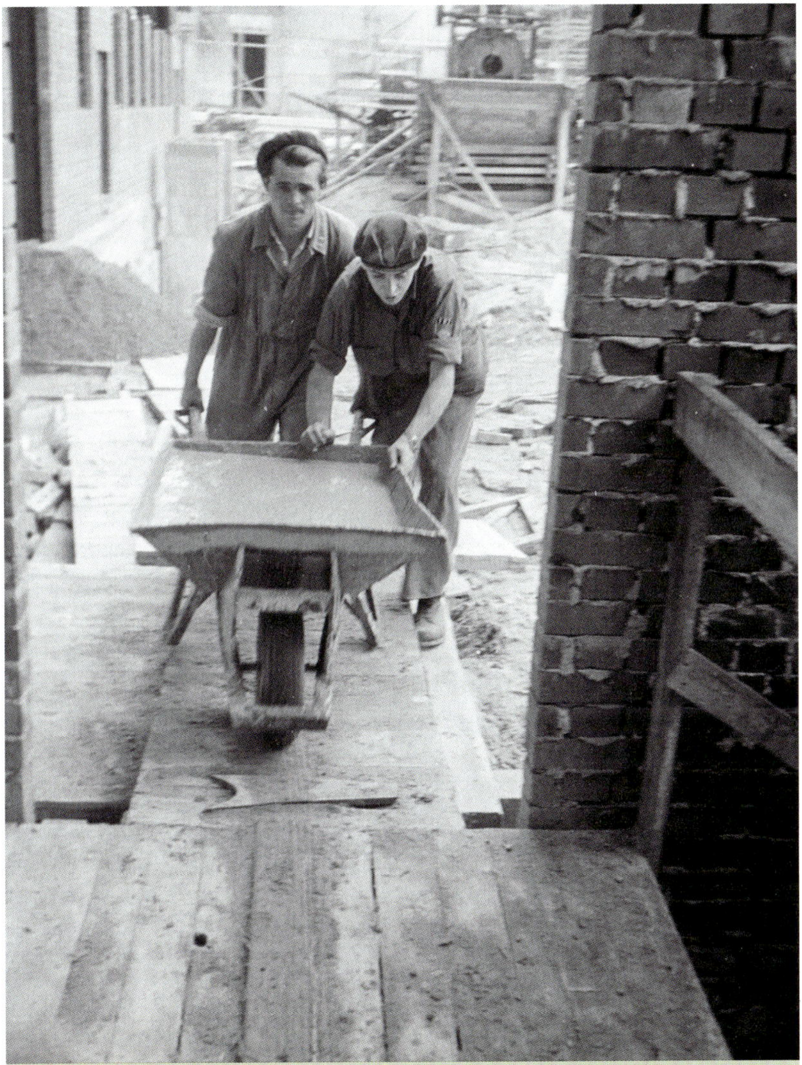

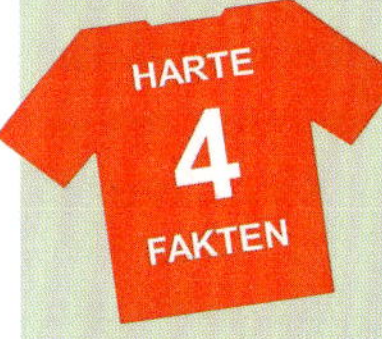

Gründung der BSG: 21. Januar 1956

Schwarzer Sommer 1970: finanzielle Manipulationen

Größte Erfolge: Rang 2 in der DDR-Liga 1981 bis 1984

Zugehörig zu Sachsen: seit 1990

Sportplatz Heinrich-Zille-Straße

RSV Eintracht 1949

RSV steht für „Regionaler Sportverein". Eine Abkürzung, die es nicht allzu häufig gibt. Der RSV Eintracht 1949 hat seinen Sitz in Stahnsdorf und dürfte vielen auch vom Basketball bekannt sein. Eine Zeitlang wurde in der 2. Bundesliga gespielt, derzeit ist allerdings die Regionalliga der Stand der Dinge. Regionalliga? In dieser könnte theoretisch auch in absehbarer Zeit die erste Fußballmannschaft des RSV Eintracht 1949 spielen. In der Brandenburgliga läuft es gerade rund, die NOFV-Oberliga ist in greifbarer Nähe. Und dass wirklich was gehen könnte, wurde beim Landespokalspiel gegen den FC Energie Cottbus im Oktober 2019 bewiesen. Vor 1.325 Zuschauern lieferten sich die Jungs aus Stahnsdorf auf dem Sportplatz in der Heinrich-Zille-Straße mit den Lausitzern ein heißes Tänzchen. In der 19. Minute konnte Levi Böttcher zwischenzeitlich zum 1:1 ausgleichen, am Ende musste man sich nur mit 1:2 geschlagen geben.

Sonniges Herbstwetter, eine gute Kulisse, extra angefertigte T-Shirts zur Erinnerung und ein üppiges VIP-Buffet. Der Verein bewies, dass er größeren Aufgaben durchaus gewachsen ist. Auf dem Platz drängten die Stahnsdorfer mutig zum erneuten Ausgleich, sodass Energie-Trainer Wollitz ziemlich bedient war und nach dem Abpfiff dem RSV-Coach Patrick Hinze zunächst die Hand verweigerte. Später wurden die Wogen allerdings wieder geglättet.

2011/12 hing am Vereinsnamen noch das „Teltow" dran, und es wurde in der Landesliga Nord gespielt. Drei Jahre zuvor spielten die Teltower noch in der Kreisliga Havelland-Mitte unter anderem gegen Paulinenaue/Hertefeld und SV Babelsberg 03 III. Rein theoretisch könnten bereits 2020/21 mit der ersten Mannschaft von Nulldrei die Klingen gekreuzt werden.

Was die Historie betrifft, so wurde am 2. August 1949 die BSG Einheit Teltow gegründet, aus ihr wurde später die BSG Electronic Teltow und dann die TSG Teltow-Kleinmachnow 1949. Im Mai 1998 entstand im Zuge der Fusion mit der Fußballjugend Kleinmachnow/Teltow der RSV Eintracht Teltow-Kleinmachnow-Stahnsdorf 1949. Da das Ganze ein wenig sehr lang ist, werden in der Gegenwart die drei Ortsnamen weggelassen.

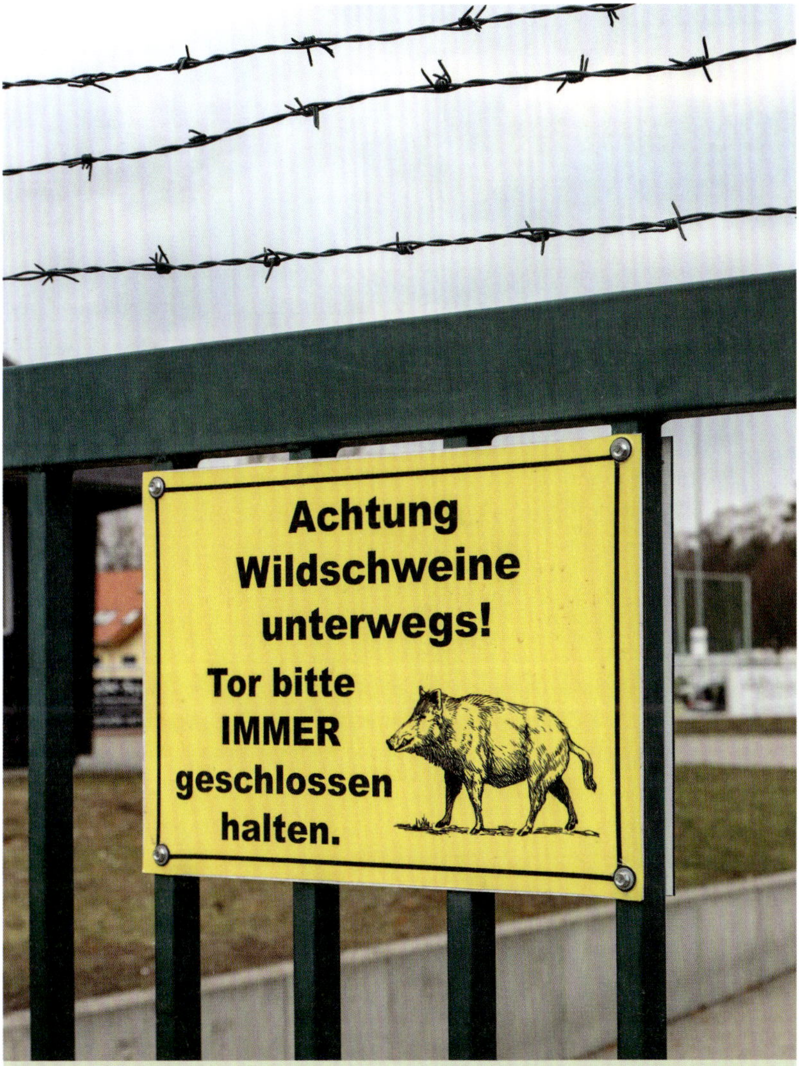

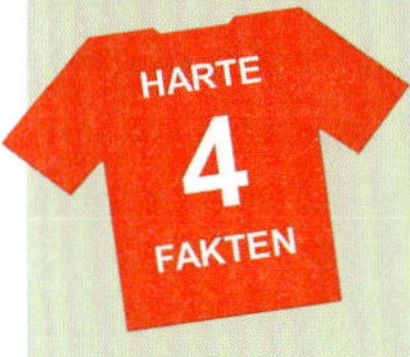

Höchste Priorität: Tor geschlossen halten! (Wildschweine)

Gleich nebenan: der Südwest-Kirchhof Stahnsdorf

RSV steht für: „Regionaler Sportverein“

Aktuelle Spielklasse: Brandenburgliga

Strausberg 087

FC Strausberg

Im Zeichen der NVA und des Straußes

Ob Strausberg wirklich etwas mit dem Strauß zu tun hat, konnte nie geklärt werden. Amtlich aufgenommen wurde der silberne Strauß ins Stadtwappen trotzdem, und auch im Vereinswappen des FC Strausberg ist der Strauß zu finden. In diesem jedoch mit flinkeren Füßen und einem frechen Blick. In der Gegenwart tritt der rechte Fuß gegen einen Ball, im einstigen roten Wappen der ASG Vorwärts Strausberg war anstelle des Fußballs das eingebaute gelbe Wappen des ASV zu finden.

In der Kreisstadt Strausberg waren zu DDR-Zeiten das Ministerium für Nationale Verteidigung (nach dem Beschluss der Alliierten durfte es nicht in Ost-Berlin sitzen) und das Kommando der Luftstreitkräfte ansässig, und demzufolge liefen die örtlichen Fußballer im Zeichen der Armeesportvereinigung Vorwärts auf.

Sportlich gelang jedoch nicht der große Wurf. Im Bezirk Frankfurt (Oder) hatte seit 1971 der FC Vorwärts Frankfurt das Sagen. Die Strausberger mussten mit der Bezirksliga vorliebnehmen, der Sprung in die DDR-Liga wurde mehrmals knapp verpasst. Von sich reden machte die ASG Vorwärts im Herbst 1979, als in der ersten FDGB-Pokalrunde Motor Stralsund mit 5:0 weggeputzt wurde. In der Zwischenrunde musste sich Strausberg der BSG Aktivist Brieske-Senftenberg mit 1:2 geschlagen geben.

Im Gegensatz zu anderen Vorwärts-Vereinen wurde Vorwärts Strausberg nach dem Mauerfall nicht sofort aufgelöst. Von 1991 bis 1995 wurde als KSC Strausberg gespielt, im Zuge der Herauslösung der Fußballabteilung wurde der heutige FC Strausberg ins Leben gerufen. Passend zum forschen Strauß im Wappen gibt es zudem den Zusatz „Junge Wilde".

Am Ende der Saison 2012/13 gelang mit 21 Punkten Vorsprung der Aufstieg in die Oberliga, in der seitdem nonstop gespielt wurde. Denkwürdig war das Heimspiel im Juni 2016 gegen Hansa Rostock II, als zahlreiche Gästefans auf der Gegengerade mit reichlich Pyrotechnik fast die Wiese abfackelten. Ebenso erinnerungswert ist das Heimspiel am 12. August 2018. Zu Gast war die Sp.Vg. Blau-Weiß 90 Berlin – und für diese war es nach dem Aufstieg das erste überregionale Auswärtsspiel seit der Neugründung im Sommer 1992.

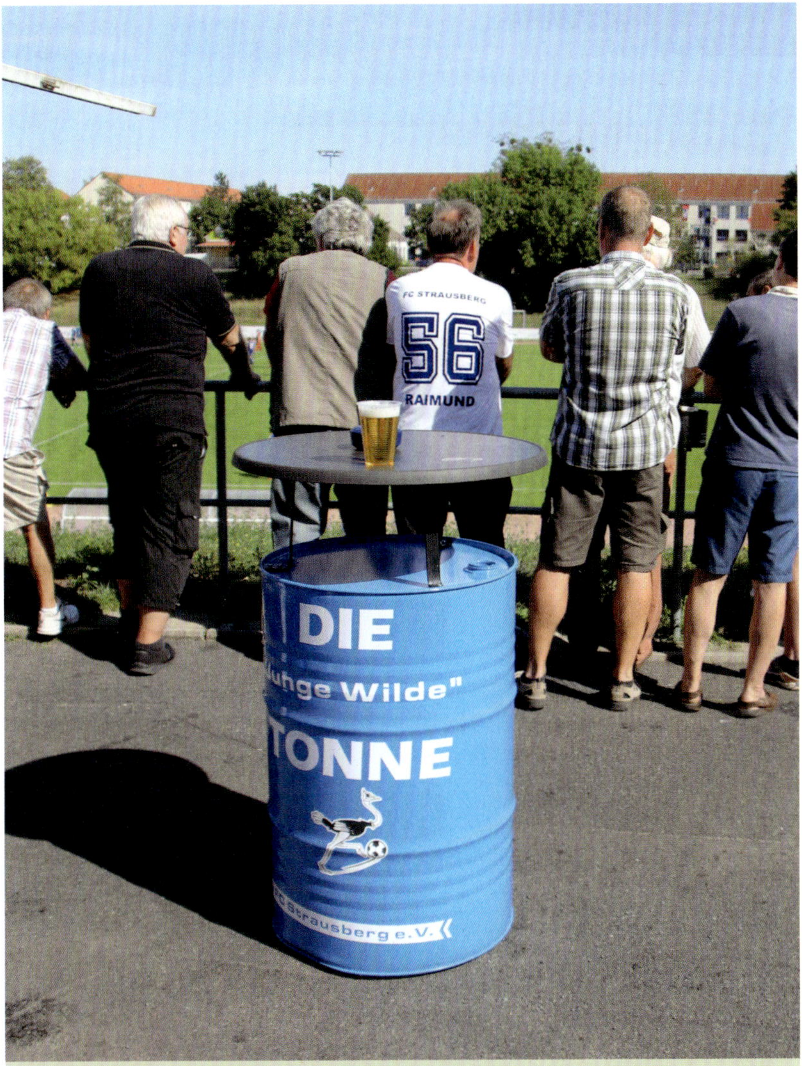

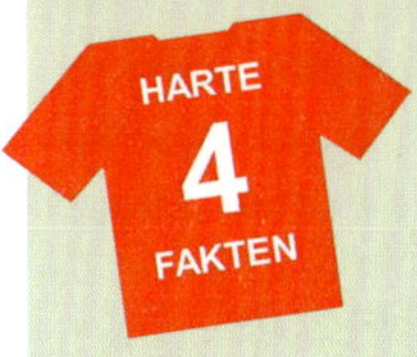

Auch bekannt als: „Junge Wilde“

Spielstätte: Energie-Arena

Brandgefahr: wenn Hansa Rostock II zu Gast ist

Trinkgelage: wenn Blau-Weiß 90 Berlin zu Gast ist

Templin 088

Stadion der Freundschaft

Erste Frauen-Meisterschaft 1979

Als irgendwann in den 1980ern meine Eltern mit mir im weißen Skoda in den Urlaub nach Usedom fuhren, kamen wir in Templin vorbei. Mensch cool, dachte ich, hier fuhr Tim aus dem Roman „Die Reise nach Sundevit" mit seinem Fahrrad hin. Erst viel später fiel mir auf, dass es sich im Buch um das Dorf „Trempin" handelte. Egal, dieses Dorf gibt es wohl gar nicht. Und wenn ich „Templin" höre oder lese, muss ich an das wundervolle Kinderbuch denken.

Mit Fußball brachte ich dieses Templin, das in der Uckermark liegt und 16.000 Einwohner hat, in der Vergangenheit weniger in Verbindung. Motorsportfreunde werden indes die Moto-Cross Strecke „Im Kieferngrund" kennen, auf der regionale und landesweite Meisterschaften ausgetragen werden. Und die Älteren unter uns werden sich vielleicht noch erinnern können: Im dortigen Stadion der Freundschaft wurde am 6. Oktober 1979 vor 3.100 Zuschauern die erste Bestenermittlung im DDR-Frauenfußball ausgetragen. Der Eintritt betrug 1,60 Mark, Meister wurde die BSG Motor Mitte Karl-Marx-Stadt gegen die BSG Aufbau Dresden-Ost. Den dritten Rang holten sich die Spielerinnen der BSG Post Rostock. Wie hieß es damals ein Tag vor dem großen Feiertag? „Alle Kraft für die Erfüllung der ‚Sportstafette DDR 30'!"

Was den örtlichen Verein betrifft, so wurde der SC Victoria 1914 Templin unmittelbar vor dem Ersten Weltkrieg als FC Viktoria Templin gegründet. Die heute noch genutzte Spielstätte wurde am 10. Juni 1923 eröffnet.

Im September 1948 entstand aus einer losen Gemeinschaft die SG Union Templin, im Jahr darauf wurde aus ihr die SG Fortschritt, wiederum ein Jahr später wurde der Verein in BSG KWU Templin umbenannt. Am 4. Mai 1951 erfolgte schließlich die Umbenennung in BSG Einheit Templin, unter diesem Namen war Templin immerhin 22 Spielzeiten in der Bezirksliga Neubrandenburg (von 1952 bis 1990 gehörte der Kreis Templin zum dortigen Bezirk) dabei. Noch vor der Währungsunion im Juni 1990 wurde aus der BSG der SC Victoria 1914 Templin.

Zu DDR-Zeiten nahm Einheit Templin dreimal am FDGB-Pokal teil.

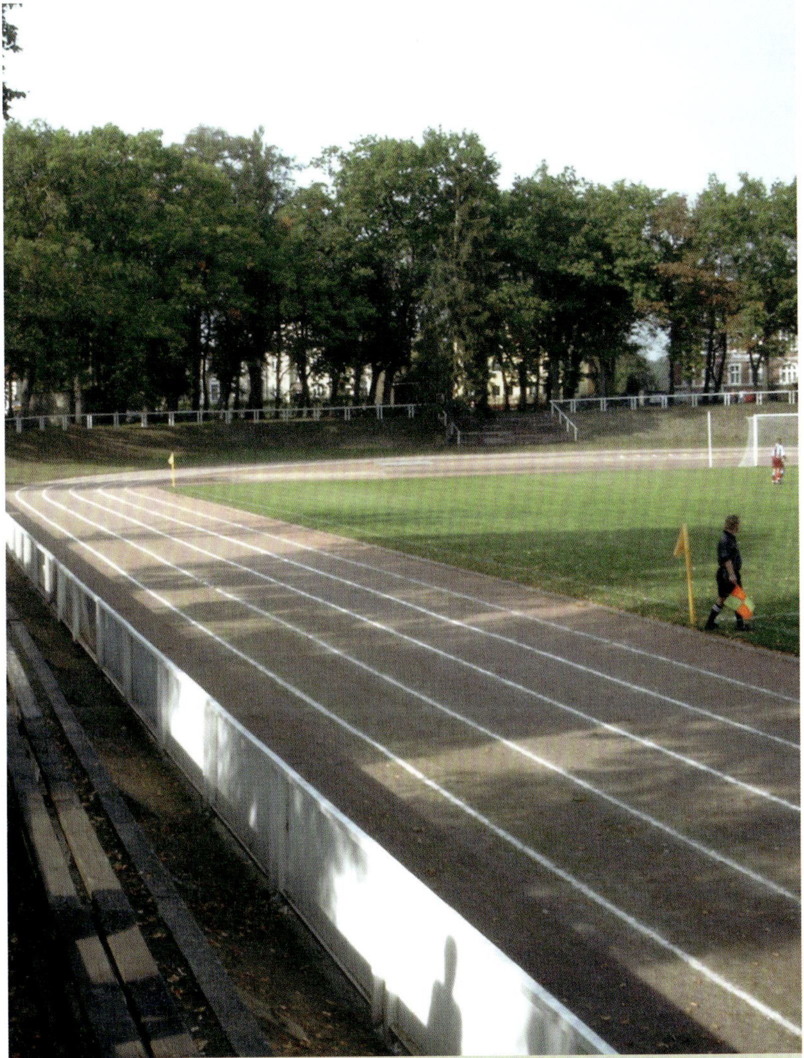

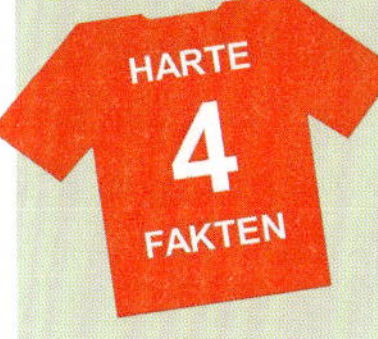

Eröffnung des Stadions: 10. Juni 1923

Aktuelle Spielklasse: Landesklasse Nord

Teilnahme am FDGB-Pokal: 1957, 1983, 1990

1. DDR-Meisterschaft der Frauen: 6. Oktober 1979

Sportplatz Am Kulturhaus/Ebelstraße

Auch der VfB hat seine Suptras

Beim VfB Trebbin weiß man zu feiern. Als am 1. Mai 2019 in Großbeeren im Stadion auf dem Eichenhügel mit einem 7:0-Sieg gegen den SV Waßmannsdorf 1956 der Kreispokal geholt wurde, liefen die Spieler zur Ecke, wo die Fans hinter dem Banner „Suptras Trebbin" standen und machten mit ihnen eine ausführliche „Uffta". Bereits vor Abpfiff war der dortige Rasen übersät mit Bierbechern, und auf die mitgebrachte Trommel wurde mit dermaßen viel Enthusiasmus gehauen, dass bereits in der ersten Halbzeit das Holz brach. Kein Problem, Ersatzstöcker befanden sich im Gepäck.

Wohl denn, im Frühjahr 2019 gab es nicht nur den Kreispokalsieg zu feiern. Der VfB Trebbin wurde souveräner Meister in der Landesklasse und stieg somit in die Landesliga Süd auf. Noch zwei Jahre zuvor wurde in der Kreisoberliga gespielt. Dass der Verein Potenzial hatte, wurde am 22. Juni 2019 deutlich, als knapp 400 Zuschauer auf den Sportplatz Am Kulturhaus strömten.

Ins Leben gerufen wurde der VfB Trebbin im Februar 1912. Von 1934 bis 1945 hieß er VfL Trebbin, zu DDR-Zeiten wurde als SV Trebbin der Ball rollen gelassen.

Mehr als fünf Jahrzehnte ist bereits Uwe Münzer dabei, der als Sechsjähriger in den Verein eintrat und in der Gegenwart unter anderem für das Finanzielle zuständig ist. Einst trug er selber das Trikot des SV Trebbin, der in der Bezirksklasse spielte. Einige Male wurde am Aufstieg zur Bezirksliga geschnuppert, doch es hatte einfach nicht klappen sollen mit dem Sprung nach oben.

Hervorgebracht hat der VfB Trebbin in der jüngeren Vergangenheit einen Spieler, der einige Jahre beim 1. FC Union Berlin unter Vertrag war. Die Rede ist von David Hollwitz, der in Luckenwalde geboren wurde und im Alter von sechs Jahren beim VfB Trebbin mit dem Fußballspielen begann. Derzeit unter Vertrag ist er beim SV Lichtenberg 47, mit dem er den Sprung in die Regionalliga gepackt hat. Und was Aufstiege betrifft, so bewies der VfB Trebbin, dass diese auch dort durchaus möglich sind.

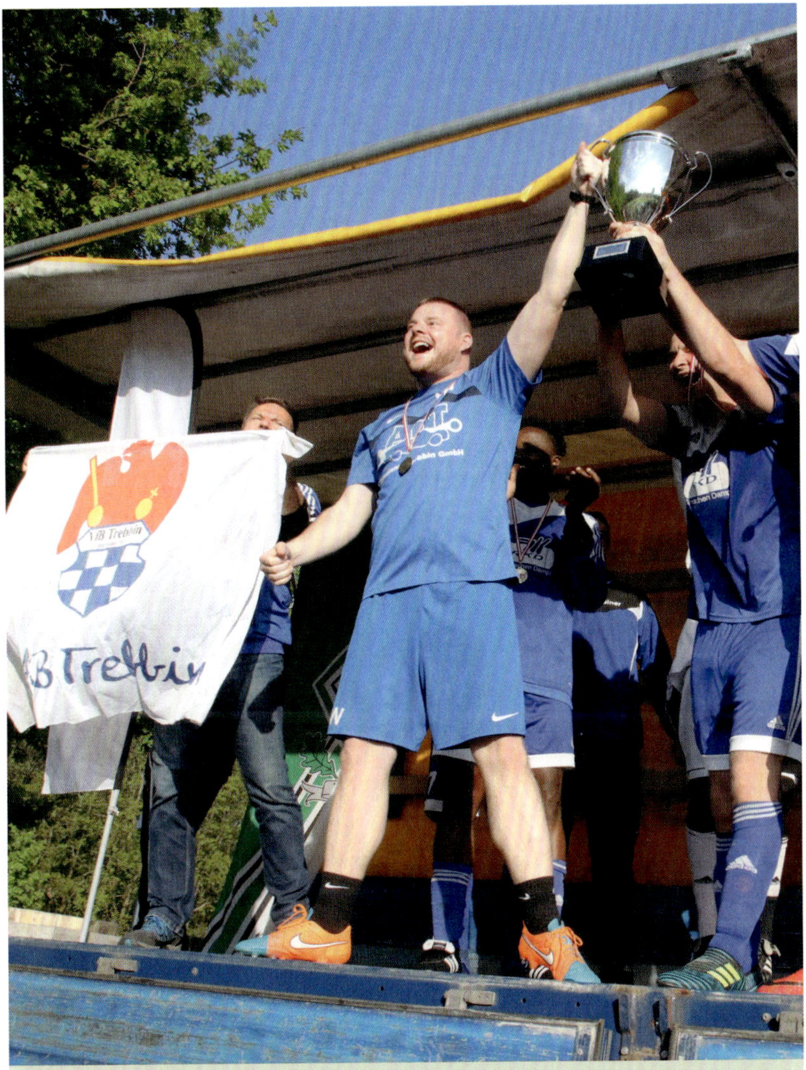

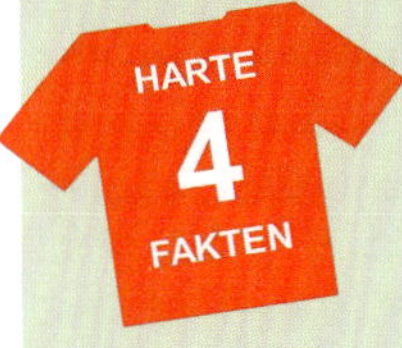

Fangruppierung: „Suptras Trebbin"

Support: Bis die Trommelstöcker brechen

Feiern: Bis der Arzt kommt

Aktuelle Spielklasse: Landesliga Süd

Sportanlage Germendorfer Straße

BSG Chemie Velten

Ein einziges Jahr spielte die BSG Chemie Velten in der DDR-Liga – und das war genau jene Saison, in der die Mauer fiel. Und sportlich lief es prima. Hinter Vorwärts Frankfurt, Union Berlin und Rotation Berlin wurde Chemie Velten Tabellenvierter. Trotzdem stieg Velten ab. Gemeinsam mit Union Fürstenwalde und der BSG KWO Berlin gab Velten die Lizenz für die neugegründete NOFV-Liga zurück. Das Ganze war einfach finanziell nicht mehr zu stemmen.

In der Versenkung verschwand der Verein, der nun FSV 90 Velten hieß, dennoch nicht. Von 1991 bis 1995 hielt sich Velten in der NOFV-Oberliga. Und mehr noch! 1995 stieg Velten in die Regionalliga Nordost auf und packte in der ersten Saison denkbar knapp den Klassenerhalt. Mayk Goschin steuerte in jener Spielzeit 13 Tore bei, Erzgebirge Aue wurde daheim mit 3:0 weggeputzt, auswärts konnte mit 2:0 bei Rot-Weiß Erfurt gewonnen werden. 1996/97 konnte Velten allerdings nicht mehr mithalten, als Tabellenletzter verabschiedete man sich aus der Regionalliga. Und das für immer.

Der FSV Velten 1990 hatte sich schlichtweg finanziell übernommen. Während der Oberliga-Saison 1997/98 zog sich der Verein zurück und ging in Konkurs. Am 10. Januar 1998 wurde mit dem SC Oberhavel Velten ein Neubeginn gewagt, sportlich gestartet werden musste auf Kreisebene.

Die Rückkehr in etwas höhere Gefilde ließ jedoch nicht lange auf sich warten. 2000 wurde der Aufstieg in die Landesliga, 2003 der in die Verbandsliga gefeiert. Nachdem es 2006 wieder runter in die Landesliga ging, hat sich der SC Oberhavel Velten in dieser Spielklasse eingerichtet.

Von 1996 bis 2001 hütete Martin Männel in Velten beim Nachwuchs das Tor, aktuell ist er beim FC Erzgebirge Aue unter Vertrag. Ebenso in Velten spielten einst der dreimalige DDR-Junioren-Nationalspieler und siebenmalige DDR-U21-Nationalspieler Uwe Borchardt, Arne Feick (derzeit in Heidenheim unter Vertrag) sowie Jörg Heinrich (CL-Sieger und Weltpokalsieger 1997), der zu Beginn und am Ende seiner großen Karriere in Velten die Fußballschuhe geschnürt hat.

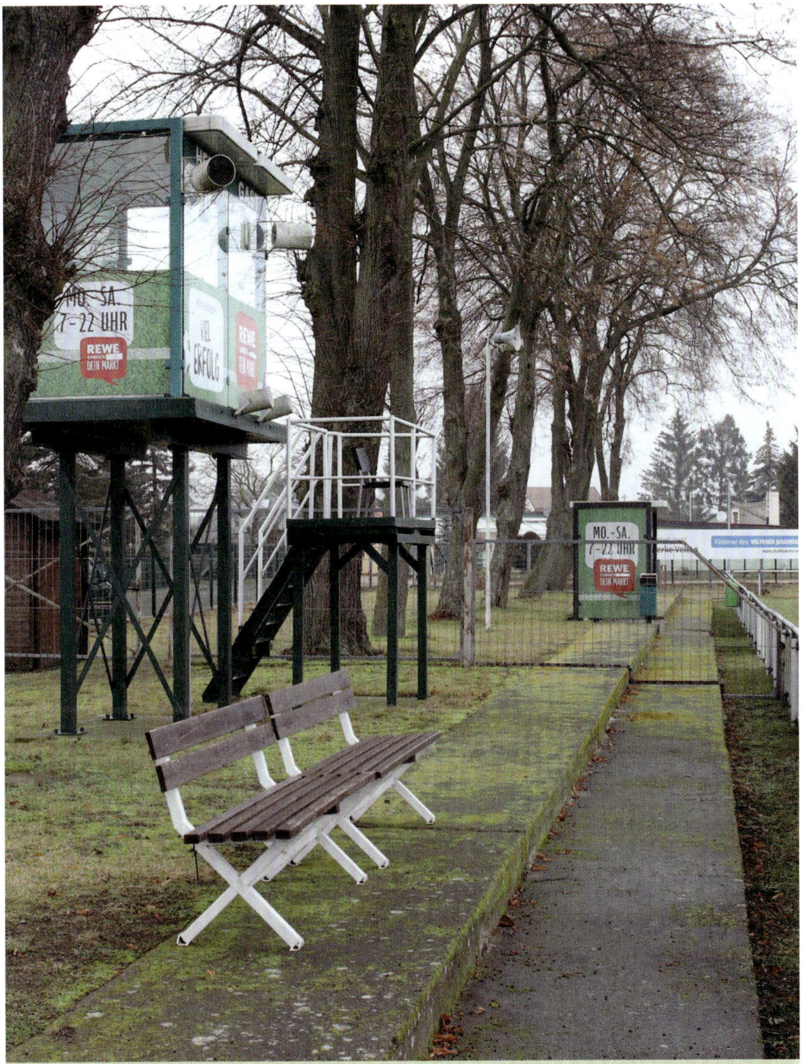

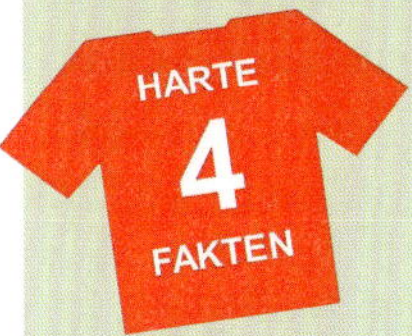

Gründung: 1912
Neugründung: 1948
DDR-Liga: 1989/90
Hingucker: Chemie-Graffiti im Umfeld

SpVgg. Blau-Weiß 90 Vetschau

Der traurige Absturz

Die Landesliga-Saison 2018/19 war für Vetschau eine Spielzeit zum Vergessen. Bereits am ersten Spieltag wurde mit 0:8 in Briesen verloren, am vierten Spieltag gab es gegen Großziethen eine 0:7-Klatsche, und als es am 20. Oktober 2019 in Fürstenwalde bereits 0:8 zur Pause stand, wurde erst gar nicht mehr weitergespielt. Nach dem 19. Spieltag hatte die SpVgg. Blau-Weiß 90 Vetschau noch immer null Punkte, mit 1:9 ging man in Großziethen unter. Am 4. Mai gab es vor 17 unentwegten Zuschauern eine 0:10-Niederlage gegen Miersdorf/Zeuthen. Unter dem Strich blieb es am Ende bei null Punkten und einem Torverhältnis von 9:157 Toren.

Es gilt jedoch festzuhalten: Mit Anstand wurde die harte Saison mit einem sehr kleinen Kader durchgezogen, und somit zog auch Trainer Max-Robin Heinz seinen Hut vor seinen Spielern. Da jedoch keine Besserung in Sicht war, wurde die erste Mannschaft aus der Landesliga Süd abgemeldet. 2019/20 sind nur die Nachwuchsmannschaften und das Frauenteam am Start.

100 Jahre zuvor entstand in Vetschau im Zuge der Vereinigung des MTV, der SG „Frisch Auf" und der „Freien Turnerschaft" der Sportklub Vetschau. Eine weitere Fusion gab es am 10. Mai 1958, als aus Fortschritt und Motor die BSG Einheit Vetschau wurde. Sieben Jahre später wurde aus ihr die BSG Turbine Vetschau. Von 1980 bis 1993 spielte bei ihr der 1959 in Vetschau geborene Harry Kaulfers, der zwischendurch Kurzauftritte bei Energie Cottbus (Debüt gegen BFC Dynamo) und Stahl Eisenhüttenstadt hatte.

Am 3. Juli 1990 erfolgte die Umbenennung in Sportvereinigung Blau-Weiß 90 Vetschau, der sich Anfang 2007 auch die SG Vetschau 92 anschloss. Neun Jahre später wurde der Aufstieg in die Landesliga souverän gemeistert, das Auftaktspiel gegen Glückauf Brieske/Senftenberg wollten am 13. August 2016 auf dem Sportplatz Stradower Weg 227 Zuschauer sehen. Zwei Jahre hielt sich Vetschau gut in der Landesliga, dann folgte die desaströse Saison 2018/19.

Hoffnungsschimmer: Am 1. September 2019 traten die Vetschauer beim Städtewettbewerb EnviaM an. Das Erradeln von 330 Kilometern brachte eine Siegprämie von 4.000 Euro. Damit konnte ein neuer Vereinsbus finanziert werden.

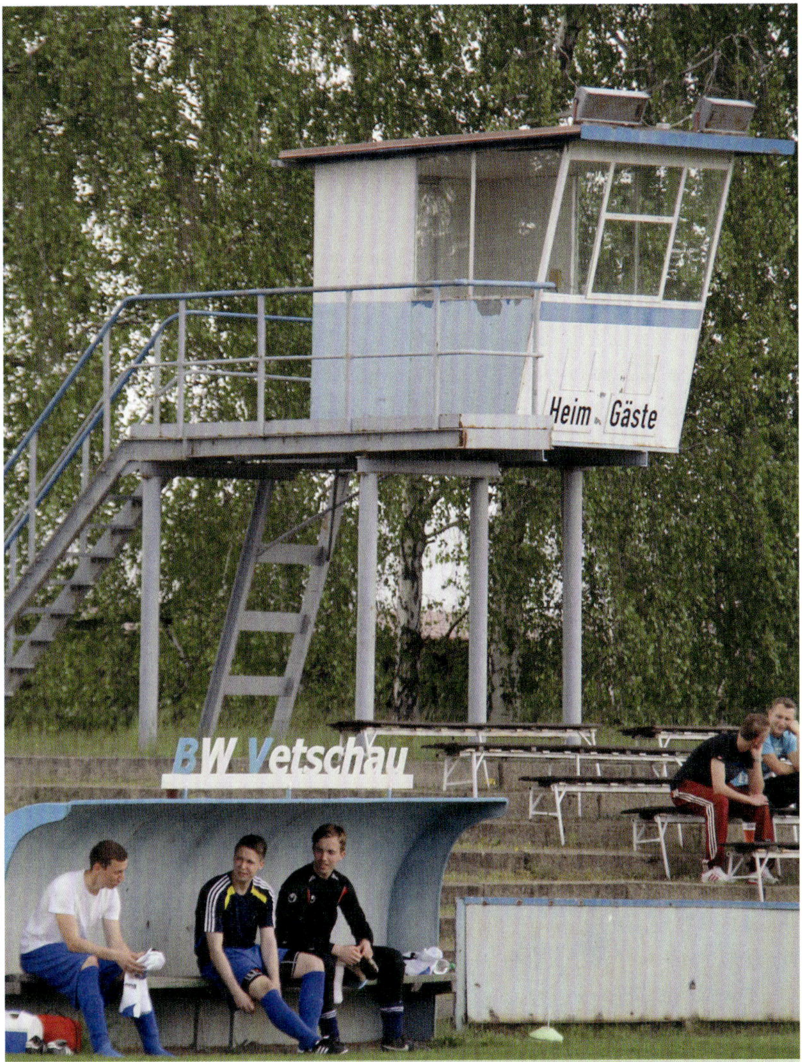

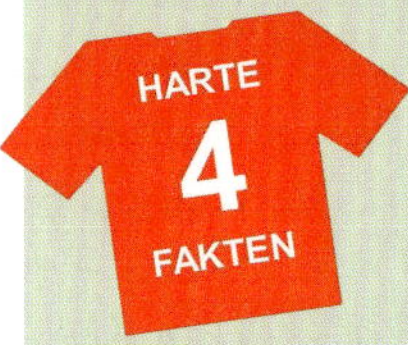

Traurig: aktuell keine 1. Männermannschaft

Erfreulich: 2019 wurde ein Vereinsbus „erradelt“

Spielstätte: Sportplatz Stradower Weg

Bekannter Spieler: Harry Kaulfers

FSV Blau-Weiß Mahlsdorf/Waldesruh

Fußball an der Stadtgrenze

„Haste heute nach der Schule Zeit?", „Nee, muss zum Training bei Bau Marzahn!" Das klang knorke. Nach Malocherei, nach Schweiß und In-die-Beine-holzen. Die Nachhilfestunde mit Marcel musste im Herbst 1987 verschoben werden. Bau Marzahn ging vor. Fluppe an, rauf aufs Moped und zum Sportplatz in Waldesruh gedüst. Bau Marzahn klang nach Plattenbau Ost, doch stattdessen gibt es märkische Kiefern so weit das Auge reicht.

Waldesruh ist ein echter Grenzfall. Die Anfang der 1930er gegründete Siedlung gehört zur Gemeinde Hoppegarten, doch durften zu DDR-Zeiten die Kinder problemlos auf die 10. POS in Mahlsdorf-Süd gehen. Zudem hatte Waldesruh eine Ost-Berliner Postleitzahl und die Telefonvorwahl 030. Beides ging nach der Wende flöten. Waldesruh gehört nun voll und ganz zu Brandenburg.

Bereits 1931 wurde der Mahlsdorfer Fußball Club 31 ins Leben gerufen. Gespielt wurde damals noch auf einer Wiese nahe des Restaurants Kiekemal. Zu jener Zeit schloss sich der Club dem Arbeitersportverein „Kampfgemeinschaft für Rote Sporteinheit" an, doch wurde dieser von den Nazis verboten. Daraufhin verließen die Mahlsdorfer diese Kampfgemeinschaft und nahmen stattdessen erstmals das „Blau-Weiß" mit in den Vereinsnamen auf.

Nach dem Krieg wurde zunächst als Waldesruher FC und ab 1949 als SG Waldesruh/Mahlsdorf-Süd der Spielbetrieb aufgenommen. Der weitgehend zerstörte Sportplatz Waldesruh musste instand gesetzt werden, aus Holzlatten wurden die Tore errichtet. Von 1951 bis 1954 wurde unter dem Namen BSG Chemie Köpenick gespielt, danach ruhte drei Jahre der Spielbetrieb.

Am 21. Oktober 1957 gründeten einstige Mitglieder den Verein als SG Blau-Weiß Mahlsdorf (Süd) neu. 1980 wurde „Baurep Marzahn" der Trägerbetrieb, in den kommenden zehn Jahren wurde als BSG Bau Marzahn der Ball rollen gelassen.

1990 wurde der Verein in FSV Blau-Weiß Mahlsdorf Süd umbenannt, acht Jahre später wurde das „Waldesruh" wieder mit aufgenommen. Die Stadtgrenze befindet sich in Sichtweite auf der anderen Straßenseite. Dort, wo einst das Trafohäuschen für den Sportplatz stand. Erfreulich: Der Spielbetrieb auf dem Sportplatz ist bis 2027 gesichert.

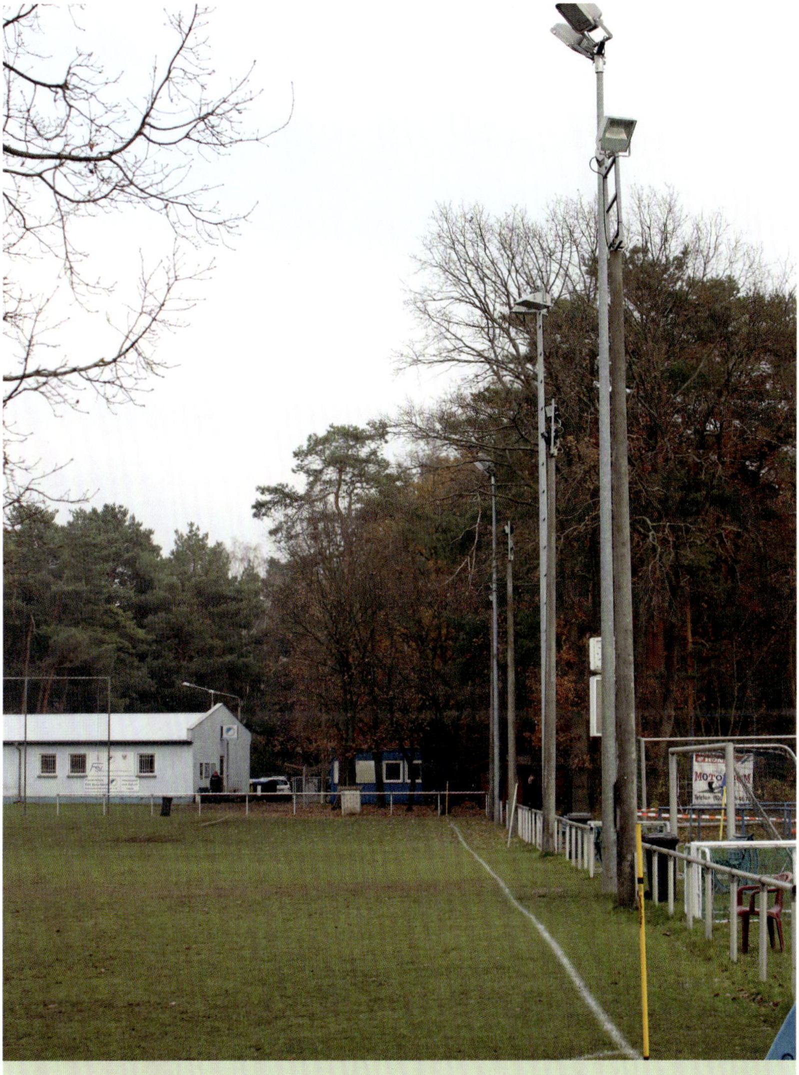

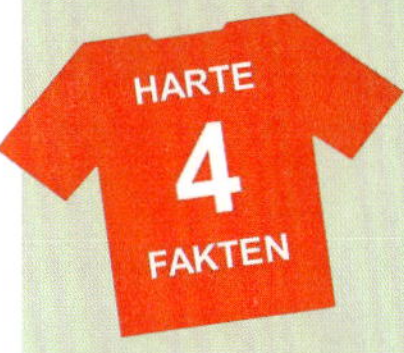

Hort der Gemütlichkeit: das Vereinsheim
Das lebende Vereinslexikon: der Vereinswirt
Entfernung zu den Kiefernwäldern: 0 Meter
Besonderheit: Heimatverein des Autors

Waltersdorf 093

RSV Waltersdorf 09

In Rotzis fing alles an

Der Wind blies uns kräftig um die Ohren, als wir im März 2012 beim Duell RSV Waltersdorf 09 vs. FC Stahl Brandenburg vorbeigeschaut hatten. 200 Zuschauer hatten sich in der HDS-Arena eingefunden, um den hart umkämpften Sechstligakick zu sehen. Ein Sportplatz irgendwo in Land's End. Begrünte, aufgeschüttete Erdwälle umgeben den Sportplatz. Wenig Bäume, viel Gras. Auf Grund der Landschaft und des windigen Wetters fühlte man sich auf die Grüne Insel versetzt. Irish Flair, Irish Feeling. Irgendwo hinter Galway oder Cork ...

Eingeprägt hatte sich die Heimfahrt nach dem Spiel, denn aus der „Fahrt" wurde ein Marsch zum S-Bahnhof Eichwalde. Ein Bus fuhr nicht mehr. Am Ende jener Saison stieg Waltersdorf in die NOFV-Oberliga auf, und die Gästefans mussten bei Abendspielen sehr genau die An- und Abreise planen.

Einen lesenswerten Namen hatte der Verein bei seiner Gründung: Männer-Turn-Verein Eiche Rotzis 1909. Der Gemeindeteil Rotzis wurde 1937 in Rotberg umbenannt, und somit steht das „RSV" für „Rotberger Sport-Verein". Zu DDR-Zeiten ließ man als BSG Traktor Nord und später als BSG Traktor DRKW den Ball rollen. Eine aufgestellte blau-gelbe Fahne der BSG Traktor Nord ist heute noch im Vereinsheim zu finden.

Nach der Wende ging es zunächst als SV Rotberg 09 weiter, 1996 zog der Verein auf seine neue Sportanlage um und nannte sich im Zuge dessen in RSV Waltersdorf 09 um. Mit hohen Ambitionen arbeiteten sich die Waltersdorfer Stück für Stück nach oben, bis 2012 das Ziel erreicht wurde. Zwei Jahre später stieg man jedoch wieder in die Brandenburgliga ab.

Als 2018 auch noch der Abstieg in die Landesliga verschmerzt werden musste, wurde kurzerhand die erste Mannschaft vom Spielbetrieb zurückgezogen. Den Platz nahm die zweite Mannschaft ein, die im gleichen Jahr den Aufstieg von der 1. Kreisklasse in die Kreisliga gepackt hatte. Aktuell muss gegen den drohenden Abstieg gekämpft werden, doch die Zuschauer bleiben treu. So kamen zuletzt immerhin um die 70 Zuschauer auf den heimischen Sportplatz.

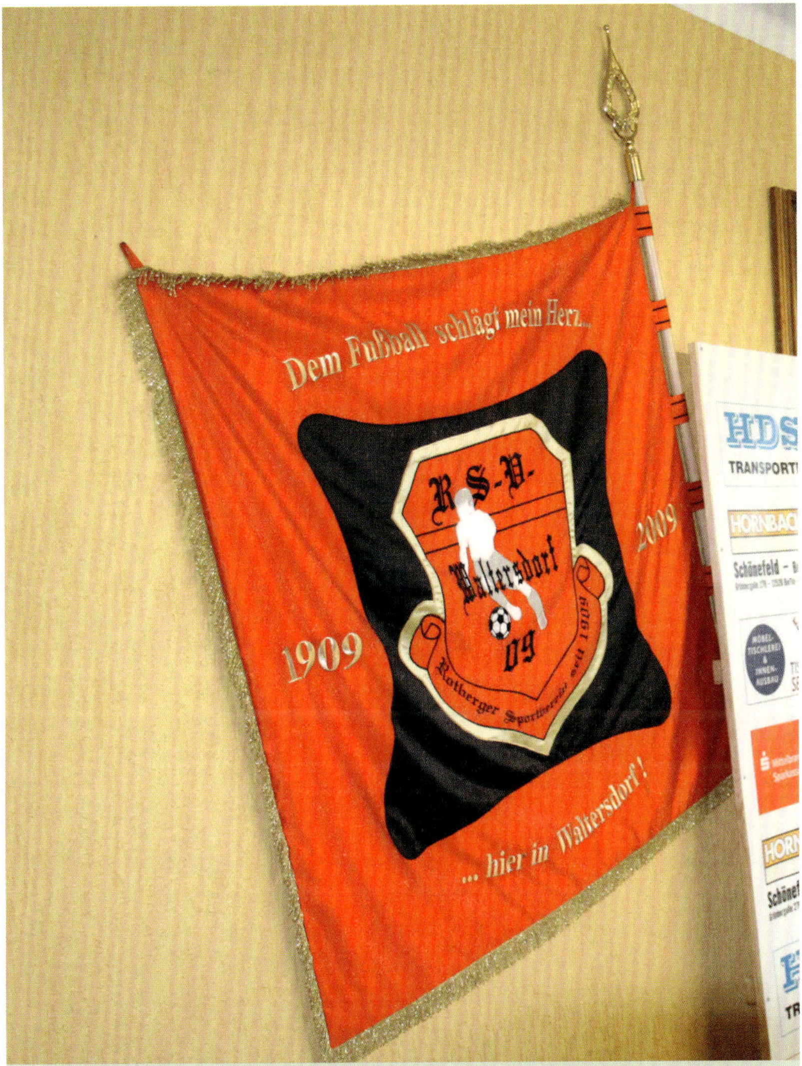

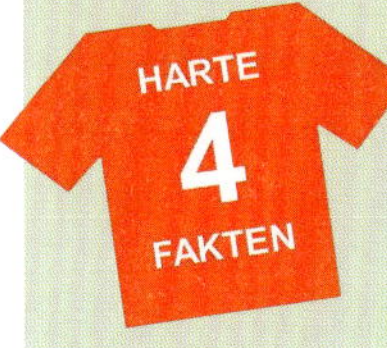

Dort fing alles an: in Rotzis
Standortnachteil: abends fährt kein Bus
Spielstätte: HDS-Arena
War nicht mit zu rechnen: Sportlicher Absturz

Arno-Franz-Sportplatz

Geniale Lage auf der Insel

Es gibt den SV Werder Bremen, es gibt den BV Werder Hannover, und es gibt den Werderaner FC Viktoria 1920. Es dürfte unbestritten sein, dass das Bremer Weserstadion prima gelegen ist, doch noch grandioser ist wohl die Lage des Arno-Franz-Sportplatzes in Werder. Gemeinsam mit dem Obstbaummuseum, einem Fischrestaurant und der Stadtgalerie „Kunst-Geschoss" ist die Sportanlage des Werderaner FC Viktoria 1920 auf der Havelinsel zu finden. Aufgrund der Lage am Wasser befinden sich an der nördlichen Spitze der Insel gleich nebenan der Ruder-Klub Werder von 1918 und die Seglervereinigung Einheit Werder 1952.

Einheit hieß auch zu DDR-Zeiten der Werderaner FC Viktoria 1920. Wie allzu oft zu jener Zeit gab es einige Namenswechsel. Los ging es nach dem Zweiten Weltkrieg als Sportgemeinschaft Vorwärts Werder, in kurzer Folge wechselte der Name in BSG Rat der Stadt Werder (1949), BSG Chemie Werder (1951) und BSG Werder Rotation (1953). 1959 wurde im Zuge einer Fusion die BSG Einheit Werder geboren.

1967 wurde die erste Mannschaft Kreismeister und spielte bis 1973 in der Bezirksklasse. Hervorgebracht werden einige erfolgreiche Spieler. So wechselten 1972 Thomas Wachs zum 1. FC Union Berlin und Werner Guhl zum FC Vorwärts Frankfurt (Oder). 1982 gelang die Rückkehr in die Bezirksklasse, zudem bekam der Verein vom Fachausschuss den Titel „Vorbildliche Sektion" verliehen. Fünf Jahre später baute die LPG Gewächshauswirtschaft als Trägerbetrieb das Sozialgebäude auf dem Sportplatz, zeitgleich gelang erstmals der Sprung in die Bezirksliga.

In jüngerer Vergangenheit durfte am Ende der Saison 2010/11 der größte Erfolg gefeiert werden. Am letzten Spieltag sicherte sich Werder mit einem 3:0-Sieg beim FSV Bernau den Aufstieg in die Brandenburgliga. Das erste Heimspiel gegen Neuruppin am 13. August 2012 wollten auf dem Arno-Franz-Sportplatz immerhin 163 Zuschauer sehen. Zwei Wochen später waren es gegen den SV Babelsberg 03 II sogar 211 Fußballfreunde, die den Weg zu den Werderwiesen fanden. In Werder gibt es halt nicht nur das Baumblütenfest, sondern auch Fußball.

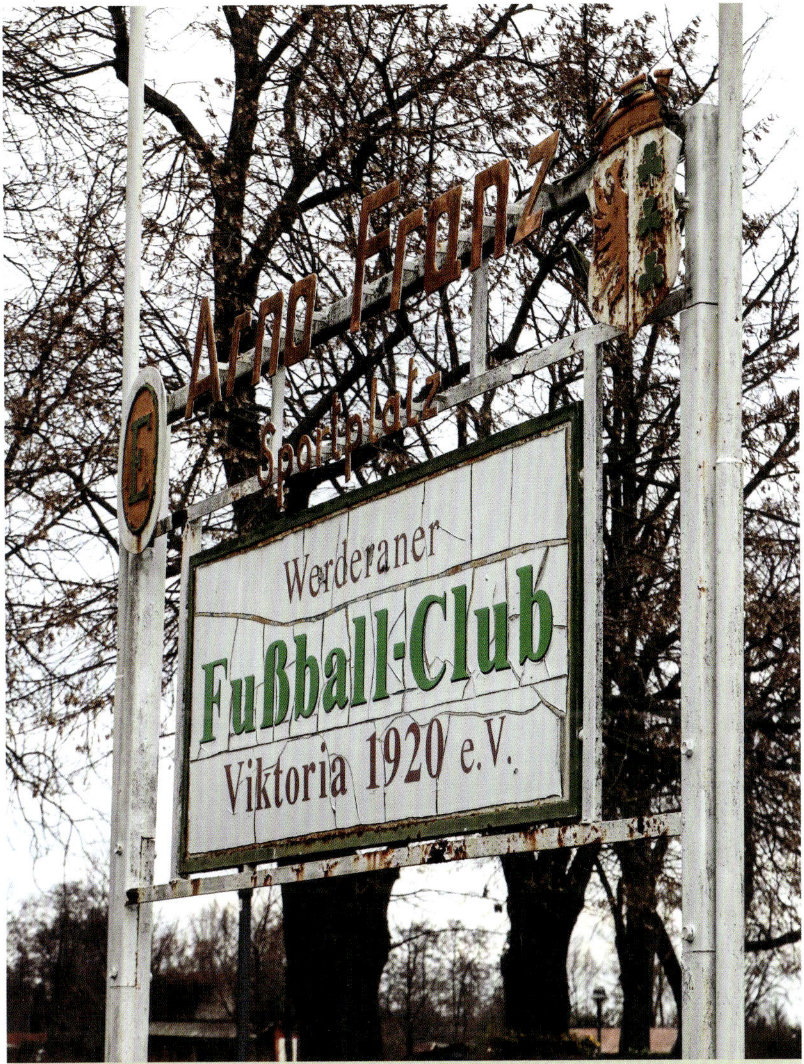

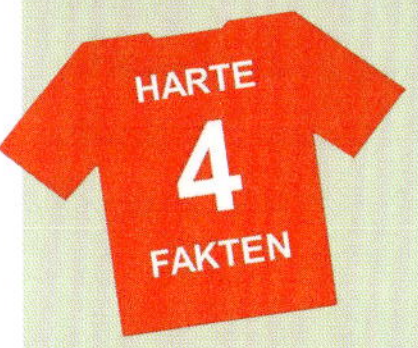

Werder: Insel oder Erhebung in einem Fluss

Die Insel Werder: zum Verlieben

Man fühlt sich wie: an der Küste

Aktuelle Spielklasse: Brandenburgliga

Sportplatz Wernsdorf

Frankonia am Crossinsee

14 deutsche Vereine heißen „Frankonia". Erwartungsgemäß ist die Mehrzahl von ihnen im fränkischen Teil des Freistaates Bayern anzutreffen. Ein Vertreter ist indes auch in Brandenburg zu finden. 2019 feierte der SV Frankonia Wernsdorf seinen 100. Geburtstag, zur großen Jubiläumsfeier gab auch die Traditionsmannschaft von Union Berlin ihr Stelldichein. Höhepunkt der Feierlichkeiten war der Auftritt der „U100" auf dem grünen Rasen. Zum runden Geburtstag gab es eine Vereinshymne zu hören, die von Sven Kaselow und Alexander Goldmann geschrieben wurde.

Bereits 1913 wurde von Pfadfindern der „Sportclub Freiheit Wernsdorf" ins Leben gerufen, am 27. August 1919 erfolgte mit der Gründung des „Sportverein Frankonia" ein zweiter Anlauf, das Fußballspielen im 1460 erstmals urkundlich erwähnten Wernsdorf zu etablieren. Weshalb das „Frankonia" davorgesetzt wurde, ließ sich später nicht genau klären. Es wird vermutet, dass das Ganze auf einen aus Franken stammenden Bäckergesellen zurückzuführen ist, der sich damals in Wernsdorf angesiedelt und im Verein eingebracht hatte. Sitz des Vereins war das Gasthaus „Zum alten Krug", ein regelrechter Spielbetrieb konnte ab 1925 durchgeführt werden. Zuvor gab es nur Partien gegen benachbarte Dorfmannschaften.

Nach dem Zweiten Weltkrieg schlossen sich die Wernsdorfer Fußballer der „Interessengemeinschaft Sport Neu Zittau" an, 1950 erfolgte der Zusammenschluss zum „Sportverein Crossinsee Wernsdorf". Ab der Saison 1951/52 konnte wieder am regulären Spielbetrieb teilgenommen werden, ab 1965 durfte der Verein wieder den Namen SG Frankonia Wernsdorf tragen.

In jüngerer Vergangenheit gelang im Juni 2017 der Aufstieg in die Landesliga, der Sprung von der Kreisliga in die Landesklasse konnte drei Jahre zuvor gefeiert werden. Aktuell läuft es sportlich prima, ein Aufstieg in die Brandenburgliga erscheint machbar. Ein Besuch des Sportplatzes an der Niederlehmer Chaussee ist in jedem Fall empfehlenswert. Bei guter Witterung kann das Ganze mit einem Spaziergang an Seddinsee und Crossinsee verbunden werden. Von der Straßenbahnendhaltestelle in Schmöckwitz lässt sich problemlos nach Wernsdorf zu Fuß gehen.

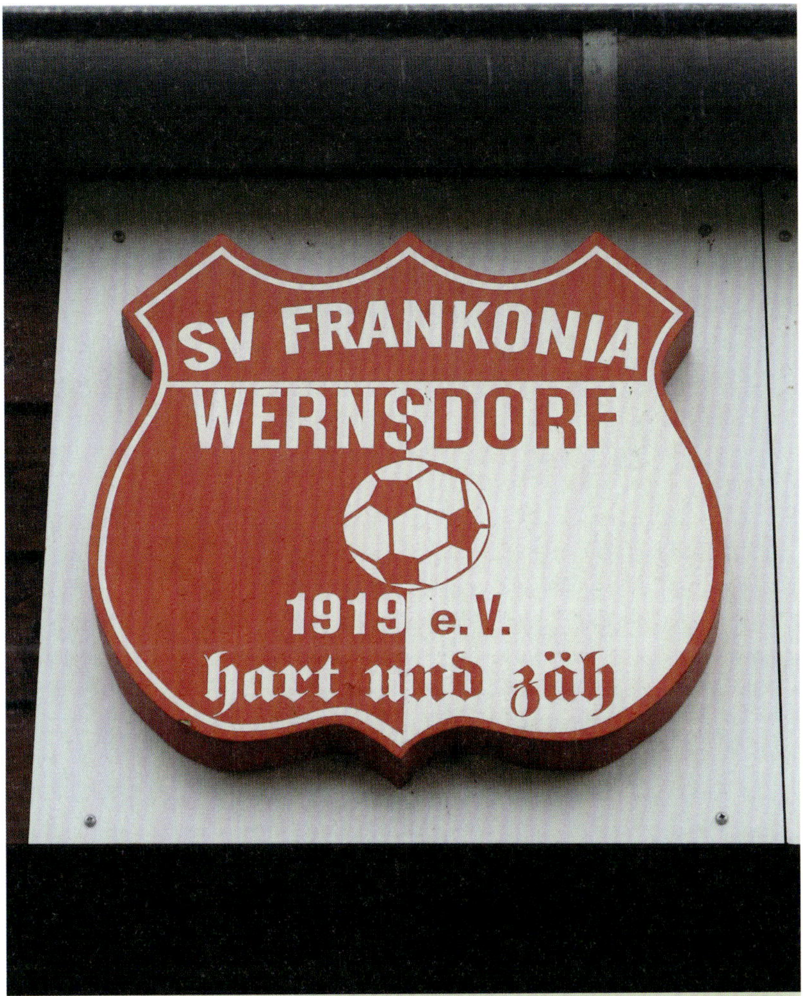

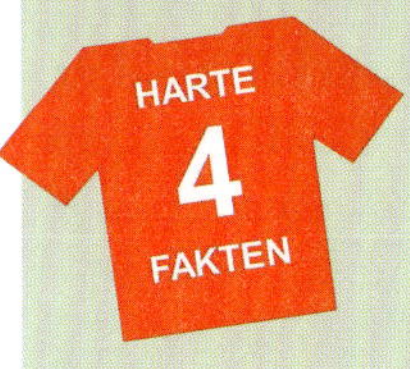

Gründung: 27. August 1919

Besonderheit: zu DDR-Zeiten keine BSG

Aktuelle Spielklasse: Landesliga Süd

Ein Muss: Wanderung an den umliegenden Gewässern

Wichmannsdorf 096

Sportfreunde Kein Ort

The eye of the tiger

Ungefähr 90 Kilometer nordwestlich von Berlin befindet sich der kleine Ort Wichmannsdorf. Er wäre ein ganz normales Dorf in der Uckermark, wenn es dort nicht einen Verein mit dem Namen „Sportfreunde Kein Ort“ gäbe. Seit 2009 nimmt dieser am Spielbetrieb teil. Der Name kam ganz einfach zustande. Laut Homepage konnten sich die Spieler bei der Gründung des Vereins nicht auf einen Ort einigen, da fast jeder aus einem anderen kam. Im Hintergrund lief noch das Lied „The eye of the tiger“ und das Vereinswappen mit dem Tigerkopf war geboren. Nach anfänglichen Schwierigkeiten mit der Bürokratie konnte das Abenteuer 2. Kreisklasse beginnen.

Auch einen Sportplatz hatte man schnell gefunden. Aus dem ungenutzten Sportplatz in Wichmannsdorf wurde liebevoll eine kleine Anlage in Eigenregie gezaubert. Nach dem ersten Aufstieg aus der 2. in die 1. Kreisklasse folgten noch zwei weitere. Sogar Meister wurde man. Aber beide Aufstiege in die Kreisliga wurden abgelehnt!

Im Vordergrund steht der Spaß am Spiel und nicht der Erfolg. Ein Verein mit dieser „Weltanschauung“ war für diese sonst ruhige Region skandalös und neuartig. Das alles lockte natürlich einige Zuschauer an. Werbung kann nicht besser praktiziert werden. Bei klirrender Kälte und dichter Schneedecke wurde trotzdem oft gespielt, und aus einer liebevoll gezimmerten Bude wurden Glühwein, Bier und Bockwurst gereicht.

Ende der Saison 2013/14 gelang schließlich der Sprung in die Kreisliga B, in der man auf Anhieb Tabellenzweiter hinter dem SV Boitzenburg wurde. Nach der Spielzeit 2015/16 war allerdings Schluss. Am 5. Juni 2016 gab der Verein auf der Facebook-Seite bekannt, dass das Auswärtsspiel beim SC Victoria 1914 Templin II das letzte Spiel im Herrenbereich war.

Fortan gab es nur noch Spiele der Altherren Ü35 auf dem Kleinfeld und beim Hallencup. Im Jahr darauf wurden aus ihr die Altherren Ü40, die ebenso auf dem Kleinfeld antreten. Immerhin, in der Kreisliga Uckermark sind die Sportfreunde Kein Ort hinter Rot-Weiß Prenzlau aktuell gut im Rennen.

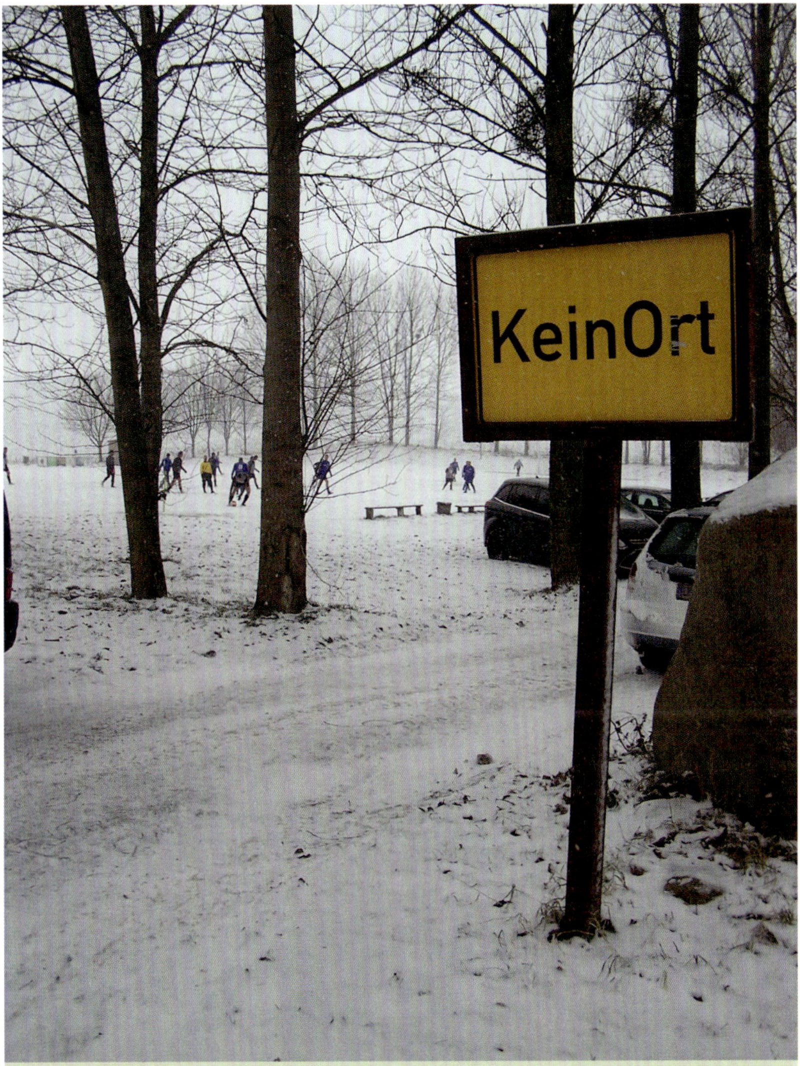

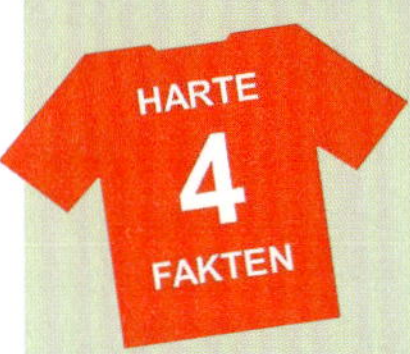

Geographische Lage: zwischen Prenzlau und Templin

Wappen: Der Tiger hat den Ball im Maul.

Erste Spiele: 2009

Aktueller Spielbetrieb: Altherren Ü40 Kleinfeld

SG Phönix Wildau 95

110 Stufen hoch zum Glück

„Über sieben Brücken musst du geh'n ...", heißt es bei Karat und Peter Maffay. „110 Stufen musst du hoch ...", heißt es indes in Wildau. Am Ende des Hochschulrings wartet eine beeindruckende Treppe, die zum Otto-Franke-Stadion der SG Phönix Wildau 95 führt. Diese lange Treppe schreit regelrecht danach, für ein Mobfoto genutzt zu werden. Stellt Euch auf! Kleinere Gruppen Energie-Fans nutzten in der Tat die Gelegenheit, ein Erinnerungsfoto anzufertigen, doch um die gesamte Treppe zu füllen, hätte es paar tausend Mann bedurft.

Gut gefüllt waren im September 2019 die Ränge beim Landespokalspiel gegen die Lausitzer. 1.076 Fußballfreunde haben vorbeigeschaut, zuvor gegen den FV Blau-Weiß 90 Briesen/Mark waren es noch 80 Zuschauer. Was das Stadion betrifft, so schnalzen Nostalgiker in jedem Fall mit der Zunge. Die zwei kleinen überdachten Holztribünen, die alten Betonmasten, an denen oben die Scheinwerfer befestigt sind, die Aschebahn, das alte Gebäude, in dem sich das Casino befindet – das Ganze ergibt eine klasse Mischung. Und wenn dann die berühmte „Kanal-Wurst" (Currywurst ohne Pelle) aus Königs Wusterhausen verkauft wird, ist die Sache rund.

Ins Leben gerufen wurde der Verein vor 110 Jahren als Wildauer F.C. Phönix 1910. Genutzt wurde bereits damals die Hochfläche an der jetzigen Bergstraße/Ecke Jahnstraße. Zudem wird angenommen, dass in der Anfangszeit auch der Turnplatz der Kolonie Wildau (heutige Schwarzkopff-Siedlung) bespielt wurde. Das heutige Otto-Franke-Stadion wurde am 02. Oktober 1926 als Gemeinde-Sportplatz eingeweiht.

Als BSG Motor Wildau gab es 1955 und 1956 zwei Kräftemessen mit Borussia Dortmund. Daheim wurde mit 1:10 verloren, auswärts auf der Dortmunder Hoeschkampfbahn konnte Wildau mit 1:0 gewinnen. Bis 1966 spielte die BSG Motor Wildau im Bezirk Potsdam, dann wurde der Verein in den Ost-Berliner Spielbetrieb eingegliedert. Nach der Wende ging es als SG Phönix Wildau 95 im Brandenburger Spielbetrieb weiter, der Stand der Dinge ist die Landesliga Süd. Und was das Pokalspiel gegen Cottbus betraf, so wurde sich gesteigert und am Ende nur mit 0:4 verloren.

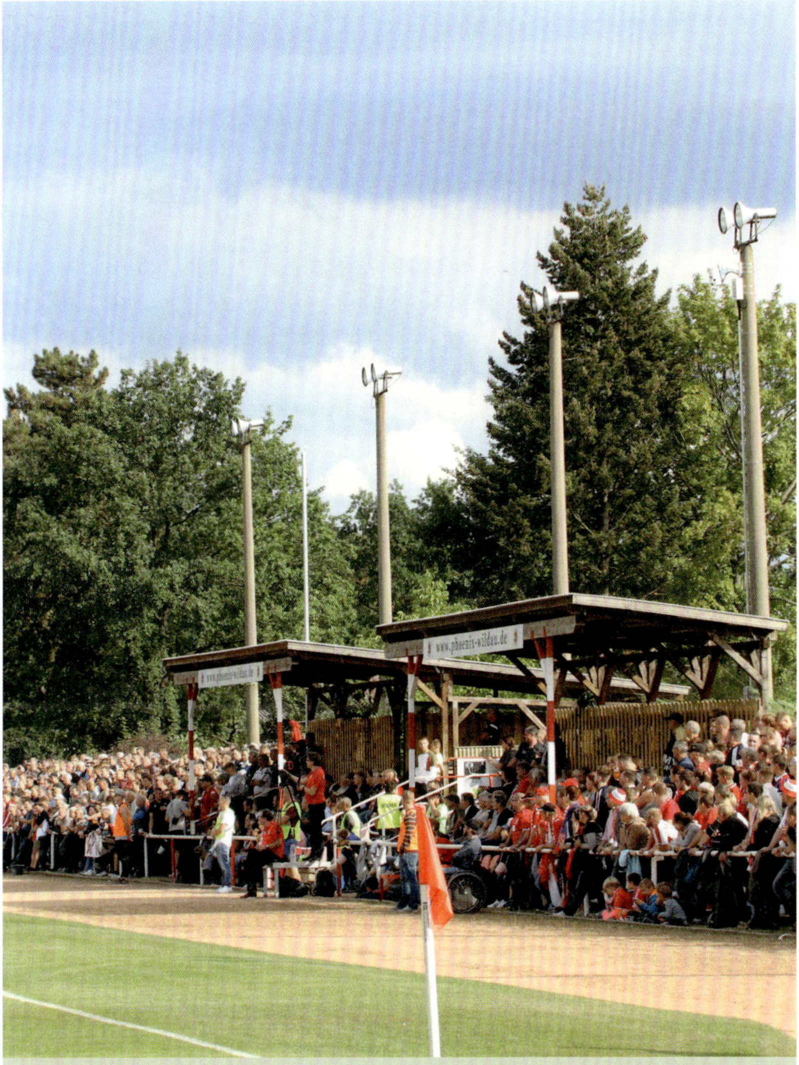

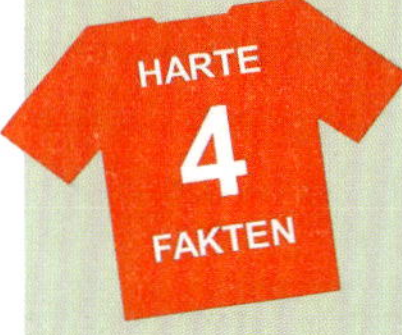

Spielstätte: Otto-Franke-Stadion
Hingucker: die zwei Holztribünen
Unvergessen: 1:0-Sieg bei Borussia Dortmund (1956)
Aktuelle Spielklasse: Landesliga Süd

FSV Veritas Wittenberge/Breese

Im Zeichen der Göttin der Wahrheit

Veritas ist die römische Göttin der Wahrheit, in der griechischen Mythologie ist sie als Aletheia wohlbekannt. Als Tochter von Saturnus (Zeus) wurde sie auf antiken Zeichnungen meist mit weißer Kleidung dargestellt. Nicht mit weißer, sondern mit grün-roter Spielkleidung laufen in der Regel die Spieler des FSV Veritas Wittenberge/Breese im heimischen Ernst-Thälmann-Stadion auf. Diese Farben trug der Verein ab 1991 sogar kurzzeitig im Namen. Aus Grün-Rot Wittenberge wurde dann Alemannia Wittenberge, bis 1996 wieder auf das „Veritas" (bis 1992 das Nähmaschinenwerk Wittenberge) zurückgegriffen wurde. Am 9. Juni 2008 fusionierte der FSV CM Veritas Wittenberge dann mit der SG Breese 1951 (zwei Kilometer östlich von Wittenberge) zum FSV Veritas Wittenberge/Breese.

Eine Fusion gab es bereits am 3. Juni 1960, als Motor Wittenberge sich mit dem damaligen Drittligisten Chemie Wittenberge zusammenschloss. Als BSG CM Veritas Wittenberge wurde von 1971 bis 1977 sowie 1978/79, 1980/81 und 1982/1983 in der DDR-Liga gespielt. Bitter war der letzte Abstieg im Frühjahr 1983. Veritas Wittenberge war punktgleich mit der BSG Lok/Armaturen Prenzlau und der TSG Bau Rostock – alle drei hatten am Ende 20:24 Punkte –, doch ausschlaggebend war ein einziges Törchen. Und dabei hatte Wittenberge am letzten Spieltag alles in der Hand, da beim direkten Konkurrenten Prenzlau gespielt wurde. Die Partie endete jedoch 1:1, und Veritas Wittenberge verabschiedete sich für immer aus der Zweitklassigkeit.

Um diesen Beitrag positiv abzuschließen: Ende der 1940er-Jahre spielte der zweifache DDR-Fußballnationalspieler Johannes Matzen bei der damaligen Sportgemeinschaft Wittenberge-Süd. Zuvor war er beim Werkssportverein Reichsbahn TSV 1888 aktiv, später spielte er bei der SG Volkspolizei Potsdam, der SG Dynamo Dresden und beim SC Dynamo Berlin. Matzen war dabei, als die DDR am 21. September 1952 in Warschau gegen die VR Polen (0:3) ihr erstes offizielles Länderspiel bestritt. Und ja, das ist die Wahrheit. Die nackte Wahrheit. Nuda Veritas.

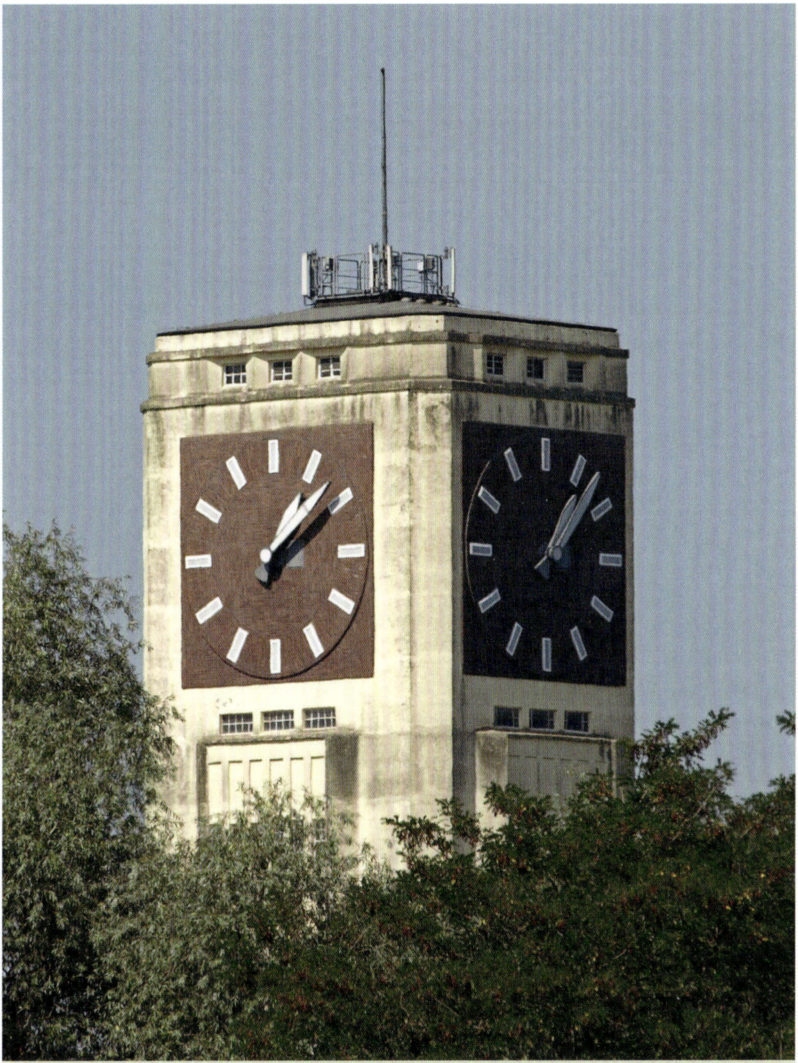

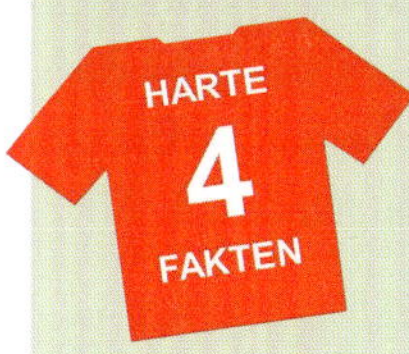

Veritas: römische Göttin der Wahrheit

Fusion mit Breese: 9. Juni 2008

Spielstätte: Ernst-Thälmann-Stadion

Aktuelle Spielklasse: Landesliga Nord

Wittstock 099

Stadion des Friedens

FK Hansa Wittstock 1919

Gibt man „Hansa" in die Suchmaske bei fussball.de ein, so erscheinen mehr Treffer als vielleicht vermutet wurde. Schon mal was von Hansa Scholven oder Hansa Gustavsburg gehört? Vermutlich nicht. Der Name FK Hansa Wittstock 1919 dürfte den meisten indes geläufig sein. Und tatsächlich trug dieser Verein bereits bei seiner Gründung im Jahre 1919 die „Hansa" im Namen. Am 11. Oktober 1931 wurde der Hansa Sportplatz am Sudrowshofer Damm eingeweiht, und alte Chronisten erinnern sich, wie damals das Vereinslied ertönte: „Blau und Weiß wie lieb ich dich, andere Farben, die kenn ich nicht, und so lang ich noch ein Sportsmann bin, zu den Farben blau und weiß da zieht's mich hin ..." Zur Eröffnung strömten hunderte Zuschauer zum Sportplatz, und auch aus Pritzwalk trafen 50 Fußballfreunde ein. Der anschließende Kraftverkehr erinnerte an Berliner Verhältnisse, wie in einer Zeitung zu lesen war.

Nach dem Zweiten Weltkrieg rief das Bahnbetriebswerk Wittstock die BSG Lokomotive ins Leben, die vor allem beim Faustball für positive Schlagzeilen sorgte. 1980 wurde der Obertrikotagenbetrieb OTB der Trägerbetrieb, und der Verein hieß die kommenden fünf Jahre BSG Fortschritt Wittstock. Nachdem das Metallurgieanlagenwerk der Träger wurde, ging es weiter als BSG Stahl. Nach der Wende wurde daraus die SG Stahl Wittstock, die heute noch in der Kreisoberliga zu finden ist. Allerdings schieden 1993 die damaligen Fußballmannschaften aus und gründeten mit dem FK Hansa Wittstock 1919 ihren eigenen Verein, der sich auf die alten Traditionen berief. Frischen Mutes wurde im Sommer 1994 der SV Werder Bremen zu einem Freundschaftsspiel eingeladen.

Der größte sportliche Erfolg wurde jedoch als BSG Fortschritt errungen, als am 14. August 1983 in der ersten Hauptrunde des FDGB-Pokals die BSG Energie Cottbus mit 1:0 niedergerungen wurde. Den umjubelten Treffer des Tages erzielte Hans-Werner Backhaus. In der zweiten Runde scheiterte Wittstock denkbar knapp mit 3:4 an der BSG Stahl Brandenburg.

Aktuell ist Hansa Wittstock in der Landesliga Nord zu finden, die Heimspiele werden im Stadion des Friedens ausgetragen.

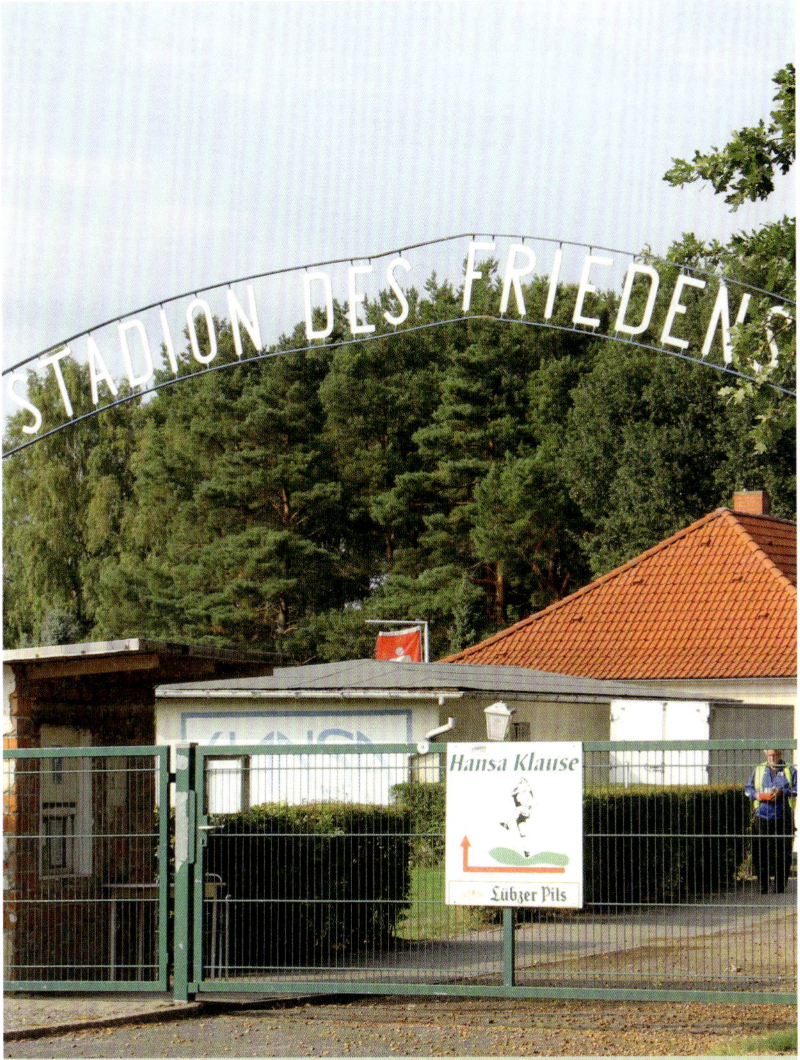

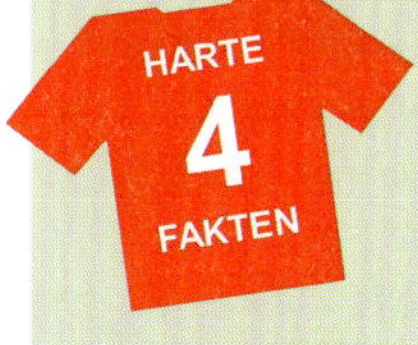

Gründung: 1919 als FC Hansa Wittstock

Trägerbetrieb in den 1980ern: Obertrikotagenbetrieb

Teilnahme FDGB-Pokal: 1983/84

Spielstätte: Stadion des Friedens

SV 1919 Woltersdorf

Mit der alten Tram zur Schleuse

Steigt man in einen der „Gothawagen“, schließt die Augen und hört das markante Bimmeln kurz vor dem Abfahren, so fühlt man sich mit einem Schlag locker um 30 Jahre zurückversetzt. Eine Fahrt mit der Straßenbahnlinie 87 von Rahnsdorf nach Woltersdorf ist eine echte Zeitreise, und das Ziel der Reise sind die Woltersdorfer Schleuse, die dortige Liebesquelle und der hölzerne Aussichtsturm. Um den genialen Ausflug mit einem Fußballspiel zu verknüpfen, so muss mit der Straßenbahn bis zur Haltestelle Fasanenstraße gefahren werden. Ein Stück weiter trägt der SV 1919 Woltersdorf im Sport- und Freizeitpark seine Heimspiele aus.

In Woltersdorf, das die kleinste deutsche Kommune mit eigener Straßenbahn ist, wurde bereits 1888 ein Männer-Turnverein gegründet. Trainiert wurde im Saal des Lokals „Zum Dampfboot“. 1913 riefen junge Arbeiter den Woltersdorfer Sportclub ins Leben, doch bereitete der Ausbruch des Ersten Weltkrieges dem Ganzen ein jähes Ende.

Einen neuen Anlauf gab es 1919, im Jahr darauf schloss sich der WSC dem Arbeiter-Turner-Bund (ATB) an. Bereits 1924 wurde an der Fasanenstraße der erste Sportplatz angelegt. 82 Jahre lang blieb er der einzige Sportplatz in Woltersdorf. Ende der 1920er/Anfang 1930er blühte der Arbeitersport in Woltersdorf bis zur NS-Machtergreifung auf, und es gab Fußball-Freundschaftsspiele gegen tschechische und französische Arbeitersport-Mannschaften.

Am 11. Mai 1950 ließ der Rat der Gemeinde die SG Woltersdorf gründen, die damaligen Mitglieder fanden sich in der Gaststätte „Alter Krug“ zusammen. 1953 wurde aus der SG die BSG Einheit, und die Fußballer spielten mal in der Berliner Stadtliga und mal in den Ligen des Bezirkes Frankfurt (Oder).

Zwar bekam der Verein im Jahre 1970 einen neuen Belag für den Sportplatz, doch wurde dieser als „Schmirgelscheibe“ berühmt berüchtigt. 20 Jahre später wurde die Gründung eines neuen Vereins beschlossen, am 13. März 1991 wurde schließlich der SV 1919 Woltersdorf im Vereinsregister eingetragen. Der neue Sportpark wurde 2006 eingeweiht, die erste Mannschaft spielt derzeit in der Landesklasse Ost eine gute Rolle.

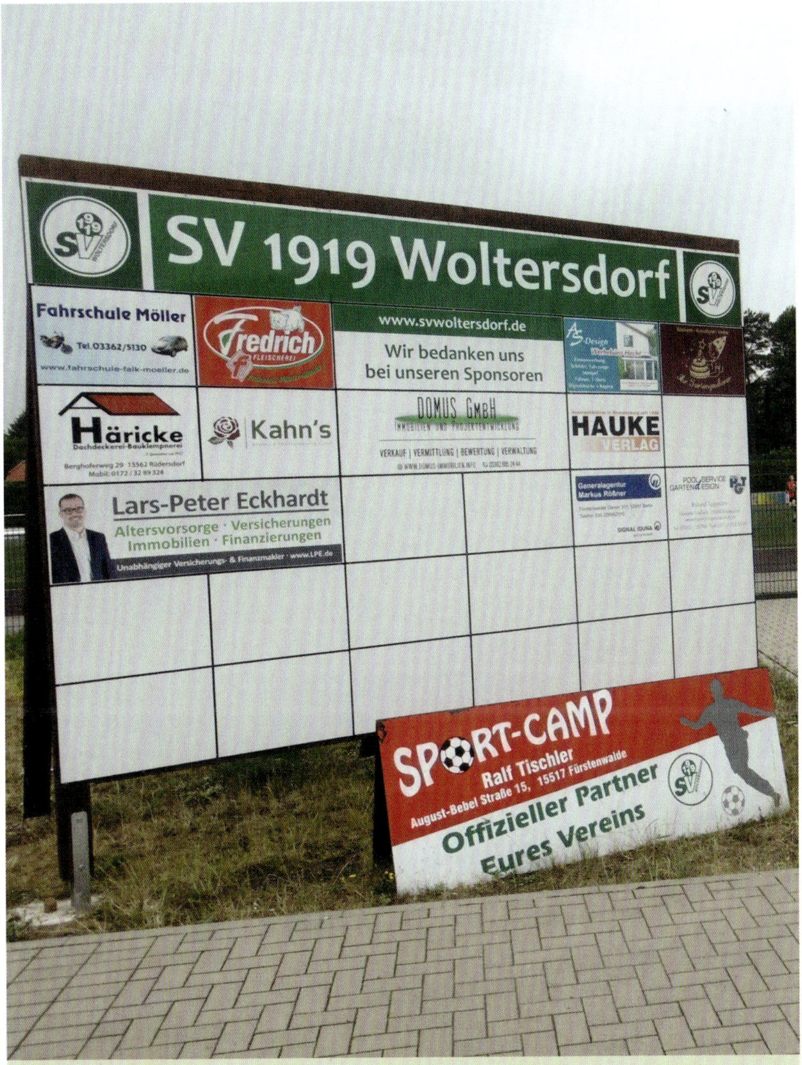

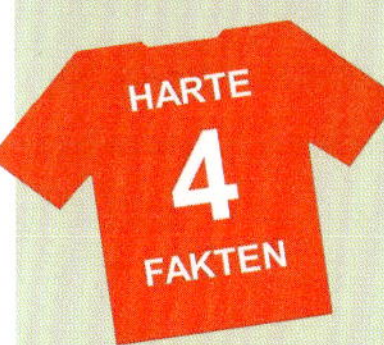

Gründung: 1919

Einstiger Spitzname des Platzes: Schmirgelscheibe

Anreise: mit der Straßenbahn 87 von Rahnsdorf aus

Aktuelle Spielklasse: Landesklasse Ost

Unser Bonus: Rüdersdorf 101

MSV 19 Rüdersdorf

Kalkwerk und wütende Wildschweine

2. Bass in C, Ihr Auftritt bitte! Andante gab es den „Steigermarsch" zu hören. Gespielt von einer Kapelle auf dem Übungsschotterplatz vor der gut gefüllten Haupttribüne des Rüdersdorfer Stadions. Dass solch ein Lied im September 2015 vor dem Landespokalspiel des MSV 19 Rüdersdorf gegen Energie Cottbus gespielt wurde, hat einen guten Grund. Rüdersdorf bei Berlin ist bekannt für seinen Kalksteinbruch. Seit dem 13. Jahrhundert wurde dort Bergbau betrieben, ab dem 17. Jahrhundert wurde auch Branntkalk hergestellt. Die letzte Schachtofenbatterie war bis 1967 in Betrieb, das neu errichtete Zement- und Kalkwerk Herzfeld – zu DDR-Zeiten berühmt berüchtigt aufgrund der grauen Staubschicht auf Häusern, Straßen und Bäumen – löste die Rüdersdorfer Anlage ab. Seitdem ist diese Bestandteil des nun existierenden Museumsparks Rüdersdorf.

Kein Wunder also, dass der MSV 19 Rüdersdorf im Jahre 1919 als SC Kalkberge ins Leben gerufen wurde. Nach dem Zweiten Weltkrieg wurde der Verein in den 1950er-Jahren als BSG Chemie Rüdersdorf geführt. Eine gold eingerahmte Urkunde im Vereinsheim zeugt vom größten damaligen Erfolg der BSG. So wurde 1952/53 die Bezirksmeisterschaft gewonnen. Auf einem daneben hängenden Wandteller ist zu lesen: „1. Mai 1952. Unsere Verpflichtung: Durch unbürokratische Arbeitsmethoden helfen wir den Werktätigen. Zum Freundschafts-Fußballspiel gewidmet von den Kollegen des Staatssekretariats Chemie, Steine und Erden."

Ein rot-blauer Wimpel aus späterer Zeit erinnert daran, dass aus der BSG Chemie Rüdersdorf die BSG Aufbau Rüdersdorf wurde. Gespielt wurde etliche Jahre in der Bezirksliga Frankfurt/Oder, ausgetragen wurden die Heimspiele vor bis zu 2.000 Zuschauern auf dem Sportplatz am Grundsteig. In den 1970ern wurde schließlich das heutige Stadion an der Puschkinstraße errichtet. Mit seiner Kapazität von 5.000 Zuschauern ist es eines der größten Stadien der Region. Nach der Wende wurde aus der BSG Aufbau der Märkische Sportverein Rüdersdorf. In jüngerer Vergangenheit machten der sportliche Absturz und die Wildschweine zu schaffen, die auf dem Rasen wüteten. In Eigenregie stellten Vereinsmitglieder den Platz jedoch wieder her.

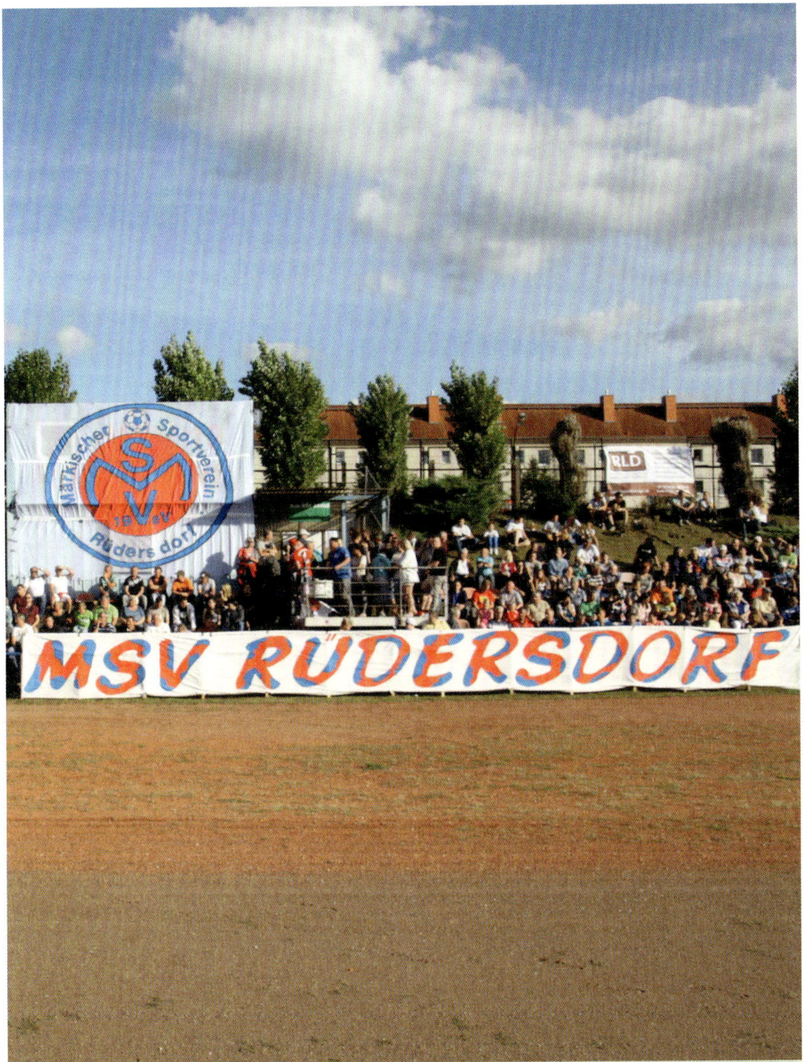

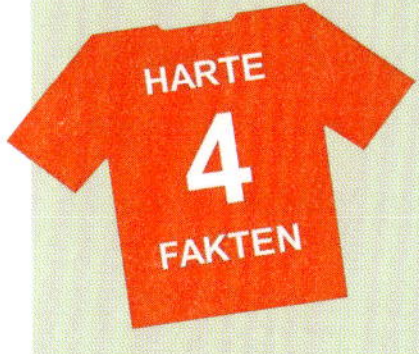

Gründung: 1919 als SC Kalkberge Rüdersdorf

Spielstätte: Stadion Glückauf

Anreise: mit der Straßenbahn 88 von Friedrichshagen aus

Aktuelle Spielklasse: Kreisliga Mitte Ostbrandenburg

Literatur-/ Quellenverzeichnis

http://www.rsssf.com/tablesd/ddr
https://www.arbeiterfussball.de
http://www.f-archiv.de
https://www.turus.net
http://www.ddr-sport-wappen-archiv.de
https://www.nofv-online.de/index.php
https://www.transfermarkt.de
https://www.weltfussball.de
https://www.ddr-fussball.net
https://www.ddr-fussball-archiv.de
https://nordostfussball.de
https://www.europlan-online.de/
https://www.flb.de
http://vorwaerts-cottbus.de/spielerarchiv
http://www.fk-hansa-wittstock.de/Seiten/geschichte.html
https://www.eintracht-kw.de/chronik
https://www.potsdam.de/luftschiffhafen-potsdam
https://frankonia-wernsdorf.de/historie/
https://de.wikipedia.org/wiki/Gedenkstätte_Zuchthaus_Cottbus
https://www.orte-der-repression.de/einrichtung.php?id=50
https://babelsberg03.de/verein/vereinsgeschichte/
https://stahl-brandenburg.hpage.com/verein.html

https://www.moz.de/landkreise/oder-spree/eisenhuettenstadt/artikel0/dg/0/1/128309/?res=1

https://www.deutschlandfunk.de/freundschaft-ueber-die-mauer-hinweg.1346.de.html?dram:article_id=195958

https://www.maz-online.de/Lokales/Potsdam/Sandscholle-kann-Sportplatz-bleiben

https://www.pnn.de/sport/stadtgeschichte-70-jahre-ernst-thaelmann-stadion-potsdam/24518062.html

https://www.maz-online.de/Lokales/Dahme-Spreewald/Koenigs-Wusterhausen/Wernsdorf-100-Jahre-Frankonia-gefeiert

https://www.moz.de/landkreise/havelland/rathenow/rathenow-artikel/dg/0/1/1733857/

Gesprochen:
unzähligen Fans, Spielern und Vereinsverantwortlichen sowie Molli aus Frankfurt/Oder

Bier getestet:
an mindestens 50 Standorten ...

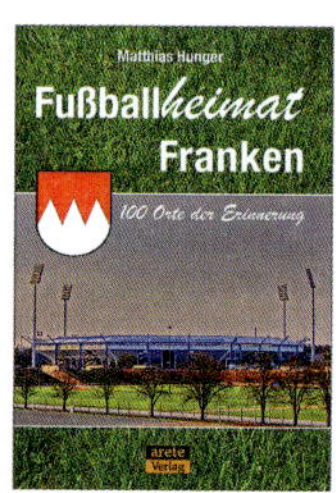

Matthias Hunger

Fußballheimat Franken

100 Orte der Erinnerung

216 Seiten Klappenbroschur, € 18,–
ISBN 978-3-942468-91-6

Von Alzenau bis Würzburg, von Adidas bis Puma, vom Club bis zu den Greuthern, vom Sportplatz bis zum Grabstein: Wer oder was ist eigentlich ein Schnüdel? Wo liegt die Grüne Au? Wieso stand Günter Netzers Ferrari in Erlangen? Was machen Esel auf dem Fußballplatz? Wo saß Fritz Walter auf der Trainerbank? Und was wurde aus dem einstigen Zuhause des bedeutendsten Vereins?

Fußballheimat Franken erzählt davon. Und von einem Maskottchen ohne Hose, einem WM-Ball, der aus Nürnberg, nicht aus Herzogenaurach kam. Vom Gradmesser für die deutsch-amerikanischen Beziehungen und von einer Grenze, die Welten trennt. Von einem Trainer mit Medizinbällen, von den Bratwürsten eines Fußballmanagers und von einem Ex-Weltfußballer, der in der dritten Person seinen Senf dazu gibt.

„Eine wunderbare Buchidee, großartig umgesetzt“ (Zeitspiel-Magazin)

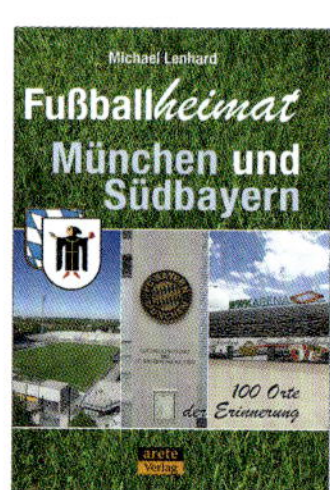

Michael Lenhard

Fußballheimat München und Südbayern

100 Orte der Erinnerung

216 Seiten Klappenbroschur, € 18,–
ISBN 978-3-942468-96-1

Von Anzing bis Zwiesel: 100 Orte in München und Südbayern, an denen große und kleine Fußballgeschichte geschrieben wurde. Wo findet sich der ersten Bolzplatz des FC Bayern, wo spielte in München erstmals Rot gegen Blau und warum waren die Löwen anfangs bürgerlich? Wo haben Basti Schweinsteiger, Philipp Lahm und Thomas Müller das Fußballspielen gelernt? Wo liegen die Legenden des bayrischen Fußballs Helmut Haller, Willy Simetsreiter und Rudi Brunnenmeier begraben? Wer kennt noch Eberhard Stanjek und Sammy Drechsel? Und warum sind der SC Zwiesel und der 1. FC Kötzting ebenfalls Teil der bayerischen Fußballheimat?

„Ein schönes Buch, welches sich mit Vergnügen lesen lässt.“ (Der Tödliche Pass)

„Die einzelnen Berichte sind kurzweilig zu lesen und machen das Buch zu einem besonderen ‚Lesebuch für Fußballfans‘.“ (Bayern im Buch 2018/2)

Arete Verlag • Osterstr. 31-32 • 31134 Hildesheim • www.arete-verlag.de

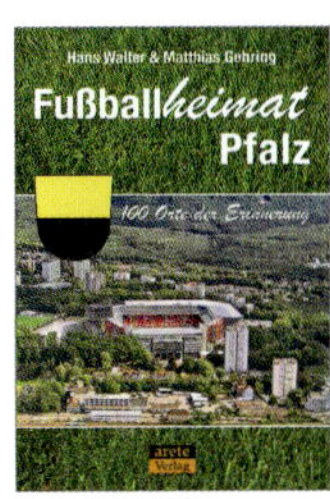

Hans Walter & Matthias Gehring

Fußballheimat Pfalz

100 Orte der Erinnerung

216 Seiten Klappenbroschur, € 18,–
ISBN 978-3-96423-014-0

Die Pfalz ist Fußballheimat. Es findet sich hier kaum eine Gemeinde ohne Fußballverein und Sportplatz. Voller Stolz nennen die Pfälzer die Namen großartiger Fußballspieler wie Fritz und Ottmar Walter, Horst Eckel, Werner Liebrich, Werner Kohlmeyer, Heinz Kubsch, Jürgen Kohler, Miroslav Klose, André Schürrle, Hans-Peter Briegel, Heidi Mohr und Nadine Keßler.

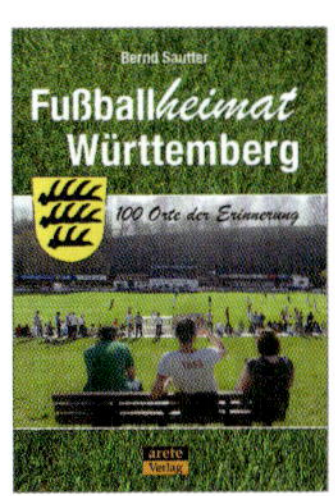

Bernd Sautter

Fußballheimat Württemberg

100 Orte der Erinnerung

216 Seiten Klappenbroschur, € 18,–
ISBN 978-3-96423-013-3

Wer sich auf eine Fußball-Reise durchs Ländle begibt, entdeckt alle schwäbischen Klischees, aber auch vieles, mit dem niemand rechnen konnte. Die Schauplätze der „Fußballheimat Württemberg" liegen zwischen Bundesliga und Kreisklasse, Komödie und Tragödie, Vereinsheim und Trainingslager, Klinsmanns Bäckerei und Klopps Heimatplatz. Württembergische Fußballgeschichte wird nämlich überall geschrieben: auf der winzigsten Tribüne und im Acker, über den die schlechteste Mannschaft Deutschlands pflügte.

Um diese Fußballheimat zu erkunden, reiste Bernd Sautter quer durchs Land, schwätzte mit Fans, Freaks und Funktionären.

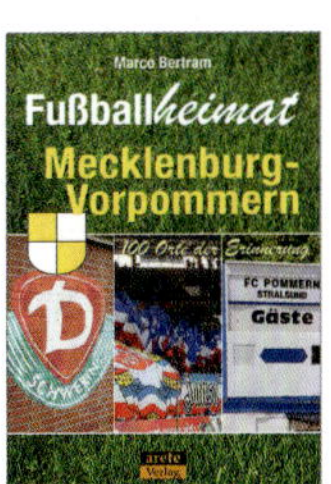

Marco Bertram

Fußballheimat Mecklenburg-Vorpommern

100 Orte der Erinnerung

216 Seiten Klappenbroschur, € 18,–
ISBN 978-3-96423-025-6

Auch im Nordosten der Republik wird leidenschaftlich Fußball gelebt. Marco Bertram, Herausgeber und Autor von turus.net, kennt fast alle Vereine und Plätze zwischen Ludwigslust, Schwerin, Wismar, Rostock, Saßnitz, Stralsund, Greifswald, Anklam, Neubrandenburg und Neustrelitz aus eigener Anschauung und erzählt von verblichener und neuer Größe.

Arete Verlag • Osterstr. 31-32 • 31134 Hildesheim • www.arete-verlag.de

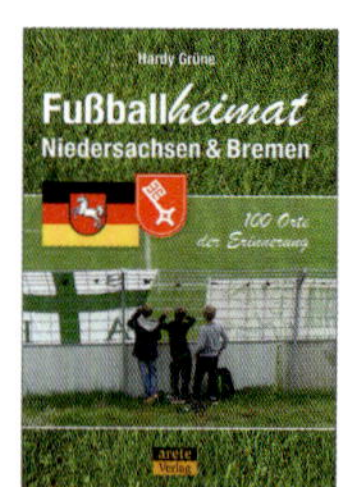

Hardy Grüne

Fußballheimat Niedersachsen & Bremen

100 Orte der Erinnerung

216 Seiten Klappenbroschur, € 18,–
ISBN 978-3-96423-015-7

Niedersachsen und Bremen sind Fußball-Länder. Vier deutsche Meister, zahlreiche renommierte Namen und unvergessene Fußball-Orte locken die Fans zwischen Nordsee und Harz in die Stadien und auf die Plätze. Aber Niedersachsen und Bremen meint nicht nur den großen Bundesliga-Fußball von Werder Bremen, Hannover 96, Eintracht Braunschweig und VfL Wolfsburg, sondern auch Fußball in der Fläche, auf dem Dorf und vor allem Fußball mit großen Traditionen.